·海关法律系列·

案例海关法教程

陈 晖 邵铁民 主编

U0754006

立信会计 出版社

LIXIN ACCOUNTING PUBLISHING HOUSE

图书在版编目(CIP)数据

案例海关法教程/陈晖,邵铁民主编. 一上海:立信会
计出版社,2007.4
ISBN 978-7-5429-1837-6

Ⅰ.案… Ⅱ.①陈… ②邵… Ⅲ.海关法—案例—中
国—教材 Ⅳ.D922.221.5

中国版本图书馆 CIP 数据核字(2007)第 060642 号

案例海关法教程

出版发行	立信会计出版社			
地　　址	上海市中山西路 2230 号		邮政编码	200235
电　　话	(021)64411389		传　　真	(021)64411325
网　　址	www.lixinaph.com		E-mail	lxaph@sh163.net
网上书店	www.shlx.net		Tel：(021)64411071	
经　　销	各地新华书店			

印　　刷	常熟市梅李印刷有限公司
开　　本	890 毫米×1240 毫米　1/32
印　　张	9.375
字　　数	253 千字
版　　次	2007 年 4 月第 1 版
印　　次	2011 年 1 月第 2 次
印　　数	3 001—5 000
书　　号	ISBN 978-7-5429-1837-6/D
定　　价	20.00 元

如有印订差错　请与本社联系调换

目　　录

第一章 海关法原理

第一节 海关法的概念

海关法是指规定海关的组织和行为,以调整海关与进出关境活动当事人、有关的国家机关以及海关机构之间在进出境监督管理中发生的社会关系的法律规范的总称。

【案例】

1994年4、5月间,山东的瑞洪公司持一份外经贸管理部门签发的进口汽车配件机电产品证明与美国普科公司联系,并委托烟台芝华公司与美国普科公司签订了进口合同。合同规定,到货口岸为烟台,收货人为瑞洪公司。1994年9月21日和10月11日,上述货物运抵烟台港。因进口汽车配件只能在定点海关报关,1994年10月15日,烟台芝华公司向青岛海关报关,申报进口发动机、电瓶、机油和防冻液。海关经审单后决定对货物进行查验。经开箱查验,单、货相符,青岛海关放行该批进口货物。

【问题】

海关是依据什么法律对烟台芝华公司申报进行查验、征税和放行的?

【分析】

什么是海关法?《京都公约》对海关法的定义为:海关法是"指明确由海关负责执行的有关货物进口、出口、移动或储存的法律或法规的条款,以及由海关根据法定权力制定的任何规章"。[1] 法国克劳德若·贝

---

[1] 海关总署国际合作司等译:《京都公约》,法律出版社2001年版,第54页。

尔、亨利·特雷莫所著《海关法学》对海关法的定义是："所谓海关法,就是适用于货物国际流动的各项人为的法律规定,但不包括纯海关业务以外的法规(外汇管理法)》"。① 我国法学界和海关理论界经过多年的探讨,对海关法已经取得了较为接近的见解。"海关法是指我国现行的规定我国海关的性质、职能、任务、海关机构设置和领导关系、海关的权力及限制、海关的工作制度和工作方法、海关管理活动的基本内容、海关行政管理相对人的权利义务的所有法律规范的总称"②。"海关法是规定海关对进出境的运输工具、货物、物品监督管理的法律依据,用以调整海关与有关运输工具、货物、物品进出境活动的当事人之间、海关与其他国家机关之间以及海关机构之间在监督管理中的相互关系的法律规范"③。

关于"海关法"一词的含义,一般可作广义的理解和狭义的理解。广义的海关法,是指所有海关法律、法规和规章的总称,亦即 Customs Laws。狭义的海关法,是指《中华人民共和国海关法》,在简称时,以《海关法》来表述。

海关法是指规定海关的组织和行为,以调整海关与进出关境活动当事人、有关的国家机关以及海关机构之间在进出境监督管理中发生的社会关系的法律规范的总称。海关法具有以下的特征:

1. 海关法规定了海关的组织和行为,即海关的性质、组织体系、设置原则及海关的任务、职责、权力、义务等都由海关法明确规定,由此而确立了海关在国家和社会生活中的法律地位,赋予了海关采取各项行政行为的资格,是海关履行进出境监督管理的法律依据。当然,海关法也是货物、物品和运输工具进出境的法律依据。上述案例中,进口货物收货人山东的瑞洪公司、报关单位烟台芝华公司和青岛海关都应以海关法为进出口活动的依据。

---

① [法]克劳德若·贝尔、亨利·特雷莫:《海关法学》,中国社会科学出版社1991年版,第1页。

② 郑跃声等主编:《海关法律概论》,中国海关出版社2002年版,第1页。

③ 谭学轼主编:《海关监管》,上海海关高等专科学校校内教材1989年,第43页。

2. 法律的社会功能在于调整社会关系,即国家通过制定强制性的行为规则将人与人之间的关系约束在统治阶级允许的范围内以形成一种法律秩序,所有的法律都不例外,并根据所调整的社会关系的不同而划分为不同的法律部门。海关法的调整对象主要是国家对国民经济管理中形成的涉外经济关系,这就是说,货物、物品、运输工具在进出境时,海关与当事人之间形成的关系是一种涉外的经济关系。海关法主要调整进出境活动中发生的涉外经济关系,表明了我国海关的主要任务是体现国家对涉外经济活动的宏观管理和调控。同时,海关法也调整一部分公民和法人在进出境活动中产生的社会关系。各国海关,由于立法和政府授权的不同,其职责也不尽相同。我国海关法还赋予海关对危害我国国家权益、有碍公共道德和社会风化、侵犯知识产权和影响环境保护的情事实施进出境管制,促进社会主义精神文明建设。当然,海关法的这一社会功能处于相对次要的地位。

3. 我国调整涉外经济关系的法律不只是海关法,对外贸易法、合同法等都有此功能,那么,海关法与其他法律的区别是什么呢? 我们说,海关法调整海关与进出关境活动当事人和有关的国家机关之间的社会关系只能发生在海关对进出境的监督管理过程中,由此而将海关法与其他调整涉外经济关系的法律区分开,从而形成海关法的显著个性特征。例如,上述案例中,当瑞洪公司的进口货物向海关报关后,瑞洪公司、报关单位烟台芝华公司和青岛海关在进出境过程中的相互关系才是海关法所调整的。

【结论】

本案中,海关依据《中华人民共和国海关法》对烟台芝华公司申报进行查验、征税和放行。

第二节 海关法律规范

海关法律规范是反映统治阶级意志的、由国家制定并以国家强制力保证实施的关于进出关境活动的行为规则。

【案例】

一中外合资企业根据国家吸引外资的优惠规定,进口了企业自用的免税进口汽车一辆。该企业在免税进口汽车海关监管年限未到以前,未经海关同意,擅自将汽车卖给另外一家企业,偷逃税款12万元。

【问题】

本案具体适用的法律规范是什么?

【法律规定】

《海关法》第五十七条第二款:

"依照前款规定减征或者免征关税进口的货物,只能用于特定地区、特定企业或者特定用途,未经海关核准并补缴关税,不得移作他用。"

第八十二条:

"违反本法及有关法律、行政法规,逃避海关监管,偷逃应纳税款、逃避国家有关进出境的禁止性或者限制性管理,有下列情形之一的,是走私行为:

(一)运输、携带、邮寄国家禁止或者限制进出境货物、物品或者依法应当缴纳税款的货物、物品进出境的;

(二)未经海关许可并且未缴纳应纳税款、交验有关许可证件,擅自将保税货物、特定减免税货物以及其他海关监管货物、物品、进境的境外运输工具,在境内销售的;

(三)有逃避海关监管,构成走私的其他行为的。

有前款所列行为之一,尚不构成犯罪的,由海关没收走私货物、物品及违法所得,可以并处罚款;专门或者多次用于掩护走私的货物、物品,专门或者多次用于走私的运输工具,予以没收,藏匿走私货物、物品的特制设备,责令拆毁或者没收。

有第一款所列行为之一,构成犯罪的,依法追究刑事责任。"

《刑法》第一百五十三条:

"走私本法第一百五十一条、第一百五十二条、第三百四十七条规

定以外的货物、物品的,根据情节轻重,分别依照下列规定处罚:

(一)走私货物、物品偷逃应缴税额在五十万元以上的,处十年以上有期徒刑或者无期徒刑,并处偷逃应缴税额一倍以上五倍以下罚金或者没收财产;情节特别严重的,依照本法第一百五十一条第四款的规定处罚。

(二)走私货物、物品偷逃应缴税额在十五万元以上不满五十万元的,处三年以上十年以下有期徒刑,并处偷逃应缴税额一倍以上五倍以下罚金;情节特别严重的,处十年以上有期徒刑或者无期徒刑,并处偷逃应缴税额一倍以上五倍以下罚金或者没收财产。

(三)走私货物、物品偷逃应缴税额在五万元以上不满十五万元的,处三年以下有期徒刑或者拘役,并处偷逃应缴税额一倍以上五倍以下罚金。

单位犯前款罪的,对单位判处罚金,并对其直接负责的主管人员和其他直接责任人员,处三年以下有期徒刑或者拘役;情节严重的,处三年以上十年以下有期徒刑;情节特别严重的,处十年以上有期徒刑。

对多次走私未经处理的,按照累计走私货物、物品的偷逃应缴税额处罚。"

第一百五十四条:

"下列走私行为,根据本节规定构成犯罪的,依照本法第一百五十三条的规定定罪处罚:

(一)未经海关许可并且未补缴应缴税额,擅自将批准进口的来料加工、来件装配、补偿贸易的原材料、零件、制成品、设备等保税货物,在境内销售牟利的;

(二)未经海关许可并且未补缴应缴税额,擅自将特定减税、免税进口的货物、物品,在境内销售牟利的。"

【分析】

(一)海关法律规范的特征

(1)海关法律规范是行为规则。行为,是人们的活动,包括自然人和法人的活动。规则,是标准和界限。法律规范是将人们的活动约束在统治阶级允许的范围内,从而形成法律秩序。法律规范与其他行为规则的区别在于有国家的强制力作后盾,所以,法律规则是人们行为的最低限度,不履行就要受到法律制裁以强制履行,这是法律规范的最显著特征。

(2) 海关法律规范是关于进出关境活动的行为规则。这里说的进出关境活动,既指海关实施进出关境监督管理的行政行为,也包括管理相对人从事的货物、物品进出关境行为。

海关法律规范是构成海关法的细胞,是由国家权力机关、最高行政机关制定,并以国家强制力保证实施的行为规则。海关法就是全部海关法律规范的总和。

(二) 海关法律规范的结构

海关法律规范和其他的法律规范一样,其结构是由假定、处理和制裁三个要素所构成。

假定,是指适用该海关法律规范的情况和条件,是适用该海关法律规范的前提。

处理,是指海关法律规范本身,指明了该海关法律规范的具体内容,即明确规定了在进出关境过程中允许做什么、禁止做什么和要求做什么的行为界限。

制裁,是指违反该项海关法律规范时所导致的法律后果和责任。例如:

"进出境运输工具到达或者驶离设立海关的地点时,运输工具负责人应当向海关如实申报,交验单证,并接受海关监管和检查。"这一法律条文中,"进出境运输工具到达或者驶离设立海关的地点时"是假定;"运输工具负责人应当向海关如实申报,交验单证,并接受海关监管和检查"是处理。

"进出口货物的纳税义务人,应当自海关填发税款缴纳书之日起十五日内缴纳税款;逾期缴纳的,由海关征收滞纳金。"这一法律条文中,"进出口货物的纳税义务人"是假定;"应当自海关填发税款缴纳书之日起十五日内缴纳税款"是处理;"逾期缴纳的"是假定;"由海关征收滞纳金"是制裁。

"个人携带、邮寄超过合理数量的自用物品进出境,未依法向海关申报的,责令补缴关税,可以处以罚款。"这一法律条文中,"个人携带、邮寄超过合理数量的自用物品进出境,未依法向海关申报的"是假定;"责令补缴关税,可以处以罚款"是制裁。

上述的分析表明,海关法律规范不等于就是海关法律、法规条文。法律条文是法律规范的文字形式。我们所说海关法律规范是由假定、处理和制裁三个要素所构成,并不等于在每个法律条文中都必须有三个要素,甚至在一个法律规范性文件中都必须把某一法律规范的三个要素全都表述出来。这是因为从立法技术角度来看,将同类违法行为所导致的法律后果合并在一起规定能使法律文件更为严谨而避免同义重复。有时也因为涉及不同的法律部门而不宜由海关法律文件将违法所导致的刑事责任都加以规定。这是我们在研究海关法律规范的结构时必须理解的基本问题。

(三)海关法律规范的类别

海关法律规范依照不同的标准,可以有以下几种分类:

(1)依照海关法律规范本身的性质,可以将海关法律规范分为义务性规范、禁止性规范和授权性规范。

义务性规范是指规定主体必须或应当为某种行为的海关法律规范。如海关工作人员负有遵守法律、法规,秉公执法,忠于职守,文明服务的义务。

禁止性规范是指规定主体不得为某种行为的海关法律规范。如停留在设立海关的地点的进出境运输工具,未经海关同意,不得擅自驶离。

授权性规范是指授予主体可以为某种行为或不为某种行为的权利的海关法律规范。如海关认为必要时,可以派员随运输工具执行职务,如海关认为没必要,也可以不派员随运输工具监管。

(2)依照海关法律规范的确定程度,可以将海关法律规范分为确定性规范、准用性规范和委任性规范。

确定性规范是指直接而明确地规定了规范的内容及其制裁方式的海关法律规范。应该说,海关法律规范中的大多数都是确定性规范。

准用性规范是指在该规范中没有明确规定行为规范的内容及制裁方式,只是规定在适用该规范时,准予援用其他有关的规范。如享有外交特权和豁免的外国机构或人员的公务用品或自用物品进出境,《海关法》未规定其行为规范,而是准予依照《中华人民共和国外交特权与豁免条例》的规定执行。

委任性规范是指在该规范中只规定了一般原则,具体的规范内容等委任给特定机关来规定。如对国家限制进出口的货物,《海关法》只规定了没有进出口许可证的不予放行的原则。由于没有进出口许可证的情况和原因较复杂,"一刀切"似不妥,所以,其具体处理办法委任给国务院来规定。

一项海关法律规范按一种分类标准来划分,只能是这种标准项下的某一类。但是,如果将一项海关法律规范同时按几种分类标准划分,那么,可以是不同标准项下的若干类。如某海关法律规范是禁止性规范,又是确定性规范,还是强制性规范。

【结论】

本案适用的法律规范假定是"依照规定减征或者免征关税进口的货物",处理是"只能用于特定地区、特定企业或者特定用途,未经海关核准并补缴税款,不得移作他用",制裁是对"转让"和"移作他用"……构成犯罪的按偷逃税款的数额判刑、罚金或没收财产。

第三节 海关法的表现形式和体系

海关法的表现形式在法律术语中也叫海关法的渊源。我国法的表现形式一般有宪法;法律;行政法规;地方性法规;自治条例、单行条例;决议、决定、命令、指示、规章等。鉴于海关法只有中央一级立法,没有地方立法,所以海关法的表现形式有法律、行政法规、行政规章及规定、办法等。

【案例】

2001 年 7 月，某海关走私犯罪侦查局发现一中外合资酒店涉嫌擅自销售特定减免税进口的设备，遂即扣留了正在装运中的减免税设备。该设备自 1993 年 6 月免税进口后因客观原因一直未安装使用。侦查分局在扣留上述货物后，就"该批货物是否已经超过海关监管期限"、"当事人的出售行为是否构成偷逃应缴税款的违法行为"和税额计算等问题，分别向该海关法规处和关税处等部门咨询。法规处和关税处均答复，根据海关总署《关于减免税进口货物管理年限的通知》（［88］署税字第 1297 号）和海关总署关税司《关于减免税进口货物监管年限如何计算的函》（［89］税减字第 544 号）等文件关于监管年限按实际使用时间计算的规定，上述设备因未实际启用，没有达到海关规定 5 年的管理年限，应属海关监管货物，并核算偷逃应缴税款 46.6 万元。侦查分局决定立案侦查，并提请检察机关批准逮捕主要涉案人员，后变更为取保候审。

2001 年 11 月，侦查分局法制处在对案件预审时发现，以上两个文件的规定与总署 1992 年《中华人民共和国海关对外商投资企业进出口货物监管和征免税办法》（第 29 号海关总署令发布）的有关规定不一致。根据该办法第十八条"监管年限从减免税进口货物的放行之日起计算"，涉案货物已超过海关规定的监管年限。

【问题】

在法律规定之间存在矛盾冲突的情形下，应该如何处理？

【分析】

海关法的表现形式主要有以下几种。

（一）海关法律

海关法律是指由我国的全国人民代表大会及其常务委员会制定，并由国家主席签署命令颁布的海关规范性文件。海关法律在海关执法中具有最高法律效力，如《中华人民共和国海关法》、《刑法》的有关章节等。

（二）海关行政法规

海关行政法规是指由国务院制定,并由国务院总理签署命令颁布的海关规范性文件,如《中华人民共和国关税条例》等。海关行政法规也有少量由国务院批准实施的,如《中华人民共和国保税区监管办法》。海关行政法规在海关执法中的效力仅次于海关法律,即海关行政法规的内容如与海关法律相抵触则为无效。

（三）海关行政规章

海关行政规章是指由海关总署或者海关总署会同国务院的部、委、办制定,并以海关总署令颁布的海关规范性文件。海关行政规章的法律效力低于海关法律、行政法规。我国的立法体系决定了海关行政规章是数量最多的规范性文件。

（四）海关总署制定的,未按总署令排序的,具有普遍约束力的命令、决定、规定等

以往,在海关法的体系中规章的数量不多,大部分是未按总署令排序的规定、办法等,随着《立法法》、《行政复议法》和国务院制定规章的规则的颁布,明确规定行政机关按照不属于规章的规定、办法所做出的处罚和行政决定,当事人不服,可以连规定、办法一起申请复议。同时,要求逐步减少和最终将这一层次的规定等纳入行政规章的范畴。但是,鉴于我国的现状,目前未纳入行政规章的由海关总署制定的规定、办法数量还不少,有待以后逐步纳入行政规章的范畴。

（五）我国签订或缔结的国际海关公约或海关行政互助协议

国际海关公约是国际海关组织(WCO)成员国缔结的多边协议,如《京都公约》、《伊斯坦布尔公约》等。海关行政互助协议是两国之间订立的双边协议,我国已与俄罗斯等十几个国家缔结了海关行政互助协议。无论是多边协议还是双边协议都属于国际法范畴。在一般情况下,我国采用将承担的国际法义务通过国内相应的立法来明确规定,那么,只要执行国内法也就履行了相关的国际法义务。从这个意义上说,将我国参加或签订的国际海关公约或双边海关协议作为我国海关法的

渊源已无多大意义了。但是,在实践中往往存在着参加或签订国际海关公约或协议的生效与国内相关立法工作的完成有时间差的情况。在这种情况下,将我国参加或签订并已生效的国际海关公约或双边协议作为我国海关法的渊源,并要求各级海关执行就具有实际意义了。我国参加或签订的国际海关公约或双边协议的法律效力应等同于海关法律。

按照我国《立法法》规定的原则,下位的海关法律规范只能是上位海关法律规范的细则化,其规定的内容不得与上位海关法律规范相抵触,相抵触的为无效。本案中,1992 年以第 29 号总署令发布的《中华人民共和国海关对外商投资企业进出口货物监管和征免税办法》是行政规章,而海关总署《关于减免税进口货物管理年限的通知》([88]署税字第 1297 号)和海关总署关税司《关于减免税进口货物监管年限如何计算的函》([89]税减字第 544 号)是海关总署司局级机关制定的规范性文件,效力等级低于行政规章。且前者是新法,后者是旧法,根据新法优于旧法的原则,也应是《中华人民共和国海关对外商投资企业进出口货物监管和征免税办法》效力最高。

关于海关法的渊源,从世界各国的情况来看许多国家实行三权分立,所以,在第二次世界大战前,一般只有议会通过的法律和国家参加的国际海关公约两种。二次大战以后,随着经济、政治生活的日益复杂,一些国家实行议会委托政府立法,于是有了政府制定的海关法规。作为政府部门的海关总局只能根据议会或政府的决定,发布一些有约束力的命令、决定等。我国因为实行议政合一的国家体制,国务院各部、委可以在法定职责范围内代表国家颁布规章。而且在整个法律体系中,规章的数量最多,互相重复、冲突的情况也不少,但是,现阶段还不能改变这种立法状况。所以,在行政复议和诉讼中,行政规章也可作为审理依据。

各海关能否制定规范性文件,这是实践中常遇到的问题。按照我国宪法和《海关法》的规定,各海关机构都是国家海关总署的派出机关,不是一级权力机关或政府部门,所以,是无权制定实体性的法律规范。

当然,考虑到海关法律、法规、规章在实施过程中的地区差异条件,对有关手续或作业流程可做出一些管理上的规定。当然,管理规定不能与立法宗旨相悖。对一些在区域范围实施的规章,则应由海关总署颁布或经海关总署批准为有效。

人民法院对走私案件或海关行政诉讼案件的判例、海关总署对各海关一些请示具体问题的批复以及海关(含海关总署)审理并做出处罚的案例,是否能作为海关法的渊源。按照我国行政法学关于行政行为的分类,这些批复属于单纯命令,而不是法规命令,只对作为办理同类案件的参考或只对批复的事项有效,对其他案件无法律约束力,不是我国海关法的渊源。

【结论】

监管年限应按海关总署 29 号令的规定从进口放行之日起算。在监管年限内出售、转让或者移作他用需要补税的才按实际使用时间折旧计征。本案因已超过监管年限,不存在补税问题。2001 年 12 月,侦查分局决定撤销此案。

第四节 海关法的基本原则

海关法的基本原则是指在长期的海关管理中加以概括和抽象出来的,反映了海关管理的根本规律和属性,贯穿于海关立法、海关执法以及海关与管理相对人守法等活动全过程的指导思想和行为准则。研究海关法的基本原则,对于我们在总体上领会和把握国家进出境海关管理的政策和立法宗旨,理解具体的海关法规原意,从而做好海关执法和依法进出境活动都有十分重要的意义。

【案例】

某公司 2003 年 3 月从美国进口一批化工原料,由于境外发货人在传递信息资料时出现技术性问题造成境内收货人单证不清,不能准确掌握进口货物的真实情况,为保证货物及时、准确申报,该公司向海关提出在申报前查看货物的申请。

【问题】

海关是否应允许该公司在申报前查看货物？

【分析】

海关法的基本原则主要有以下几项。

一、维护国家主权和利益的原则

海关是国家的进出关境监督管理机关。一个国家对货物、物品和运输工具进出关境的政策、法律以及由政策、法律所体现的原则、方针、制度、程序等都和该国的经济制度、经济发展水平相关。尽管在世界经济一体化的发展趋势中，各国应尽可能采用国际通行规则，但何时采用、通过什么方式衔接以及必要的保留等完全是国家主权在对外经济贸易方面的具体体现。将维护国家主权作为海关法的首要基本原则，就意味着我国将根据中国的国情和社会主义的政治、经济体制独立自主地确定海关管理的政策、法律；并要求所有的人，不论其国籍如何，都必须遵守中国海关法律、法规；中国海关对所有进出我国关境的货物、物品和运输工具依法监督管理，既不允许例外的特权，也不实行歧视。

维护国家主权，表明我国既反对某些国家凭借政治、经济的实力强令我国实施某些海关制度的做法，同时，也表明了我国在对外经济贸易交往中坚持平等协商、不强加于人的原则立场。所以，维护国家主权是海关法的最重要的基本原则。

维护国家利益主要表现为加强对关税的征收管理，这是保障国家财政收入，维持国家机器运转、社会公益事业和重点工程投入、发展的经济基础。此外，在国家产业政策的指导下，通过关税税率的经济手段和进出口配额许可制的行政手段来保护我国民族工业的发展壮大，不断增强综合国力将在相当时期内仍是海关立法和执法的指导思想和行为准则。

二、促进对外经济贸易和国民经济发展的原则

自从海关建立以来，在相当长的历史时期内，海关一直是作为国家保护国内经济的最得力的工具，古今中外概莫能外。当前，在世界经济越来越趋于一体化发展的历史条件下，海关法将摈弃传统的保护主义

色彩,把促进对外经济贸易和国民经济发展作为基本原则,这是一个重要的历史性转折,表明了我国进一步扩大对外开放、将国家经济活动溶入世界经济之中、建立社会主义市场经济机制的基本国策。为体现促进我国对外经济贸易和国民经济发展的基本原则,这就要在海关立法、执法和守法等环节必须做到:

1. 结合中国国情和现阶段的经济发展水平,尽可能采用国际通行的海关规则,在世界和区域范围内和更多的国家在海关制度方面能共通,将探索和逐步建立现代海关制度,以不断改善我国的投资环境,既有利于吸引更多的外资到我国投资,也便于国内企业熟悉国际通行规则从而有利于到海外发展。

2. 调整海关政策、法律,将以简政让利为主的方针转为功能性开发为主。通过降低关税税率,逐步减少行政性禁止、限制措施,简化通关手续,取消政策性关税减免优惠等以实现国民待遇原则,使所有的企业都能在平等条件下竞争以引导国内企业经营机制的转换,并在国家产业政策的指导下发展我国的支柱产业以增强国力。

3. 根据社会主义市场机制要求,作为政府组成部分的海关要进一步转变职能,在执法中要以企业为导向,实行以提供便利和服务为重要内涵的监督管理方式,改革监管模式和作业流程,引进先进的科技手段,使方便合法进出和严密海关监管有机地统一,以降低企业的货物通关成本,使国内企业出口货物在国际市场上更具竞争力和抢占市场的能力,进口货物更快投入经济建设并早日增值。

三、保护企业和个人合法权益的原则

保护合法权益是法律的基本功能,是维护社会公正、公平的重要保障,这是任何国家在任何历史时期都毫无例外的,海关法作为国家进出关境方面的重要法律也同样如此。保护不同所有制的各类企业和个人合法权益作为海关法的基本原则,主要体现在:

1. 打击日益猖獗的违法走私行为,打击进出境环节侵犯知识产权的行为,制止危害我国环境保护的有害物资入境以及打击濒临灭绝的动植物进出境等是在新的历史条件下使所有合法进出口的企业的应得利益受到海关保护,这是当前海关法对企业和个人合法权益保护的重要体现。

2. 制止不正当竞争行为,对外国货物进口中构成的倾销和政府补贴行为以及可能危及我国国民经济的行为征收反倾销税、反补贴税和采取必要的保障措施,是体现公平原则,保护我国国内相关企业合法权益的必要措施,也是海关职能的新领域。

四、有利于社会主义精神文明建设的原则

我国是社会主义国家,坚持社会主义道路,坚持人民民主专政,坚持中国共产党的领导,坚持马克思列宁主义毛泽东思想是我国的立国之本。但是,境外的敌对势力亡我之心不死,他们会千方百计地采用各种手段在政治、文化、意识形态等方面对我国进行渗透和颠覆,在我国经济持续高速发展的情况下更为变本加厉。同时,在高额利润下,毒品走私也日益猖獗,严重危害我国人民的身心健康。因此,我们要通过海关立法和执法环节,将一切反动、淫秽、宗教迷信的精神鸦片和物质鸦片毒品等拒之境外,并严厉打击此类违法犯罪行为,这对于社会主义精神文明建设是必不可少的,也是我国物质文明和精神文明两手抓、两手都要硬的方针在进出关境活动中的基本体现。

五、加强监督管理的原则

我国还处于社会主义低级阶段,法律意识的淡薄使相当部分企业不习惯按规则办事,加上有不当利益的诱惑,所以进出口活动中的违规走私行为没少发生,加强对进出口活动的监督管理将贯穿于海关法的始终。健全和完善各项进出口管理制度在相当长的历史阶段一直是海关立法和执法的主要任务。

【结论】

海关法第二十七条规定:"进口货物的收货人经海关同意,可以在申报前查看货物或者提取货样。需要依法检疫的货物,应当在检疫合格后提取货样"。本条规定体现了维护进口企业的合法权益,促进贸易发展的基本原则。根据海关法的基本原则和该规定,海关应允许该公司在申报前查看货物。

第五节　海关法的制定和实施

海关法的制定即海关立法,是指通过国家立法机关并依照一定的程序将自己的意志提升为法律的活动。当然,立法活动也包括对法律的修改和废除。根据我国宪法的规定,我国《海关法》的立法权属于全国人民代表大会及其常务委员会。国务院作为最高行政机关,为实施海关法律,有权制定实施细则和海关行政法规,使海关法律的实施更具可操作性。海关总署作为国务院直属机构和执行海关法的机关,可以依据海关法律、法规,制定并发布一些法规性命令和行政规章,并要求各海关遵照执行。

海关法的实施包括海关法的适用和海关法的遵守两种方式。海关法的适用是指海关运用海关法律、法规处理进出境活动中具体事项的活动,亦即执法活动。海关法的遵守包括海关依法行政和管理相对人的合法进出关境活动两个方面,是海关法实施的重要环节。

【案例】

2002 年 12 月,某海关在办理一起利用粤澳两地车辆进行走私的行政处罚复议案件答复过程中,该案当事人对作为该案行政处罚依据之一的海关总署 2001 年第 12 号公告就《海关法》第八十二条第二款中"多次用于走私的交通工具"的含义进行的具体解释提出异议,当事人强调:一、《中华人民共和国宪法》第六十七条明确规定:"全国人民代表大会常务委员会行使解释法律的职权",因此对《海关法》的解释权只能由全国人民代表大会常务委员会行使,海关依照法律规定无权对《海关法》进行解释,其对《海关法》第八十二条第(三)项中"多次"的含义所进行的解释没有任何法律依据。被申请人某海关将海关总署滥用解释权所制定的"公告"作为本案行政处罚的依据是错误的。二、海关总署在"公告"中擅自对《海关法》中"多次"的含义进行解释的行为,实质上是一种违宪行为。海关总署作为国家行政执法机关不能有超越宪法和法律的特权,对于这种擅自解释法律的违宪行为,应当及时进行纠正。

【问题】

当事人的理由是否成立？

【分析】

海关法的解释是指对海关法律、法规的含义所作的阐明，以保证海关法的正确实施。法律有其规律性，这就是要求其准确而严密，因此就不可能用十分通俗的语言和词句来表述，而要采用一些法言、法语。为了防止在法律实施中产生歧义，就必须对一些关键词、句进行必要的阐述，以防止有悖于立法原意。这是海关法解释的缘由所在。海关法的解释可以分为正式解释和学理解释两大类。

正式解释，根据解释机关的不同，又可分为：立法解释，即全国人民代表大会常务委员会对海关法律条文进一步明确界限或做出的补充规定；司法解释，即最高人民检察院或最高人民法院对于检察工作或审判工作中涉及海关法律的条文所进行的解释；行政解释，即国务院及所属的行政机关对行政执法工作中对有关海关法律、法规所做出的解释。正式解释必须采用书面形式，具有法律约束力，可以作为司法或执法的依据。

学理解释，是指专家、学者、法律工作者、宣传机构或新闻发言人等对海关法律、法规进行的学术性和知识性解释。学理解释对于普及法律知识、理解法律条文和增强法制观念是必不可少的。但是，学理解释是没有法律约束力的，不能作为司法和执法的依据。

就本案而言，海关总署 2001 年 9 月 3 日发布的 2001 年第 12 号公告第二条规定："两年内两次用于走私的运输工具，属于多次用于走私的运输工具，由海关依法予以没收"。该条款对《海关法》第八十二条第二款中何谓"多次用于走私的交通工具"进行了具体解释，为海关严厉打击利用运输工具进行走私的违法犯罪活动提供了明确的依据，起到了积极的作用。但由于自 2000 年 7 月 1 日起施行的《中华人民共和国立法法》第四十二条明确规定："法律解释权属于全国人民代表大会常务委员会。法律有以下情况之一的，由全国人民代表大会常务委员会解释：（一）法律的规定需要进一步明确具体含义的；（二）法律制定以后出现新的情况,需要明确适用法律依据的",因此海关总署并无就《海关法》中"多次用于走私的交通工具"的含义进行具体解释的权利。

根据 1981 年 6 月 10 日第五届全国人民代表大会常务委员会第十九次会议通过的《全国人民代表大会常务委员会关于加强法律解释工作的决议》(下称《决议》)第三条的规定:"不属于审判和检察工作中的其他法律、法令如何具体应用的问题,由国务院及主管部门进行解释",海关总署 2001 年第 12 号公告对《海关法》进行解释有一定的法律依据。但由于 2000 年 7 月 1 日起施行的《立法法》就法律解释问题已经做出了新的明确规定,与《立法法》有关规定相抵触的《决议》已不再具有相应的法律效力,海关总署不能再将《决议》作为行使法律解释权的合法依据,进而就《海关法》的规定做出法律解释。

【结论】

海关总署的解释应被认为是无效解释,对海关法的解释应由立法机关全国人大常委会做出。

第二章 海关法律关系

第一节 海关法律关系的概念

海关法律关系是指由海关法所规定和调整的,海关在对进出关境的监督管理活动中与管理相对人、有关的国家机关之间以及海关机构之间发生的社会关系。

【案例】

2006年11月1日,北京某进出口有限公司委托北京市昌平报关行申报进口货物1票,申报品名为卫星电视接收用解码器,共348台,经首都机场海关现场查验,根据报关单据中发票以及赠送协议中所列品名(Digital Satellite Receivers)并核对实际货物,确认应为数字卫星接收机(应归入85281210,税率30%),并非卫星电视接收用解码器,而且需提供无线电管理委员会及广电部门等审批后方能进口。

【问题】

首都机场海关与北京某进出口有限公司之间是什么法律关系?

【法律规定】

《中华人民共和国海关法》第二条:

"中华人民共和国海关是国家的进出关境监督管理机关。海关依照本法和其他有关法律、行政法规,监督进出境的运输工具、货物、行李物品、邮递物品和其他物品,征收关税和其他税、费,查缉走私,并编制海关统计和办理其他海关业务。"

【分析】

马克思主义认为,人是一切社会关系的总和。社会关系包括没有法律规范加以调整的非法律关系和法律规范所调整的法律关系。法律关系是法律规范在调整人们行为的过程中形成的权利义务关系,包括主体、客体和内容三个构成要素。根据法律规范所属的法律部门不同,法律关系可分为宪法关系、行政法律关系、民事法律关系、经济法律关系、刑事法律关系、诉讼法律关系等。海关法律关系属于行政法律关系,是由海关法律规范所规定和调整的,海关在对进出关境活动的监督管理中与管理相对人、有关国家机关以及海关机构之间发生的社会关系。

海关法律规范是海关法律关系产生、变更、消灭的根据,如果没有海关法律规范,那调整海关与管理相对人、有关国家机关之间以及海关机构之间的关系就没有法律基础,它们之间只能是非法律关系,而不是法律关系。海关法律规范是立法者在一定的指导思想支配下,依据一定职权和程序制定、认可,有意识、有目的地对进出关境监督管理活动中的各个主体规定相应的权利和义务。从这个意义上说,海关法律关系是一种思想关系。

仅有前面所述的海关法律规范,只是为海关法律关系的产生提供了可能,现实的海关法律关系产生还必须要有法律事实,法律事实是海关法律关系产生、变更和消灭的直接条件。按照是否以人的意志为转移,法律事实分为法律事件和法律行为,法律事件是不以人的意志为转移的,法律行为则与人的意志有关。

海关法律关系包括海关外部关系和海关内部关系,海关外部关系是指海关与管理相对人和有关国家机关之间的关系,海关内部关系是指海关各机构之间的关系。无论是海关外部关系还是海关内部关系,海关法律关系的主体一方必定是海关,因为海关作为进出关境的监督管理机关,对有关进出关境活动进行监督管理,这是其法定职权,也是其义不容辞的职责,没有海关参与的海关法律关系是不存在的。同时,如果不是在进出境监督管理活动中形成的法律关系,即使有海关参与,也不是海关法律关系。因此,海关参与进出关境的监督管理活动也是海关法律关系的重要特征。

本案中,北京某进出口有限公司通过委托北京市昌平报关行申报进口这一法律行为,首都机场海关对申报的货物依法进行监督管理,首都机场海关与北京某进出口有限公司之间形成了海关外部关系。首都机场海关享有监管、征收关税、查缉走私等职权,同时要履行依法行政的职责;北京某进出口有限公司承担如实申报、依法纳税等义务,同时也享有相应的法定权利。本案的海关外部关系还包括海关与北京市昌平报关行之间的关系,海关与国家无线电管理委员会及广电部门之间的关系。

【结论】

首都机场海关与北京某进出口有限公司之间是海关法律关系。

第二节　海关法律关系的要素

海关法律关系的要素包括海关法律关系主体、海关法律关系客体和海关法律关系内容。

【案例一】

申请人:上海某医疗器材有限公司

被申请人:某海关

2001年2月至7月间,当事人上海某医疗器材有限公司(以下简称上海医疗)委托苏州某进出口公司向某海关报关进口输液泵、注射泵5批,申报单价均为400美元。同年7月,某海关在价格核查时发现:输液泵、注射泵不同规格间性能存在着较大差异,单价相同不合理;进口报关价与国内售价相差悬殊;其他厂商进口的同类产品,性能低于当事人进口的产品但申报价却高于其产品;且当事人以其母公司香港某医疗器材有限公司(以下简称香港医疗)为交易对家。某海关由此推断上述5批进口货物申报的成交价格存在问题。8月10日,申请人第6次向某海关申报进口输液泵一批,申报单价仍为400美元。某海关遂对此票货物连同前5批货物展开审价,并敦促申请人缴纳保证金并办理海关手续,但申请人始终未缴纳保证金并办理相应海关手续。经过取证,某海关获取了相同货物从同一出口国出口时的离岸价格(输液泵、注射泵按规格、型号不同,出口离岸价格分别为 500、600、900 美元不等)。本着合理原则,某海关于 2002 年 12 月 17 日对申请人做出了估价征税、补税决定。

　　申请人不服,于 2002 年 12 月 28 日对某海关的征、补税款决定提起行政复议,并要求海关对滞留在港货物的相关损失和费用予以赔偿。上一级海关受理后,经审理确认:申请人上海医疗与其境外交易方香港医疗之间存在着特殊的经济关系;这种特殊经济关系已对申请人与香港医疗间的成交价格产生影响;某海关基于上述理由进行估价并做出相应的征、补税款决定,事实清楚、证据确凿、适用法律正确、程序合法、内容适当;本案在港的进口货物未经办理相关海关手续,某海关对因此而滞留在港货物的损失及费用不应承担责任。为此,2003 年 2 月 26日,上一级海关做出决定,维持某海关于 2002 年 12 月 17 日做出的估价征税决定,对申请人就滞留在港货物相关损失和费用提出的赔偿请求不予支持。当事人接受了这一决定,未提出异议,此案终结。

　　【案例二】
　　2001 年 1 月 26 日,当事人黄某经深圳罗湖口岸进境,超额携带港币 1 753 000 元和人民币 20 000 元,未向海关申报,被罗湖海关查获,罗湖海关对原告的行为定性走私,做出没收上述款项的行政处罚决定。

　　当事人不服,于 2001 年 7 月 30 日向罗湖海关的上级海关深圳海关申请复议。深圳海关受理复议申请后,经过审查,认为原处罚决定定性走私证据不足,依法应予以变更,遂于 2001 年 12 月 15 日做出复议决定,对黄某的违法行为定性违规,决定罚款人民币 370 000 元,在扣港币 1 753 000 元和人民币 20 000 元予以退回。

　　黄某对深圳海关的复议决定仍不服,于 2001 年 12 月 29 日向深圳市中级人民法院起诉,请求法院判决深圳海关支付人民币 37 万元及自扣留日至清偿日止的扣留款和罚款之年利 10% 的利息,并由深圳海关负担本案诉讼费。

　　深圳市中院经审理后认为,被告深圳海关就本案原告黄某做出处罚应当遵循《中华人民共和国行政处罚法》中有关听证程序的规定,履行其法定义务。被告无证据显示其在做出较大数额罚款 37 万元时,实施了上述听证程序要求的义务。因此,被告的罚款处罚决定违反了法律要求的程序规定应予以撤销。为此,依照《中华人民共和国行政诉讼法》第五十四条第(二)项第 3 目的规定,判决撤销被告中华人民共和国深圳海关 2001 年 12 月 15 日做出的(2001)深关复 67 号行政复议决定并依法重新做出处理。

【问题】

上述案例一、案例二中海关法律关系的主体、客体和内容分别是什么?

【法律规定】

《海关法》第八条:

"进出境运输工具、货物、物品,必须通过设立海关的地点进境或者出境。在特殊情况下,需要经过未设立海关的地点临时进境或者出境的,必须经国务院或者国务院授权的机关批准,并依照本法规定办理海关手续。"

第九条:

"进出口货物,除另有规定的外,可以由进出口货物收发货人自行办理报关纳税手续,也可以由进出口货物收发货人委托海关准予注册登记的报关企业办理报关纳税手续。

进出境物品的所有人可以自行办理报关纳税手续,也可以委托他人办理报关纳税手续。"

第十条:

"报关企业接受进出口货物收发货人的委托,以委托人的名义办理报关手续的,应当向海关提交由委托人签署的授权委托书,遵守本法对委托人的各项规定。

报关企业接受进出口货物收发货人的委托,以自己的名义办理报关手续的,应当承担与收发货人相同的法律责任。

委托人委托报关企业办理报关手续的,应当向报关企业提供所委托报关事项的真实情况;报关企业接受委托人的委托办理报关手续的,应当对委托人所提供情况的真实性进行合理审查。"

第十一条：

"进出口货物收发货人、报关企业办理报关手续,必须依法经海关注册登记。报关人员必须依法取得报关从业资格。未依法经海关注册登记的企业和未依法取得报关从业资格的人员,不得从事报关业务。

报关企业和报关人员不得非法代理他人报关,或者超出其业务范围进行报关活动。"

【分析】

法律关系主体,就是法律关系的参加者,即法律关系中权利的享有者和义务的承担者。海关法律关系主体就是海关在进出关境监督管理活动中的各方参与者,包括管理主体、管理相对人。

管理主体包括海关和有关国家机关。海关是国家的进出关境监督管理机关,依法监督进出境的运输工具、货物、行李物品、邮递物品和其他物品,征收关税和其他税、费,查缉走私,并编制海关统计和办理其他海关业务。除海关外,其他国家机关对进出关境也行使一定的管理职权,如国家发改委对技术先进设备免税进口行使许可权,国家检验检疫部门对进出境货物、物品的质量行使检查权,无线电管理委员会对无线电货物进口行使审批权,等等。

管理相对人指从事进出关境活动的当事人,有自然人,法人和其他组织。自然人包括中国公民,外国人和无国籍人;法人包括企业法人、机关法人、事业单位法人和社会团体法人;其他组织是那些不能独立承担法律责任的非法人组织。根据我国海关法的规定,管理相对人包括进出口货物收发货人、进出境物品所有人、报关代理人、进出境货物和物品承运人、进出境货物和物品经营管理人等。

法律关系客体是法律关系主体之间权利和义务所指向的对象,包括物质财富、非物质财富和行为。海关法律关系客体主要有进出口货物、进出境物品、载运进出境货物、物品的运输工具、知识产权、进出境行为等。

法律关系的内容指法律关系主体依法享有的权利和应承担的义

务。在海关法律关系中,海关和有关国家机关所享有的权利是以维护公共利益和秩序为目的,这种权利通常又称为权力或者职权,与之相对应的义务则称为职责;管理相对人则拥有法定的权利并承担法定的义务。法律对权利和权力的要求不同,一般情况下,法律允许管理相对人选择行使、放弃或转让权利,但要求海关和有关国家机关必须行使权力,不得放弃或转让,否则就构成渎职。

【结论】

在案例一中,海关法律关系的主体是某海关、上海某医疗器材有限公司、苏州某进出口公司;客体是分六批进口的输液泵、注射泵;内容是某海关拥有依法估价、征税和处罚等权力,同时承担依法行政的职责,上海某医疗器材公司拥有要求某海关依法监督管理的权利,同时承担如实申报、依法缴纳税款等义务。

在案例二中,海关法律关系的主体是罗湖海关、深圳海关;客体是港币 1 753 000 元和人民币 20 000 元;内容是罗湖海关、深圳海关拥有依法监管和处罚等权力,同时承担依法行政的职责,黄某拥有要求海关依法监督管理的权利,同时承担如实申报等义务。

第三节　海关法律关系的发生、变更和消灭

法律事实是海关法律关系产生、变更和消灭的客观事实,法律事实包括法律事件和法律行为,法律事件是不以人的意志为转移的各种客观情况,法律行为则是人的有意识的活动。

【案例】

申请人:上海某塑料有限公司

2003 年 5 月,上海某塑料公司与安徽某家用电器有限公司签订合同,双方约定,上海某塑料公司为安徽某家用电器有限公司加工喷涂冰箱门把手等部件,并约定需使用德国 PETERLACKE 牌底漆、清漆等涂料。由于安徽某家用电器有限公司生产的电器都出口德国,上海某塑料有限公司于 2003 年 6 月向中华人民共和国莘庄海关进行加工合

同备案并领取了贸易登记手册,免税进口涂料,至 2005 年 6 月进口 PETERLACKE 牌底漆、清漆等涂料共计 80 000 千克。

　　2005 年 6 月,安徽某家用电器有限公司与上海某塑料公司终止合同,上海某塑料公司仓库仍有 PETERLACKE 牌底漆、清漆等涂料 36 000 千克。上海某塑料公司欲将该 36 000 千克涂料出售给浙江某塑料公司,2005 年 7 月,上海某塑料公司向莘庄海关提出申请,愿意补税 800 000 元人民币,希望准许其销售。莘庄海关答复同意。2005 年 9 月,上海某塑料公司办理海关进口手续后将该涂料出售给了浙江某塑料公司。

【问题】

　　分析上述案例中法律关系发生、变更和消灭。

【法律规定】

《海关法》第三十三条:

　　"企业从事加工贸易,应当持有关批准文件和加工贸易合同向海关备案,加工贸易制成品单位耗料量由海关按照有关规定核定。

　　加工贸易制成品应当在规定的期限内复出口。其中使用的进口料件,属于国家规定准予保税的,应当向海关办理核销手续;属于先征收税款的,依法向海关办理退税手续。

　　加工贸易保税进口料件或者制成品因故转为内销的,海关凭准予内销的批准文件,对保税的进口料件依法征税;属于国家对进口有限制性规定的,还应当向海关提交进口许可证件。"

【分析】

　　海关法律关系不会凭空发生,海关法律规范仅仅为海关法律关系提供了可能,要使现实的法律关系发生,把可能性变为现实性,必须要有法律事实。在案例中,上海某塑料公司的向海关办理加工合同备案的行为,使该公司与莘庄海关之间建立了海关法律关系,该行为就是法律事实,是公司有意识、有目的做出的,属于法律行为。

　　海关法律关系产生后,也并非一成不变的。主体、客体和内容三要素中的任何一个要素变更,都会导致整个法律关系的变更。这种变更,也是由法律事实导致的。在案例中,上海某塑料公司将加工贸易料件转为内销,莘庄海关与其之间的基于保税的权利义务关系变更为一般贸易关系,这也是该公司法律行为的结果。

海关法律关系的消灭,就是使海关法律关系不复存在。同样,海关法律关系消灭也是由法律事实引起,主要有三种情况:第一,主体双方行使了权利并履行了义务,这属于法律行为;第二、由于管理相对人的灭失而致,这也是一种法律行为;第三,作为客体的物的灭失而使海关法律关系消灭,很多情况下,这属于法律事件。

【结论】

2003 年 6 月,上海某塑料公司向莘庄海关办理加工合同备案,莘庄海关与该公司的法律关系就发生了,双方之间形成了法定的权利义务关系。2005 年 7 月,该公司申请国内销售并补税,海关与其原来那种关系终止,新的权利义务关系产生。2005 年 9 月,上海某塑料公司办理了海关进口手续后,莘庄海关与该公司不再有海关法上的权利义务关系,海关法律关系消灭。

第三章　海关组织法律制度

第一节　海关的法律地位

海关的法律地位是指法律确定的海关性质以及海关的社会功能。我国海关是国家进出关境的监督管理机关。海关的功能是由海关的性质所派生的职能功能,我国海关的社会功能经历了从保护民族经济不受侵害为主的历史时期向以促进经济建设服务为主的社会功能的转化。

【案例】

2004 年 2 月 4 日,某宇星轮在某港新建码头,被海关缉私艇查获主油柜中有红色燃油。经化验鉴定属香港"红油",共计 5 000 千克。

以上行为有海关查问笔录、海关扣留凭单、化验鉴定书及海关检查记录等为证。当事人为国内沿海营运船舶,擅自买卖、使用"红油",已经违反了海关总署"署办调[1999]281 号"文的有关规定。根据中华人民共和国海关总署《关于打击非法进口"红油"的公告》第二条的规定,决定没收上述 5 000 千克"红油"。

【问题】

海关查处"红油"案件是否其职能?

【法律规定】

《海关法》第二条:

"中华人民共和国海关是国家的进出关境监督管理机关。海关依照本法和其他有关法律、行政法规,监管进出境的运输工具、货物、行李物品、邮递物品和其他物品,征收关税和其他税、费,查缉走私,并编制海关统计和办理其他海关业务。"

【分析】

《海关法》第二条确立了海关的法律地位及其主要职能。在海关依法履行各项法定职能时,海关作为国家进出境监督管理机关,其社会功能的实现随着国内外的政治、经济等状况的变化,体现在海关的工作方针的调整上。例如,在新中国建立之初,从1949～1954年,海关的职责主要是"把守国家经济大门"。1979～1985年期间,随着我国的改革开放,海关工作方针是"依法监管征税,方便合法进出,制止走私违法,保卫促进四化",强调了"方便合法进出"。后来在1986～1998年间,我国对外开放步伐加快,海关工作以主动服务于经济发展为首要任务,确立了"促进为主"的工作方针,但"促进为主"在实践执法中发生了偏移,1999年海关总署提出"依法行政,为国把关"的工作方针,并于2001年,海关提出了"依法行政,为国把关,服务经济,促进发展"的海关工作方针。

海关依法履行海关监管、征税、缉私和统计等海关职能,海关缉私是海关重要职能之一,并具有一定的政策性和专业性强的特点。例如,对本案中"红油"的查处案件,就属于海关缉私执法中的一项专项整治走私的事项。"红油",是香港地区专用的添加红色染色的免税柴油,不能用于国际贸易。它是香港海关为区别其他油类,在油中添加红色染色剂,以方便管理。在我国东南沿海地区走私"红油"的情况时常发生,且比较严重。为保障我国石化工业的健康发展,严厉打击非法走私进口"红油"行为,1999年9月,国务院办公厅制定颁布了《国务院办公厅关于严格查禁非法进口"红油"的紧急通知》(国办发明电[1999]13号)明确规定:禁止任何单位和个人运输、储存、买卖、使用"红油"以及"红油"与其他成品油勾兑的混合油,除了交通主管部门批准航行于国际航线和港澳航线的船舶以及具有双重户籍的港澳流动渔船可以使用"红油",一律限制在其自用合理数量范围内。1999年9月30日,中华人民共和国海关总署对外发布《关于打击非法进口"红油"的公告》第二条规定"海关、公安、工商行政管理部门在执法活动中查获的"红油"(包括"红油"与其他成品油勾兑的混合成品油,下同),凡查实是走私的,一律交由海关按国家有关规定依法惩处；对无法查清进口来源的，由查获部门予以没收，不得罚款放行。"

【结论】

对"红油"案件的处理体现了海关执法职能中保障我国国内工业的职能。可见，海关在实现服务经济的职能的同时，也要实现保障国内经济发展的职能，在实现以上职能时，还要做到依法行政。在"红油"案件如何适用法律及如何认定海上查获"红油"的性质问题上，海关总署下发了《关于转发国务院办公厅关于严格查禁非法进口"红油"的紧急通知的通知》（署办调[1999]281号），进一步明确了海关查处"红油"案件的依据；2003年年初，总署政法司对某海关在处理"红油"案件问题上做出《关于如何认定海上查获的"红油"性质问题的请示》批复，即《政法司关于海上查获"红油"案件处理有关问题的批复》（政法传[2003]8号），批复意见认为：任何单位和个人运输、储存、买卖、使用的"红油"以及"红油"与其他成品油勾兑的混合油，均属国家禁止进境货物。这些规定进一步规范和统一了海关对此类案件的统一处理。

第二节　海关的组织机构

中华人民共和国海关是国家进出关境的监督管理机关，是国务院的直属机构。海关实行垂直领导原则，组织机构包括海关总署、直属海关和隶属海关三级。国家在对外开放的口岸和海关监管业务集中的地点设立海关。海关的隶属关系，不受行政区划的限制。

【案例】

2004年7月9日，当事人黄某乘坐国际航班从浦东机场入境。入境时，由于神情异常，现场海关工作人员决定对其进行检查。经检查，从其携带的行李包夹层中查获反动宣传书刊2本，淫秽影碟6片，淫秽图片9张。浦东机场海关经过立案调查，做出了没收查获的宣传书刊、淫秽影碟及淫秽图片，罚款7 000元的行政处罚决定。黄某不服该行政处罚决定，向上海海关申请行政复议。

【问题】

当事人黄某的复议申请能否被接受?

【法律规定】

《海关法》第二条:

"中华人民共和国海关是国家的进出关境(以下简称进出境)监督管理机关。海关依照本法和其他有关法律、行政法规,监管进出境的运输工具、货物、行李物品、邮递物品和其他物品,征收关税和其他税、费,查缉走私,并编制海关统计和办理其他海关业务。"

第三条:

"国务院设立海关总署,统一管理全国海关。

国家在对外开放的口岸和海关监管业务集中的地点设立海关。海关的隶属关系,不受行政区划的限制。

海关依法独立行使职权,向海关总署负责。"

【分析】

中华人民共和国海关是国家的进出境监督管理机关,实行垂直管理体制。海关在组织机构上分为三个层次:第一层次是中华人民共和国海关总署;第二层次是海关总署广东分署,天津、上海 2 个特派员办事处,上海海关、深圳海关、北京海关等 41 个直属海关和上海海关学院等 2 所海关院校;第三层次是各直属海关下辖的 562 个隶属海关机构,如本案中浦东机场海关是隶属于上海海关的隶属海关机构。此外,海关总署还在布鲁塞尔、莫斯科、华盛顿以及中国香港等地设有派驻机构。

海关的隶属关系,不受行政区划的限制,海关的设立也不受行政区划的限制。如青岛海关是设立于山东省的直属海关,而济南海关是隶属于青岛海关的隶属海关机构。在广东省内设立广东分署,根据海关监管的需要,共设立广州海关、黄埔海关、深圳海关、拱北海关、江门海关、汕头海关和湛江海关共七个直属海关。

目前,共有国家批准的海、陆、空一类口岸 253 个,此外还有省级人民政府原来批准的二类口岸近 200 个。国家在这些口岸设置海关机构依法对进出境运输工具、货物、物品进行监管。

海关总署是中国海关的领导机关,是中华人民共和国国务院的正部级直属机构,统一管理全国海关。海关总署机关内设 15 个部门,并管理 6 个直属事业单位、4 个社会团体和 3 个驻外机构。

依照《中华人民共和国海关法》等有关法律、法规,中国海关主要承担四项基本任务:监管进出境运输工具、货物、物品;征收关税和其他税、费;查缉走私;编制海关统计和办理其他海关业务。根据这些任务主要履行通关监管、税收征管、加工贸易和保税监管、海关统计、海关稽查、打击走私、口岸管理等七项职责。

中国海关实行关衔制度,是自军队、警察之后第三支实行衔级制度的队伍,同时海关实行准军事化管理。海关关衔设五等十三级。分别为一等:海关总监、海关副总监;二等:关务监督(一级、二级、三级);三等:关务督察(一级、二级、三级);四等:关务督办(一级、二级、三级);五等:关务员(一级、二级)。

【结论】

由于海关行政复议实行上级复议的原则,而本案中浦东机场海关是隶属于上海海关的隶属海关机构。因此当事人黄某的行政复议申请应该被复议海关即上海海关受理。

第三节　海关缉私局

海关缉私局是我国专门侦查走私犯罪的公安机构,负责对其管辖的走私犯罪案件进行侦查、拘留、执行逮捕和预审,其刑事职能应当遵照《中华人民共和国刑事诉讼法》的有关规定履行。同时缉私局还承担了对走私行为的调查和行政处罚的行政职能。

【案例】

2000 年 4 月 10 日,某海关走私犯罪侦查分局(以下简称"海关侦查分局",当时尚未更名为缉私局)根据举报线索,在某仓库内查获无合法进口手续的韩国现代吉普车 79 辆。经初步侦查发现,该批车辆系由某公司出资进口整车散件,在某汽车开发总厂组装生产的,某公司在此过程中涉嫌走私犯罪,海关侦查分局据此扣押上述车辆并于同年4月13日对该公司立案侦查。此后,该分局又陆续扣押了追回的或其他单位移交的同案汽车9辆,截至2000年6月16日累计共扣押某公司涉嫌走私的韩国现代吉普车88辆。案件侦办过程中,某海关侦查分局认为该案案情复杂,涉案单位和人员较多(部分犯罪嫌疑人尚未归案),一时难以结案,且在扣车辆数量巨大,不宜长期保存,故在报请海关总署走私犯罪侦查局批准后,根据《刑事诉讼法》第一百九十八条之规定,于2000年12月29日做出"某关侦法字(2000)001号"《扣押货物、物品先行变卖决定书》,以"汽车数量多,不宜长期保存"为由,决定先行变卖上述在扣车辆;变卖价款予以保留,按有关规定上缴国库。此后,海关侦查分局按照《海关总署走私犯罪侦查局关于下发〈扣押货物、物品先行变卖决定书〉(式样)的通知》的规定,将先行变卖决定书转交该关调查部门具体办理变卖事宜。

2001年5月17日,某海关以该海关名义,通过邮寄方式向某公司送达了《先行变卖通知书》,通知内容如下:2000年4月,我关侦查分局查扣你公司涉嫌走私的88辆韩国现代吉普车。经海关总署侦查局批准,我关决定对上述车辆予以先行变卖。根据《海关法》第九十二条第一款的规定,特通知你公司。2001年9月17日,海关与某拍卖中心签订《海关罚没物资委托拍卖合同》,委托该中心拍卖涉案车辆。

2001年9月27日,某公司不服某海关《先行变卖通知书》告知内容,向上一级海关申请行政复议,以海关先行变卖决定缺乏事实根据、违反法定程序、侵犯其合法权益为由,要求撤销某海关先行变卖这一行政违法行为。复议机关经复议认为,海关侦查分局决定对申请人涉嫌走私的88辆韩国现代吉普车先行变卖是依据《刑事诉讼法》第一百九十八条做出的刑事司法行为,不属于行政复议审查范围。被申请人某海关以海关名义制发先行变卖通知,其告知内容和适用法律依据存在错误。同年11月6日,复议机关做出撤销被申请人某海关《先行变卖通知书》的复议决定。同年11月22日,申请人不服复议机关上述行政复议决定,以复议决定认定事实不清、法律依据不足、未履行维护其合法财产权的法定职责为由,向法院提起行政诉讼。

【问题】

缉私局的刑事司法行为和行政执法行为如何区分?

【法律规定】

《海关法》第四条:

"国家在海关总署设立专门侦查走私犯罪的公安机构,配备专职缉私警察,负责对其管辖的走私犯罪案件的侦查、拘留、执行逮捕、预审。

海关侦查走私犯罪公安机构履行侦查、拘留、执行逮捕、预审职责,应当按照《中华人民共和国刑事诉讼法》的规定办理。"

《最高人民法院关于执行〈中华人民共和国行政诉讼法〉若干问题的解释》第一条:

"公民、法人或者其他组织对具有国家行政职权的机关和组织及其工作人员的行政行为不服,依法提起诉讼的,属于人民法院行政诉讼的受案范围。

公民、法人或者其他组织对下列行为不服提起诉讼的,不属于人民法院行政诉讼的受案范围:

(一)行政诉讼法第十二条规定的行为;

(二)公安、国家安全等机关依照刑事诉讼法的明确授权实施的行为;

(三)调解行为以及法律规定的仲裁行为;

(四)⋯⋯"

《刑事诉讼法》第三条:

"对刑事案件的侦查、拘留、执行逮捕、预审,由公安机关负责。检察、批准逮捕、检察机关直接受理的案件的侦查、提起公诉,由人民检察院负责。审判由人民法院负责。除法律特别规定的以外,其他任何机关、团体和个人都无权行使这些权力。

人民法院、人民检察院和公安机关进行刑事诉讼,必须严格遵守本法和其他法律的有关规定。"

【分析】

我国海关法明确海关总署设立专门侦查走私犯罪的公安机构,配备专职缉私警察的侦查走私犯罪的体制,并明确国家实行联合缉私、统一处理、综合治理的缉私体制;由海关负责组织、协调、管理缉私走私工作。

国家在海关总署设立专门侦查走私犯罪的公安机构——走私犯罪侦查局,走私犯罪侦查局在广东分署和全国各直属海关设立走私犯罪侦查分局;走私犯罪侦查分局原则上在隶属海关设立走私犯罪侦查支局。配备专职缉私警察作为组织保障。缉私警察的法定职责是对其管辖的走私犯罪案件进行侦查、拘留、执行逮捕和预审,并依法向人民检察院移送起诉。根据《海关法》第五条规定:"各有关行政执法部门查获的走私案件,应当给予行政处罚的,移送海关依法处理;涉嫌犯罪的,应当移送海关侦查走私犯罪公安机构、地方公安机关依据案件管辖分工和法定程序办理。"因此,如果属于是行政处罚的,也就是尚未构成犯罪的,就应当移送海关依法处理;对涉嫌犯罪的走私案件,应当移送海关侦查走私犯罪公安机构、地方公安机关依据案件管辖分工和法定程序办理。

走私犯罪侦查机关的职责是在中华人民共和国海关关境内,依法查缉涉税走私犯罪案件和发生在海关监管区的走私武器、弹药、核材料、伪造的货币、文物、贵重金属、珍贵动物及其制品、珍稀植物及其制品、淫秽物品、固体废物和毒品等非涉税走私犯罪案件、接受海关调查部门、地方公安机关(包括公安边防部门)和工商行政等执法部门查获的走私犯罪案件;地方公安负责查处在海关监管区外走私武器、弹药、核材料、伪造的货币、文物、贵重金属及其制品、珍稀植物及其制品、淫秽物品、固体废物和毒品等非涉税走私犯罪案件。

走私案件的统一处理,是指查获的走私案件,必须依照法律的规定,实行统一处理;各部门查获的走私货物、物品和价款,依法交由海关统一处理,由海关依照国家的有关规定,及时足额上缴国库,任何人不得坐支截留,不得侵害依法归国家所有的财物。

2002年，为充分发挥海关打击走私的整体效能，根据《国务院办公厅关于海关总署走私犯罪侦查机构职能调整和更名的复函》(国办函[2002]83号)，海关走私犯罪侦察局更名为海关缉私局，在法定职能上海关缉私部门成为兼具刑事司法权及行政执法权的二元化权力机构，随之而来的如何区分行政执法行为与刑事司法行为的界限问题凸现。

关于行政执法行为与刑事司法行为应如何确定界限标准，学理界及实务界主要有以下几种观点：其一是"立案说"，认为凡缉私部门按《刑事诉讼法》的规定办理了刑事立案手续的，在此过程中采取的职务行为就属于刑事司法行为；反之，如果缉私部门是按照行政程序立案的，则在此过程中采取的职务行为就属于行政执法行为，该说从时间节点上区分两种行为，但没有涉及两种行为的本质内容。其二是"行为种类说"，认为只要缉私部门采取的执法行为形式、手续上符合《刑事诉讼法》的要求就属于刑事司法行为，此外就是行政执法行为。这种观点采取的是形式判断标准，若以此为分类标准对实践中某些借刑事侦查之名干预经济纠纷的行为无法纳入行政诉讼受案范围。其三是"行为机构说"，认为职务行为只要是缉私部门办理刑事案件的机构实施的，就属于刑事司法行为。以上三种观点都是形式判断标准。其四是"行为目的说"，认为只要缉私部门职务行为是基于侦查涉嫌走私犯罪行为的目的而实施的，即为刑事司法行为；反之，如果职务行为是基于调查涉嫌走私等违法行为的目的而实施的，则为行政执法行为。与前三种观点相比较，"行为目的说"朝实质标准的道路前进了一步。但由于该说纯粹从行为主体的主观目的出发来鉴别行为性质，未明确根据何种客观情状作为判断的具体标准，难于操作。其五是"违法行为最终结果说"，认为缉私部门在采取了具体的执法行为后，最终案件作为涉嫌走私罪被移送审查起诉，则该行为为刑事司法行为。适用"违法行为最终结果说"，令那些经刑事侦查程序后被决定撤案或检察院决定不起诉或法院判决无罪的案件中的刑事司法行为无从界定。其六是"授权说"。我国行政诉讼司法实践中采用的是此标准。《最高人民法院关于执行〈中华人民共和国行政诉讼法〉若干问题的解释》第一条第二款第(二)

项规定：对公安、国家安全等机关依照刑事诉讼法的明确授权实施的行为不服，公民、法人或者其他组织提起诉讼不属于人民法院行政诉讼的受案范围。"授权说"认为刑事司法行为必须符合以下三个条件：一是要存在符合刑事诉讼法规定的授权主体；二是实施的行为必须是刑事诉讼法明确授权可以实施的行为；三是符合刑事诉讼法授权的目的。

本案中海关侦查分局做出先行变卖决定是依据《刑事诉讼法》第一百九十八条及《公安机关办理刑事案件程序条例规定》第二百一十九条的规定做出的。法院认定海关侦查分局做出的《扣押货物、物品先行变卖决定书》属刑事司法行为，法院在该案判决中指出：海关在刑事侦查阶段尚未结束、且在扣车辆已由海关侦查分局按刑事案件侦办措施处理完毕的情况下，又以海关名义及行政行为方式再行处理，显系超越职权且缺乏事实及法律依据；被告据此撤销其《先行变卖通知书》的行为属合法行政行为，应予维护。该案中海关调查部门根据海关侦查分局做出的《扣押货物、物品先行变卖决定书》这一刑事司法行为而进行的具体变卖行为，因为处理案件的海关调查部门具有私货管理职能，专设私货管理机构具体负责执行私货拍卖、先行变卖等决定，其行为只是基于海关的内部职能分工而进行的内部协作。该案中，不应当再存在以海关名义做出的先行拍卖的行政行为。

【结论】

该案经法院审理认定，原告要求对其是否构成走私犯罪、对其在扣车辆予以定性，该问题应由走私犯罪侦查机构在案件办结后做出结论，不属于行政诉讼的审查范围；同时认定海关走私侦查分局的先行变卖等行为属于刑事侦查行为亦不属于行政诉讼的审查范围，在刑事案件尚未终结前，尚不能确定原告因刑事侦查措施所受影响的财产权益是否合法，原告要求判决被告维护其财产权的诉讼请求，法院不予支持。法院对被告撤销《先行变卖通知书》的事实根据及合法性予以司法审查，并做出判决：驳回原告诉讼请求，维持行政复议决定。

海关缉私局依法履行刑事侦查职能和行政执法职能，这两项职能的法律依据和救济途径不同,根据最高人民法院关于执行《中华人民共和国行政诉讼法》若干问题的解释(1999 年 11 月 24 日最高人民法院审判委员会第 1088 次会议通过,自 2000 年 3 月 10 日起施行)第一条第二款第(二)项规定公安、国家安全等机关依照刑事诉讼法的明确授权实施的行为不属于人民法院行政诉讼的受案范围,故法院在案件审理中认定先行拍卖决定属于刑事侦查行为,故原告要求法院认定先行拍卖行为违法,被告应当维护其财产权益的诉讼请求不予支持。

第四节　海关执法地域范围和海关的权力

海关执法地域范围一般是限于海关监管区和海关附近沿海沿边的规定区域。为强化海关作为缉私职能部门的地位,2000 年修订后的《海关法》将海关执法地域范围扩展到海关监管区和海关附近沿海沿边规定地区以外的区域。

【案例】

原告:某双龙有限公司

被告:中华人民共和国某海关

第三人:林某某,浙江省人

2000 年 11 月 21 日,浙江商人林某某在泰国清迈购买了泰国产龙眼干 2 915 件,42 341 千克,价值人民币 467 626 元。林某某委托泰国清盛临时聘用人员李某,将货物交由某航运公司经澜沧江——湄公河航道途经西双版纳运至昆明,合同约定的全部代办价格为每千克 1.80元人民币。李某收货后在未经货主林某某同意的情况下,私自将该合同转给某双龙有限公司(以下简称双龙公司)。11 月 24 日,双龙公司将货物从泰国清迈启运,由澜沧江——湄公河航道沿江而上,11 月25 日下午,在缅甸梭累港上岸后改用汽车运输,于 11 月 26 日零时从未设有海关机构的 240 界碑处(以下简称 240 通道)运输入境。26 日凌晨 6 时,某海关根据情报将该批货物查扣。

经调查取证,海关于 2001 年 10 月 22 日,做出《行政处罚决定书》

认定:双龙公司违反《中华人民共和国海关法》第四十八条、《海关法行政处罚实施细则》第三条第(一)项的规定,构成走私行为。依照《海关法行政处罚实施细则》第五条第一款第(二)项的规定,没收其在扣的2 915件、42 341千克龙眼干。

双龙公司对行政处罚决定不服,申请行政复议,复议机关做出复议决定,维持原处罚决定。2002年3月,双龙公司向某中级人民法院提起行政诉讼,法院追加林某某为本案的第三人参加诉讼。诉讼中,原告主张的事实和理由是:第一,海关行政处罚决定认定其故意逃避海关监管与客观事实不符,原告不是逃避海关监管,而是因240通道无海关机构,他们准备将货物运到景洪(西双版纳海关所在地)后,再办理报关手续。第二,原告认为从240界碑起到景洪市几十公里的地区属于某海关的监管区,该批货物从240通道入境后,在运往景洪海关所在地报关途中被查扣,不能认定为走私。第三,认为双龙公司在本案中只是代理人的身份,并非货物的实际所有人,《海关法》所处罚的对象是进出口货物的所有人,海关在处罚对象的主体上认定错误。被告海关答辩意见:第一,原告在明知货物未经报关不得运输入境的情况下,将该批货物偷运入境,其主观上的走私故意是非常明显的。第二,《海关法》规定,进出境货物应从设立海关的地点进出,特殊情况需临时进出未设立海关机构的地点的,需事前报国务院或国务院授权的部门批准。240通道是某海关的辖区内未设立海关的地点,当事人需要进出该通道的,需事前报海关批准。第三,《海关法》处罚的对象是进出口货物的持有人,并不对该持有人是否是货物的实际所有人进行实质性审查。经过审理,某中级人民法院做出"驳回当事人诉讼请求,维持海关行政处罚决定"的一审判决。双龙公司不服一审判决,向某省高级人民法院上诉。2002年12月12日,某省高级人民法院做出"驳回上诉,维持原判"的终审判决。

【问题】

运输货物进境的240通道是否属于海关监管区,原告从该地进境的行为是否合法?

【法律规定】

《海关法》第八条：

"进出境运输工具、货物、物品,必须通过设立海关的地点进境或者出境。在特殊情况下,需要经过未设立海关的地点临时进境或者出境的,必须经国务院或者国务院授权的机关批准,并依照本法规定办理海关手续。"

【分析】

法的空间效力,是指法的适用的空间效力。我国海关法律制度的空间效力及于一国关境。关境(Customs Territory),我国《海关法》未下定义,根据国际海关公约的定义,是指一国实施统一海关法的全部领域。从世界各国的情况看,关境可以就是国境,这种情况较普遍。但也有的国家关境大于国境,如欧洲同盟是统一关境,大于每个国家的国境。也有的国家的关境小于国境,实施不同关税政策的区域称为单独关境。单独关境(Separate Customs Territory),又叫单独关境区,是指一国领土范围内实施独立海关制度的区域。一国设立单独关境,往往是给予比关境内要特殊的优惠政策。我国的关境是除享有单独关境地位的地区以外的中华人民共和国的全部领域。根据中英、中葡政府分别发表的关于恢复行使对香港和澳门领土主权的联合声明和我国制定的香港特别行政区基本法、澳门特别行政区基本法的规定,香港和澳门属于单独关境,实行原有的海关制度,和我国海关总署没有行政隶属关系。由此可见,我国的关境小于国境。此外,我国海关法在我国领海的毗连区内对在我国领陆和领海内违反海关法的行为享有管制的权力,这是我国根据《联合国海洋法公约》的规定,为维护国家主权而通过立法确定的。

海关执法的地域范围根据海关法规定,一般限于海关监管区和海关附近沿海沿边的规定区域。海关监管区,根据我国《海关法》第一百条的规定,是指设立海关的港口、车站、机场、国界孔道、国际邮件互换局(交换站)和其他有海关监管业务的场所,以及虽未设立海关,但是经国务院批准的进出境地点。我国在对外开放的口岸和海关监管业务集中的地点设立海关。对外开放的口岸,是指由国务院批准,允许运输工具及所载人员、货物、物品直接出入国(关)境的港口、机场、车站以及允许运输工具、人员、货物、物品出入国(关)境的边境通道。它包括我国开放对外贸易的港口;国界火车站和国界联运车站;陆路边境及国界江河上准许货物和旅客出入国境的地点;国际航空站;国际邮包、邮件交换地点以及经国家特许货物进出口的地方,如边境小额贸易货物进出境地点等。海关监管业务集中的地点,是指虽非国务院批准对外开放的口岸,但是海关某类或者某几类业务比较集中的地方。

海关的权力在法定情形下可延伸至海关监管区和海关附近沿海沿边规定地区以外的特定地区。在海关监管区和海关附近沿海沿边规定地区以外,下列情况下海关行使以下权力:海关在调查走私案件时,对有走私嫌疑的运输工具和除公民住处以外的有藏匿走私货物、物品嫌疑的场所,经直属海关关长或者其授权的隶属海关关长批准,可以进行检查,有关当事人应当到场;当事人未到场的,在有见证人在场的情况下,可以径行检查;对其中有证据证明有走私嫌疑的运输工具、货物、物品,可以扣留。

本案中双方当事人争议焦点之一在于运输货物进境的 240 通道是否属于海关监管区的问题,原告从该地进境的行为是否合法。根据《海关法》规定,海关监管区必须是设立海关的地点或虽未设立海关但经国务院批准的进出境地点。该案中,根据国务院、海关总署对某海关设立的批准文件规定,某海关监管现场为景洪港(水港)、景洪机场。《海关法》(该处引用的海关法为 1987 年海关法,本案在做出第一次行政处罚时修订后的海关法尚未实施)第五条的规定,即"进出境运输工具、货物、物品,必须通过设立海关的地点进境或者出境。在特殊情况下,需要经过未设立海关的地点临时进境或者出境的,必须经国务院或者国务院授权的机关批准,并依照本法规定办理海关手续"。因此,在某海关辖区内的进出境行为必须在景洪港(水港)、景洪机场两地海关监管下进行,240 通道是某海关的辖区内未设立海关的地点,并非海关监管区,当事人不得从该通道进出境,其从未设海关地点进出境的行为通常称为"绕关走私"行为。

【结论】

案件审理过程中,被告的答辩意见基本上为法院判决书采纳。海关认定当事人走私并予以行政处罚决定在行政诉讼中得到支持。本案是一起典型的绕关走私行为,2002年3月,双龙公司向某中级人民法院提起行政诉讼,一审法院追加林某某为本案的第三人参加诉讼。经过审理,某中级人民法院做出"驳回当事人诉讼请求,维持海关行政处罚决定"的一审判决。收到一审判决书后,双龙公司仍不服,又向某省高级人民法院上诉。2002年12月12日,某省高级人民法院做出"驳回上诉,维持原判"的终审判决。

第五节　海关关员的权利和义务

海关关员是国家行政机关工作人员,属于公务员的范畴。

【案例】

2005年10月,某海关公开招录公务员,当事人通过网络报名,后经过查询未能通过资格审查。当事人认为某海关的行政不作为侵犯了其合法权益,海关理应在规定期限内以规定的方式答复其审查结果;某海关的行政行为属于滥用职权,当事人完全符合报考岗位的条件,享有公务员考试资格,而某海关却无视其上述条件,剥夺了其公平竞争权;某海关的违法行政给其造成了一定的物质损失,也给其家庭造成了不可弥补的精神创伤。为此,当事人要求法院确认某海关在招录公务员过程中的行为违法,判令在《中国海关》杂志上向其道歉,判令赔偿其物质及精神损害并承担诉讼费用。

这起案件是第一起对海关在招录公务员过程的行政行为不服而提起的诉讼案件。

【问题】

对招录海关公务员过程的行政行为不服能否纳入行政诉讼受案范围?

【分析】

海关关员属于我国公务员范畴。国家公务员制度作为我国政治体制改革的一项重要内容，是中共十三大和七届人大决定的。1993年8月14日正式颁布《国家公务员暂行条例》，在吸收多年人事制度改革成果的基础上，2005年我国颁布了《公务员法》。每部法律都有自己的调整范围，都要明确自己要解决什么问题、规范什么行为，《公务员法》确定了公务员的三个标准。根据《公务员法》的规定，我国的公务员主要包括三个方面的要件：一是依据法律履行公职的人员，为公众服务；二是列入国家行政编制序列的人员；三是由国家财政负担其工资福利的人员。据此标准，按照《公务员法》的规定，公务员的范围包括了政党机关、国家机关、法院、检察院机关等，共七类：一是中国共产党机关工作人员；二是人大机关工作人员；三是行政机关工作人员；四是政协机关工作人员；五是法院工作人员；六是检察院工作人员；七是民主党派机关工作人员。

《公务员法》明确了公务员的义务、纪律和责任，与一般公民的责任和义务不同，《公务员法》首先强调义务，然后才是权利，强调公职人员履行义务的特定要求。《公务员法》第十二条作了8项规定，可概括为3项。第1项是依法履行职责的义务；第2项是服从与执行的义务；第3项是廉洁的义务。《公务员法》第五十三条规定了15项纪律，可概括为政治纪律、工作纪律、廉政纪律和道德纪律4项纪律。在公务员与国家机关的关系上，国家机关属于强势地位，公务员的维权手段非常有限，《公务员法》在保障公务员的权利方面做了些规定，对公务员工资制度改革的框架、公务员工资水平的确定依据及公务员工资正常增长机制均做了相应规定。

公务员的条件以及进出是在实务中遇到矛盾纠纷较多的地方。《公务员法》规定了四种进入公务员队伍的途径，即公务员考录，调入，公开选拔，职位聘用。公务员队伍的退出，主要包括四个渠道，即退休，辞去公职，辞退，开除公职。

本案是一起在公务员考录过程中产生的纠纷，从案件类型而言，在海关行政诉讼中这是新型案件,这显示了海关行政诉讼案件不仅仅是围绕着海关在实现其作为国家进出境监督管理机关职能中所做出的具体行政行为而发生,并可能扩展到海关人事、科技、后勤等非业务部门的行政行为。针对是否予以招录、对公务员内部的奖惩、任免等问题,能否作为行政诉讼案件为法院受理审查,这涉及对我国行政诉讼法规定的不可诉行为中"内部行政行为"的理解。对内部行政行为不可诉的规定有许多学者均提出了观点。有学者提出"有些行政行为涉及政府的政治决策或者行政政策,有些属于行政机关高度人性化判断的结论或具有很强的技术性,则不宜由法院进行判断,而应交给行政机关自行处理",其判断的具体标准例如"预测性决定,如环保局对环境的预测、计划性决定、政策性政治决定,如国防、外交决定和高度人性化判断的事项,如考试成绩的评定",这些行为就不宜为法院所受理,而对一些行政机关对工作人员的奖惩任免决定法院可以通过重点审查程序而不是实体,来实现对公务员权利的救济,避免出现权利救济的真空。①

【结论】

公务员的考试录用、考核、竞争上岗、辞职辞退等一系列管理问题,已随着推行和实施公务员制度的逐步深入并将逐步跨出司法审查的禁区。与公务员制度相配套和衔接的法律、法规制度也必将做出相应的调整和修改。

---

① 参见马怀德主编:《行政诉讼原理》,法律出版社 2003 年版,第 182～185 页。

第四章　关税法律制度

第一节　关税法律制度概述

"海关本身是一个很古老的财政机制,也许是最古老的收钱方式"。① 这句话非常清楚地揭示了海关存在的最初本质,即征税。一般而言,这里的"税"就是指关税。②

也许从不同的角度,关税存在着不同的解释。有人认为,"关税是一国政府通过设置的海关根据国家公布的海关税则对进出国境或关境的货物和物品征收的一种税"。③ 有人认为,"关税是由海关代表国家,按照国家制定的关税政策和公布实施的税法及进出口税则,对进出关境的货物和物品征收的一种流转税"。④ 而海关法教材一般则认为,关税是指对进出口货物和进出境物品所征收的进出境环节的流转税,是我国税收体系中一个独立的税种,也是我国涉外税收的组成部分。其实,这些解释并无多大的冲突,相反却都存在着本质上的联系,即关税具备了强制性、固定性、无偿性以及涉外性的特征。

关税法则是指调整我国关税征纳关系的法律规范的总称。关税法律制度是关税实体法和征税程序法的统一体,其基本结构包括征税对象、纳税义务人、税率、纳税环节、纳税期限、税目、关税的减免、违法处

---

① ［日］朝仓弘教:《世界海关和关税史》,吕博等译,中国海关出版社2006年版,第1页。

② 我国海关除了征收关税,还征收进口环节的增值税、消费税、船舶吨税、海关监管手续费等。参见郑跃声等主编:《海关法律概论》,中国海关出版社2002年版,第82页。

③ 张群主编:《中外关税税制比较》,中国财政经济出版社2002年版,第1页。

④ 李鹏南等主编:《海关税收管理》,中国海关出版社2002年版,第3页。

理及纳税争议的解决。

一、税率的适用

税率是指应征税额和征税对象之间的比率,也可以说是计算每一商品单位的征税对象与应税税额的比率。税率是计算税额的尺度,也是衡量关税总水平和每一具体进出境货物税收负担轻重的标志。我国关税的税率采用比例税率,即不分征税对象数额大小,均规定一定比率的税率。在税率类别上,我国进口关税设置了最惠国税率、协定税率、特惠税率、普通税率、关税税额税率。

【案例】

申请人:某集团股份有限公司

被申请人:某隶属海关

2002年7月,申请人某集团股份有限公司(以下简称"集团公司")向某隶属海关申报进口线性低密度聚乙烯315吨,申报货物的原产地均为韩国。某隶属海关根据2002年《税则》做出征税决定,按14.2%的最惠国税率计征进口货物的税款。

集团公司对某隶属海关征税适用的税率不服,先后向其上级海关申请行政复议,请求对进口货物按其原产国韩国应享受的曼谷协定关税税率13%征收关税,并将多征税款退还该公司。

申请人认为:"因韩国属曼谷协定成员,该国生产的产品应享受曼谷协定税率,而聚乙烯此项产品按曼谷协定国的关税税率应为13%。公司签订的合同即是向韩国公司购买的韩国产聚乙烯,理应享受曼谷协定税率"。同时,申请人还向海关出具情况说明,称:"由于韩国至黄埔港无固定班轮航线,因此,所有由韩国到黄埔的货物均需由香港中转,但在香港中转期间不开箱也不换箱"。申请人向复议机关提交了进口货物的合同、发票、装箱单、银行付汇材料、进口货物自韩国启运且目的港为黄埔的头程提单、由香港运抵黄埔的二程提单,并提供了韩国方面就进口货物开具的原产地证明。

经审查,该上级海关复议机关受理了申请人的复议申请,并按规定向被申请人某隶属海关发出了《行政复议答复通知书》。被申请人答复认为因该批货物经香港中转,申请人未能提供总署第94号令第四条规定的证明其属于"直接运输"的书面证明材料,该关根据署令规定按最惠国税率14.2%计征货物税款。

在审理过程中,复议机关根据申请人、被申请人提交的证据材料查明,申请人进口的线性低密度聚乙烯确系其与韩国的石化公司签订合同进口的,所提交的进口货物的原产地证书亦为有效的证书。进口货物系由韩国仁川港启运,其头程提单及二程提单显示货物目的港为黄埔,但货物在运输进境途中曾经香港过境转船后运抵黄埔。同时,有关单证材料显示,进口货物在韩国仁川港装运时,载货的集装箱上已加施商业封志,封志号码在头程提单中已于相应的集装箱柜号后标注。货物运抵黄埔港后,被申请人的查验关员也在报关单柜号栏中对进口货柜相应的封志号码做了核对,批注与原标注相符,证明载货集装箱在整个运输过程中没有启封。

【问题】

申请人的这批货物究竟应该按照协定税率还是最惠国税率征税?

【法律规定】

《进出口关税条例》第九条:

"进口关税设置最惠国税率、协定税率、特惠税率、普通税率、关税配额税率等税率。对进口货物在一定期限内可以实行暂定税率。"

第十条:

"原产于共同适用最惠国待遇条款的世界贸易组织成员的进口货物,原产于与中华人民共和国签订含有相互给予最惠国待遇条款的双边贸易协定的国家或者地区的进口货物,以及原产于中华人民共和国境内的进口货物,适用最惠国税率。

原产于与中华人民共和国签订含有关税优惠条款的区域性贸易协定的国家或者地区的进口货物,适用协定税率。

原产于与中华人民共和国签订含有特殊关税优惠条款的贸易协定的国家或者地区的进口货物,适用特惠税率。

原产于本条第一、第二款和第三款所列以外国家或者地区的进口货物,以及原产地不明的进口货物,适用普通税率。"

《中华人民共和国海关关于〈亚洲及太平洋经济和社会理事会发展中国家成员国关于贸易谈判的第一协定〉项下进口货物原产地的暂行规定》第四条:

"享受曼谷协定税率的进口货物应由受惠国直接运输进入中华人民共和国关境。'直接运输'是指下列情况之一:(一)货物运输未经非受惠国关境;(二)货物虽经一个或多个非受惠国关境,但其有充分理由证明过境运输完全出于地理原因或商业运输的要求,并能证明货物在运输过程中未在非受惠国关境内使用、交易或消费,及除装卸和为保持货物良好状态而接受的简单处理外,未经任何其他处理。经非受惠国运输进口的货物适用曼谷协定税率时,应进口地海关要求,进口货物收货人应提交过境海关签发的对上述事项的证明或其他证明材料。"

第五条:

"对于非直接运输进境的货物,不能适用曼谷协定税率,海关依法确定进口货物的原产地,并据以确定适用税率。"

【分析】

本案例反映的是海关征纳关税过程中的税率适用问题。

隶属海关的理由是依据《中华人民共和国海关关于〈亚洲及太平洋经济和社会理事会发展中国家成员国关于贸易谈判的第一协定〉项下进口货物原产地的暂行规定》(以下简称《暂行规定》)第四、第五条的规定。此外,海关总署关税司于 2002 年 6 月 6 日针对类似问题的请示做出了税管函〔2002〕89 号复函(以下简称《复函》),认为:"对经非受惠国运输进口的货物适用曼谷协定,海关应要求进口企业提供过境海关签发的对暂行规定第四条(二)所述事项的证明或其他经过境海关确认的证明材料。否则,一律不能适用曼谷协定税率,并按海关依法确定的适用税率征税。"

所以,依据上述规定,该隶属海关认为:

(1)申请人的进口货物自韩国启运,在运进我国关境前曾经中国香港(非受惠国关境)中转,不符合《暂行规定》第四条第一款"应由受惠国直接运输进入中华人民共和国关境"的规定；

（2）申请人不能提供充分理由证明"过境运输完全出于地理原因或商业运输的要求"，同时也不能提交书面证据证明"货物在运输过程中未在非受惠国关境内使用、交易或消费，及除装卸和为保持货物良好状态而接受的简单处理外，未经任何其他处理"，故不符合《暂行规定》第四条第二款的相关规定；

（3）申请人也不能应海关要求提交香港海关签发的有关事项的证明材料，不符合《暂行规定》第四条第三款的规定。

但是，对照本案的实际情况及《暂行规定》本身分析，本案在法律适用中尚存部分未明确之处，不宜简单地按第一种意见做出复议决定，理由如下：

（1）申请人在情况说明中称韩国至黄埔港无固定班轮航线，所有由韩国到黄埔的货物均需在香港中转。在对申请人提出的必须经香港中转运输的说法还未有材料核实的情况下，不能直接认定申请人进口货物不符合《暂行规定》第四条第二款（二）项的规定。同时，该项事实的认定还涉及举证责任分配的问题；

（2）我国内地海关同香港的海关之间是否已就签发《暂行规定》第四条第三款规定中的过境证明问题签署相关协议尚不明确。在此情况下，海关人为地向进口人设置义务，要求其提供根本不可能取得的香港海关过境证明，实属对货物进口人的不公平；

（3）有关的单证材料已显示，进口货物启运时加施的商业封志到港后无损，可证明载货集装箱在整个运输过程中没有启封。由此可以推断，申请人在情况说明中所称的"在香港中转期间不开箱也不换箱"的说法可以成立。对此，即可认定进口货物即使经过"非受惠国关境"，但"未经任何其他处理"，所以，进口货物不应适用《暂行规定》第四条第二款（二）项的规定；

（4）《复函》对经非受惠国运输进口的货物要求进口企业提供"过境海关签发的对暂行规定第四条（二）所述事项的证明或其他经过境海关确认的证明材料"，该《复函》内容同《暂行规定》第四条第三款的表述不尽一致，而是将"其他证明材料"的范围做了缩小解释，严格限定为"其他经过境海关确认的证明材料"。但是，在香港海关拒绝签发过境证明的情况下，进口企业的其他证明材料也必定不可能获得香港海关的确认。如严格按《复函》的要求执行，则会造成进口货物只要存在过境香港的事实，企业就根本无法举证主张其进口货物可适用曼谷协定税率。

经过调查确认，韩国到黄埔港之间没有直航班轮，集装箱或拼箱货物一般由香港过境中转后运抵黄埔，仅有部分的大宗散货一般采用航次租船的形式直接从韩国直航运抵黄埔。故在本案中，虽然申请人进口货物经香港过境转船运入我国关境，存在过境《曼谷协定》非受惠国关境的情况，但有充分理由证明货物过境香港完全是出于商业运输的要求，申请人主张的事由成立。同时，被申请人的查验记录及申请人提供的海运提单等运输单证，均能证明货物在运输过程中未在香港关境内使用、交易或消费，对申请人进口货物征收关税应适用曼谷协定税率。

【结论】

上级海关应当变更某隶属海关做出的原征税决定，决定对申请人进口的线性低密度聚乙烯按原产国韩国应享受的曼谷协定税率13%征收关税，并将多征的税款退还申请人。

二、关税的计税依据

计税依据也称计税标准，是课税对象在量上的具体化，是计征税额的依据。从世界各国海关立法的情况看，计税依据主要有从价税、从量税、复合税、选择税、滑准税、差价税、季节税等。

我国海关法历来是以从价税为主，对少数货物从量征税。从1997年7月1日起，从量税的范围稍有扩大，而且对有些进口货物按复合税的计税依据征税。

【案例】

我国A公司向美国购进日本"雅阁"牌小轿车20辆，成交价格共500 000美元，实际支付运费7 200美元，保险费900美元。已知汽车的规格为 4 座位,气缸容量2 000毫升,外汇折算率 1 美元＝人民币7.9元。

【问题】

A公司应该支付多少进口关税?

【法律规定】

《进出口关税条例》第三十六条:

进出口货物关税,以从价计征、从量计征或者国家规定的其他方式征收。

从价计征的计算公式为:

$$应纳税额＝完税价格×关税税率$$

从量计征的计算公式为:

$$应纳税额＝货物数量×单位税额$$

【分析】

正确计征关税是贯彻关税政策、依率计征的最后一个环节,通过正确归类、审价、确定原产地、适用税率以及准确的计算,才可以得出正确无误的关税税额。

关税的计算程序如下:

1. 按照归类原则确定税则归类,将应税货物归入恰当的税目税号;

2. 根据原产地规则,确定应税货物所适用的税率;

3. 根据完税价格审定办法、规定,确定应税货物的完税价格;

4. 根据汇率使用原则,将外币折算成人民币;

5. 按照计算公式正确计算应征税款。[①]

因此,A公司应当缴纳的进口关税为:

1. 确定税则归类,气缸容量2 000毫升的小轿车归入税目税号8 703.2314;

---

① 李淑霞、宋君涛:《关税征收》,中国海关出版社 2005 年版,第 61 页。

2. 原产国日本适用最惠国税率 34.2%；

3. 审定完税价格为 508 100 美元（500 000 美元＋7 200 美元＋900 美元）；

4. 将外币价格折算成人民币为 4 013 990 元；

5. 正常征收的进口关税税额＝完税价格×法定进口关税税率

$$＝4\,013\,990×34.2\%$$

$$＝1\,372\,784.58（元）$$

【结论】

A 公司为这批进口小轿车应当支付 1 372 784.58 元进口关税。

第二节　海关估价制度和关税减免制度

一、海关估价制度

关税主要是从价税，只有极少量是从量税，所以，确定进出境货物的完税价格是关税征收中的重要环节。而完税价格，则是指每一货物单位应纳关税的基价。海关估价制度由海关法关于海关审定进出口货物完税价格的原则、方法、依据以及海关与纳税人的权利义务等规定所构成。

《WTO 估价协定》规定，在不能按进口货物成交价格确定完税价格时，通常在海关与进口商之间有一个磋商的过程，以期获得按相同或类似货物成交价格估价的合理依据。因为进口商可能掌握相同或类似进口货物的完税价格资料，而进口地海关可能没有及时获得进口商所掌握的这种资料。相反，海关可能掌握相同或类似进口货物的完税价格资料，而进口商则不易获得海关掌握的这种资料。双方在磋商的过程中，在无损于商业机密的条件下，使情报得以交流，以便正确确定进口货物的完税价格。[①]

---

① 李鹏南等主编：《海关税收管理》，中国海关出版社 2002 年版，第 82 页。

【案例】

申请人：某物资进出口公司

被申请人：某海关

某物资进出口公司与香港威来国际公司签订贸易合同，以保税仓库转进口形式向被申请人某海关申报进口甲基丙烯酸甲酯，申报价格为 780 美元/吨，某海关依据审单中心外转岗所附价格资料与申请人进行口头"磋商"，并最终以 1 120 美元/吨的价格对涉案货物予以估价征税。申请人不服，申请复议。

【问题】

某海关为什么不采纳申请人的申报价格作为成交价格？申请人与被申请人之间进行的口头"磋商"是否合法？

【法律规定】

《海关法》第五十五条：

"进出口货物的完税价格，由海关以该货物的成交价格为基础审查确定。成交价格不能确定时，完税价格由海关依法估定。"

《进出口关税条例》第十八条：

"进口货物的完税价格由海关以符合本条第三款所列条件的成交价格以及该货物运抵中华人民共和国境内输入地点起卸前的运输及其相关费用、保险费为基础审查确定。

进口货物的成交价格，是指卖方向中华人民共和国境内销售该货物时买方为进口该货物向卖方实付、应付的，并按照本条例第十九条、第二十条规定调整后的价款总额，包括直接支付的价款和间接支付的价款。

进口货物的成交价格应当符合下列条件：

（一）对买方处置或者使用该货物不予限制，但法律、行政法规规定实施的限制、对货物转售地域的限制和对货物价格无实质性影响的限制除外；（二）该货物的成交价格没有因搭售或者其他因素的影响而无法确定；（三）卖方不得从买方直接或者间接获得因该货物进口后转售、处置或者使用而产生的任何收益，或者虽有收益但能够按照本条例第十九条、第二十条的规定进行调整；（四）买卖双方没有特殊关系，或者虽有特殊关系但未对成交价格产生影响。"

第二十一条：

"进口货物的成交价格不符合本条例第十八条第三款规定条件的，或者成交价格不能确定的，海关经了解有关情况，并与纳税义务人进行价格磋商后，依次以下列价格估定该货物的完税价格：

（一）与该货物同时或者大约同时向中华人民共和国境内销售的相同货物的成交价格；（二）与该货物同时或者大约同时向中华人民共和国境内销售的类似货物的成交价格；（三）与该货物进口的同时或者大约同时，将该进口货物、相同或者类似进口货物在第一级销售环节销售给无特殊关系买方最大销售总量的单位价格，但应当扣除本条例第二十二条规定的项目；（四）按照下列各项总和计算的价格：生产该货物所使用的料件成本和加工费用，向中华人民共和国境内销售同等级或者同种类货物通常的利润和一般费用，该货物运抵境内输入地点起卸前的运输及其相关费用、保险费；（五）以合理方法估定的价格。

纳税义务人向海关提供有关资料后，可以提出申请，颠倒前款第（三）项和第（四）项的适用次序。"

【分析】

1. 根据申请人提供的合同、发票及信用证等商业单证，进口货物生产商为香港阿托菲纳公司，该公司通过台湾胜威化学有限公司将货物事先存放于深圳某保税仓库，由其作为代理商负责直接发货。货物买卖的全过程为：香港阿托菲纳公司——香港威来惠南公司——香港威来国际公司——申请人。但在上述买卖过程中，交易价格一直未发生变化。货物从香港威来惠南公司流转到申请人，中间没有任何商业利润发生，这明显不符合贸易常理。

经了解，发现两个威来公司有相同的股东，因而货物的转移并不产生商业利润。而威来国际公司为了开拓国内市场，委托申请人以外贸形式代为申报进口。货物进口后的国内销售环节，从客户选定、价格确定到发货,均由威来国际公司在幕后操纵。申请人在报关环节所提供的与威来国际公司的"外贸合同",仅仅是为了满足报关需要而签订。表面看,几个公司之间进行着贸易活动,但实际上执行的却是代理协议。申请人所起的只是进口报关作用,货物所有权从进口到销售,一直处于威来国际的控制中。

根据《进出口关税条例》第十八条第二款、第三款的规定,进口货物的成交价格是买方为购买该货物而向卖方进行的实付或应付价格。"购买"必须发生所有权的转移。由于当事人间实际执行的是代理协议,申请人与威来国际公司之间的交易并未导致货物所有权的转移,因此,其申报价格不符合法律法规规定的成交价格定义,不能确定为实际成交价格,海关当然有权行使估价权。

2. 价格磋商的本意是海关与进口人的信息交流。通过这种交流,海关最大限度获得相同或类似货物的价格信息、市场行情,从而使估价结果更符合贸易的实际状况。

相反,如果磋商变成了"口头"告知,或虽依法定程序并有书面材料、双方签名,但却流于告知实质。很显然,这种磋商得来的估价结果,存在两个方面的瑕疵。首先是拘束力的薄弱。由于没有充分的交流与协商,而只是将海关所欲估定之价格予以告知,往往不能使相对人信服。即使相对人未提起复议或诉讼,也往往是考虑海关管理等方面的因素。其次是相对人往往是迫于通关效率压力而接受海关的估价,使得磋商估价在一定程度上成为武断估价的表现形式。在这种"磋商"之后,常常是复议或诉讼的提起。这不仅浪费了海关估价的人力资源,也使海关估价的权威性不断受到司法审查的质疑。

本案中,被申请人称本次估价是其与申请人磋商、经其同意后所确定的。但实际操作中,被申请人凭审单中心外转时所提供的一条价格资料,口头询问申请人是否愿意接受海关所欲采用的价格。因此,被申请人理解和实践的磋商仅仅是口头的告知,没有交流的过程,明显不符合《进出口关税条例》第二十一条第一款的规定精神。

【结论】

由于申请人与威来国际公司之间的交易并未导致货物所有权的转移,所以,海关不能接受申请人的申报价格作为成交价格。同时,鉴于"口头"磋商的形式不符合法律规定,上级海关复议部门应撤销原征税决定,责令被申请人对进口货物重新估价并征收税款。

二、关税减免制度

在国家的对外经济贸易交往中,由于受某些国际惯例、国家间的关系、国内经济发展政策、国内外经济状况和突发事件等各种因素的影响,需要国家在关税上采取一定的措施给予特别的扶持和照顾,把某些应上缴国家的一部分或全部税款留给纳税人,这种措施就是关税的减免。①

同时,对某些进出口货物予以减免税待遇也是我国加入国际公约、协定应当承担的义务。我国《海关法》将关税减免分为法定减免、特定减免与临时减免三类。

【案例】

2004年10月,某海关驻贡城办事处对贡城鸿鹤化工股份公司例行稽查。在分析该公司企业档案及进出口资料时,海关关员注意到,该公司于2002年减免税进口了一套价值1700万美元的生产设备,并且该公司下属有几家具有独立法人资格的子公司,其中之一为贡城鸿鹤精细化工股份有限公司(简称鸿鹤精化)。

海关在实地检查该套设备时,发现实际使用地点为贡城鸿鹤精化。经进一步核实,该设备是由贡城鸿鹤化工股份有限公司租赁给鸿鹤精化使用的,后者还提供了双方的租赁协议。随即某海关对贡城鸿鹤化工股份有限公司擅自租赁减免税设备的行为正式立案调查。

2005年9月,该案移交某海关缉私局处理。根据某海关缉私局走访调查,认为贡城鸿鹤化工股份有限公司未经海关许可,擅自将减免税

---

① 李鹏南等主编:《海关税收管理》,中国海关出版社2002年版,第217页。

设备租赁给具有法人资格的其他公司使用,已构成违反海关监管规定的行为,并根据《行政处罚法》和《海关行政处罚实施条例》相关规定,对贡城鸿鹤化工股份有限公司做出了处罚。

2005年12月15日,贡城鸿鹤化工股份有限公司向某海关缴纳了减免税设备移作他用期间的税款108万元、税款滞纳金3万元以及罚金11.5万元。

【问题】

贡城鸿鹤化工股份有限公司将减免税进口的生产设备租赁给其子公司鸿鹤精化使用的行为属于何种性质?

【法律规定】

《海关法》第五十七条:

"特定地区、特定企业或者有特定用途的进出口货物,可以减征或者免征关税。特定减税或者免税的范围和办法由国务院规定。

依照前款规定减征或者免征关税进口的货物,只能用于特定地区、特定企业或者特定用途,未经海关核准并补缴关税,不得移作他用。"

《海关行政处罚实施条例》第七条:

"违反海关法及其他有关法律、行政法规,逃避海关监管,偷逃应纳税款、逃避国家有关进出境的禁止性或者限制性管理,有下列情形之一的,是走私行为:

......

(三)使用伪造、变造的手册、单证、印章、账册、电子数据或者以其他方式逃避海关监管,擅自将海关监管货物、物品、进境的境外运输工具,在境内销售的;

......"

第十八条:

"有下列行为之一的,处货物价值5%以上30%以下罚款,有违法所得的,没收违法所得:

(一)未经海关许可,擅自将海关监管货物开拆、提取、交付、发运、调换、改装、抵押、质押、留置、转让、更换标记、移作他用或者进行其他处置的；

……"

【分析】

本案涉及特定减免税货物的海关监管问题。

与其他类型的减免税不同，特定减免税属于政策性减免税，是海关根据国家政治、经济政策的需要，按照国务院制定的减免税规定，对特定地区、特定企业、特定用途、特定贸易性质、特定资金来源的进出口货物实行减免税。特定减免税是国家为鼓励引进国外先进技术、弥补国内产业空白、促进企业技术改造、提高综合经济效益所采取的一项关税优惠政策，其优惠对象、减免范围及审批程序均有严格的标准与条件；对特定减免税货物的海关监管及有关违法行为的处理，法律与行政法规也做出了明确的规定。

特定减免税进口货物的自身性质决定了其属于海关监管货物的一种，在海关监管年限内，特定减免税货物的进口方必须在海关监管之下，按照海关监管的要求使用处置特定减免税货物，不得擅自移作他用。

根据《海关法》第五十七条的规定，"用于特定地区、特定企业或者特定用途"是海关对特定减免税进口货物的基本监管要求。其中，"特定地区"是指我国关境内的特别限定区域，进口货物只有在此区域内使用方能享受减免税优惠待遇。"特定企业"是指由国务院制定的行政法规中专门规定的企业，进口货物只有由这些规定的企业使用方能享受减免税的优惠待遇。"特定用途"是货物必须用于国家行政法规或政策鼓励发展的规定用途，具体包括两种类型：一类是货物自身的特定决定其只能用于某种特定用途，例如，用于残疾人康复训练的设施；另一类是货物虽然具有多种用途，但只有用于国家政策鼓励发展的项目或有关行政法规规定的用途，方能在进口环节享受减免税的优惠待遇。

所谓将特定减免税货物"移作他用"是指当事人在未经海关许可并

补缴有关税款的情况下,将用于特定地区、特定企业、特定用途的减免税进口货物用于非特定地区、非特定企业或者改变特定用途的行为,也是《海关法》明令禁止的违法行为。

按特定企业批准减免税的货物由特定企业之外的单位使用,即构成"移作他用"。本案中的贡城鸿鹤化工股份有限公司将减免税进口的生产设备以"租赁"的名义交付其子公司鸿鹤精化使用,即使该生产设备的所有权没有实际转移,但占有并使用该生产设备的主体已经发生变更,即属于"移作他用"。

根据《海关法》及《海关行政处罚实施条例》的规定,对于未经海关许可,擅自将海关监管货物移作他用的,处货物价值5%以上30%以下罚款,有违法所得的,没收违法所得,同时责令其补缴应缴税款,办结海关监管手续。

【结论】

由于贡城鸿鹤化工股份有限公司将减免税进口的生产设备租赁给其子公司鸿鹤精化使用,而并不是"销售",所以,这种行为是违反海关监管规定的行为,而非走私行为。

第三节　关税法律关系的主体和客体

关税法律关系是指由海关法规定和调整的,海关与纳税义务人之间在关税征纳中产生的权利义务关系。关税法律关系主体之一的海关是权利主体,代表国家行使关税征收权。纳税人是义务主体,负有直接向国家缴纳税款的义务。

【案例】

2003年10月15日,A公司以加工贸易方式进口了一批用于生产儿童服装的保税布料,货物办结通关手续后,A公司因暂时无场地存放该批保税料件,在报请某海关同意后,将货物交与某海关指定的经营海关监管货物仓储业务的B企业暂时保管,B企业将进口布料存放于其下属的一家仓库。

　　2003年10月18日晚,存放A公司上述货物的仓库发生火灾,包括保税布料在内的仓储货物全部被烧毁。事后查明,火灾的起因是由于仓库照明线路电线老化,因超负荷用电导致电线短路而引起的,B企业向某海关报告了有关情况。

　　B企业认为,保税进口料件的国内收货人是A公司,A公司作为经营单位应该承担该批货物的补缴税款的义务;仓库发生火灾纯属意外,该企业事先无法预料也难以避免,火灾应视为因不可抗力引发的意外事件,该企业无须承担行政与民事方面的法律责任。

　　【问题】

　　究竟是A公司还是B企业承担该批保税布料缴纳税款的责任呢?

　　【法律规定】

　　《海关法》第二条:

　　"中华人民共和国海关是国家的进出关境(以下简称进出境)监督管理机关。海关依照本法和其他有关法律、行政法规,监管进出境的运输工具、货物、行李物品、邮递物品和其他物品(以下简称进出境运输工具、货物、物品),征收关税和其他税、费,查缉走私,并编制海关统计和办理其他海关业务。"

　　第三十八条:

　　"经营海关监管货物仓储业务的企业,应当经海关注册,并按照海关规定,办理收存、交付手续。

　　在海关监管区外存放海关监管货物,应当经海关同意,并接受海关监管。

　　违反前两款规定或者在保管海关监管货物期间造成海关监管货物损毁或者灭失的,除不可抗力外,对海关监管货物负有保管义务的人应当承担相应的纳税义务和法律责任。"

　　第五十三条:

　　"准许进出口的货物、进出境物品,由海关依法征收关税。"

　　第五十四条:

　　"进口货物的收货人、出口货物的发货人、进出境物品的所有人,是关税的纳税义务人。"

【分析】

根据《海关法》第五十四条的规定,A公司是该批保税布料的收货人,自然就是关税的纳税义务人。但是,由于A公司因暂时无场地存放该批保税料件,在报请某海关同意后,将货物交与某海关指定的经营海关监管货物仓储业务的B企业暂时保管,所以,B企业就成为该批保税布料的保管人。

又据《海关法》第三十八条的规定,如果火灾不属于不可抗力的话,那B企业作为该批被烧毁的保税布料的保管人应当承担缴纳税款的责任。那么,火灾究竟是不是"不可抗力"的一种情形呢?

根据《民法通则》、《国际商事合同通则》等法律规定,不可抗力是指不能预见、不能避免并不能克服的客观情况,包括自然现象和社会现象。不可抗力需同时具备四个条件:

1. 非该方当事人所能控制的障碍所致;

2. 无法合理地预见;

3. 无法合理地避免;

4. 无法克服该障碍及影响。

由此可见,本案中造成该批保税布料灭失的火灾,B企业通过加强安全管理,及时消除安全隐患是完全可以避免的,自然也就不属于不可抗力的情形。

但是,有人仍然提出疑问,即使仓库起火事件不构成不可抗力,B企业也只是应承担由此产生的对A公司的民事赔偿责任,法律为什么要规定由B企业来承担缴纳税款的义务呢?这是因为,A公司进口的该批保税布料属于海关监管货物。

海关监管货物是尚未办结海关手续的货物,货物未经缴纳关税与其他税费,属于国家限制进口的货物未交验许可证件,只要在海关监管期限内,任何时候都应当有人对国家承担货物脱离海关监管后的缴纳税款和交验许可证见的义务。海关监管货物总是在某一特定人,包括收货人、承运人、仓储保管人的保管与实际控制质之下,海关监管货物的实际控制人不仅对货物本身负有妥善保管的民事责任,同时还要确保货物始终处于海关监管的行政责任以及货物一旦损毁或者灭失后须缴纳税款和交验许可证件的义务。

在本案中,如果海关监管始终在收货人 A 公司的控制之下,收货人应承担上述义务。但是,收货人将货物交付给受海关监管的仓储企业 B 企业保管,则货物处于 B 企业的实际控制之下,A 公司无法预见,也无法防止货物损毁或者灭失情况的发生,B 企业此时应对收货人承担保管义务,并对非因不可抗力所造成的海关监管货物的损毁或者灭失对国家履行缴纳税款与提交许可证件的义务。

【结论】

B 企业应当承担该批保税布料缴纳税款的义务。

第四节　纳税人的义务和权利

一、纳税人的义务

纳税人是关税法律关系中的义务主体,为此,海关法明确规定了其应履行的义务,作为纳税人的行为准则。它们主要包括纳税申报客观真实的义务、在法定期限内足纳税款的义务、超过法定纳税期限后缴纳滞纳金的义务、对海关少征或漏征的税款负有补缴税款的义务、海关监管货物保管人的义务、欠税的纳税人的义务等六项。

【案例一】

2005 年 3 月 20 日,某集团进出口公司与日本富士通公司签订购销合同,决定从日方购进富士通电子内窥镜及其附件,合同总价为 CIF1378.2 万日元。同年 4 月 5 日,该公司委托货运报关有限公司以一般贸易方式向海关申报进口。报关公司采用电子数据报关单的形式办理海关申报手续,申报价格为 635.35 万日元。海关审单中心在对电子数据进行审查的过程中,发现货物申报价格与相关参考价格相比严重偏低,经调阅报关单随附单证,证实低保价格 742.85 万日元,由此偷逃关税与增值税共计人民币 128 736.66 元。

【问题】

该报关公司的行为应如何处理?

【法律规定】

《海关法》第九条:

"进出口货物,除另有规定的外,可以由进出口货物收发货人自行办理报关纳税手续,也可以由进出口货物收发货人委托海关准予注册登记的报关企业办理报关纳税手续。"

第二十四条:

"进口货物的收货人、出口货物的发货人应当向海关如实申报,交验进出口许可证件和有关单证。"

第二十五条:

"办理进出口货物的海关申报手续,应当采用纸质报关单和电子数据报关单的形式。"

第二十六条:

"海关接受申报后,报关单证及其内容不得修改或者撤销;确有正当理由的,经海关同意,方可修改或者撤销。"

第八十六条

"违反本法规定有下列行为之一的,可以处以罚款,有违法所得的,没收违法所得:

……

(三)进出口货物、物品或者过境、转运、通运货物向海关申报不实的;

……。"

《海关行政处罚实施条例》第七条:

"反海关法及其他有关法律、行政法规,逃避海关监管,偷逃应纳税款、逃避国家有关进出境的禁止性或者限制性管理,有下列情形之一的,是走私行为:

……

(二)经过设立海关的地点,以藏匿、伪装、瞒报、伪报或者其他方

式逃避海关监管,运输、携带、邮寄国家禁止或者限制进出境的货物、物品或者依法应当缴纳税款的货物、物品进出境的;

……"

第九条:

"有本实施条例第七条、第八条所列行为之一的,依照下列规定处罚:

……

(三)偷逃应纳税款但未逃避许可证件管理,走私依法应当缴纳税款的货物、物品的,没收走私货物、物品及违法所得,可以并处偷逃应纳税款 3 倍以下罚款;

……"

第十一条:

"报关企业、报关人员和海关准予从事海关监管货物的运输、储存、加工、装配、寄售、展示等业务的企业,构成走私犯罪或者 1 年内有 2 次以上走私行为的,海关可以撤销其注册登记、取消其报关从业资格。"

第十五条

"进出口货物的品名、税则号列、数量、规格、价格、贸易方式、原产地、启运地、运抵地、最终目的地或者其他应当申报的项目未申报或者申报不实的,分别依照下列规定予以处罚,有违法所得的,没收违法所得:

(一)影响海关统计准确性的,予以警告或者处 1 000 元以上 1 万元以下罚款;

(二)影响海关监管秩序的,予以警告或者处 1 000 元以上 3 万元以下罚款;

(三)影响国家许可证件管理的,处货物价值 5% 以上 30% 以下罚款;

(四)影响国家税款征收的,处漏缴税款 30% 以上 2 倍以下罚款;

(五)影响国家外汇、出口退税管理的,处申报价格 10% 以上 50% 以下罚款。"

所以,按照海关法规定的数额缴纳滞纳金也是纳税人应承担的法律后果和法定义务。

在本案中,首先需要确定滞纳的天数,然后再计算应缴纳的关税和增值税的滞纳金的金额。

税款的缴纳期限为 2004 年 10 月 28 日,10 月 29 日至 11 月 9 日为滞纳期,总共滞纳 12 天。

$$关税滞纳金=滞纳关税税额×0.05\%×滞纳天数$$
$$=23\,240×0.05\%×12$$
$$=139.44(元)$$
$$代征税滞纳金=滞纳代征税税额×0.05\%×滞纳天数$$
$$=15\,238.80×0.05\%×12$$
$$=91.43(元)$$
$$应缴纳滞纳金总额=139.44+91.43=230.87(元)$$

【结论】

该进出口公司应缴纳滞纳金总额为 230.87 元。

二、纳税人的权利

如前所述,在关税法律关系中,纳税人的权利与义务是对等的。我国社会主义民主制度决定了权利义务的一致性。所以,在纳税人履行法定义务的同时,海关法赋予其相应的权利。纳税人的权利主要表现为申请减免关税和缓税的权利、对海关多征的税款享有请求退款的权利、申请复议和诉诸司法保护的权利等。随着时代的发展,纳税人所享有的权利的范围会越来越大。

【案例】

2004 年 11 月 4 日,陈某独资经营的服装加工厂承揽了一批加工服装返销出口的业务。在加工过程中,由于工厂管理不善,造成加工成品数量短少了 21 000 件。在海关调查期间,陈某作为工厂的法定代表人始终不能说清楚 21 000 件服装的去处。海关经过调查,依据《海关行政处罚实施条例》的规定,对陈某经营的加工厂给予罚款人民币 20 万元的行政处罚,并要求工厂在处罚决定书送达之日 15 日内向海关缴清罚款。陈某作为法定代表人,对海关罚款20万元的行政处罚没有意见,同时也承认确实是由于自己的原因导致21 000件服装丢失,但是,他向海关提出由于自己的工厂资金周转非常困难,要求分期缴清罚款。

【问题】

陈某提出的要求合法吗?

【法律规定】

《海关行政处罚实施条例》第五十八条:

"罚款、违法所得和依法追缴的货物、物品、走私运输工具的等值价款,应当在海关行政处罚决定规定的期限内缴清。"

第六十一条:

"当事人确有经济困难,申请延期或者分期缴纳罚款的,经海关批准,可以暂缓或者分期缴纳罚款。

当事人申请延期或者分期缴纳罚款的,应当以书面形式提出,海关收到申请后,应当在10个工作日内做出决定,并通知申请人。海关同意当事人暂缓或者分期缴纳的,应当及时通知收缴罚款的机构。"

【分析】

在海关实际工作中,在正常的海关行政处罚的罚款之外,有时会出现受处罚的当事人由于特殊的经济困难,而需要延期或者分期缴清罚款的情况。例如,受海关行政处罚的当事人因遭受水灾、火灾等自然灾害造成的财产损失,或者由于资金周转的原因,一时造成经济困难,而无法按期缴清罚款,需要延期或者分期缴纳。本案中的陈某即属于后一种类型。

根据《海关行政处罚实施条例》第六十一条的规定,在当事人确有经济困难时,海关可以根据当事人的申请同意延期或者分期缴清罚款。但是,如何确保当事人的"经济困难"属实,则是海关面临的一大难题。

海关对当事人的申请一定要严格审查,对当事人的财产状况以及履行能力一定要作详细的调查了解,防止有些当事人利用此条规定来规避海关所做出的处罚,从而损害海关行政处罚的严肃性,在客观上放纵了当事人的违法行为。

　　同时,延期或者分期缴清罚款并不等于不履行。当事人一旦有了履行能力,就必须按照海关行政处罚决定的要求,履行有关义务,海关也应当督促当事人在具备履行能力时,必须履行缴清罚款的义务。值得一提的是,只有对当事人的罚款,可以申请延期或者分期缴清。对于处以没收的违法所得、追缴的货物、物品、走私运输工具的等值价款,当事人不能申请延期或者分期缴清。

　　在程序上,当事人应当以书面的形式向海关提出,在申请书中应当阐明不能按期缴清罚款的原因与理由,并要注明申请延期的期限或者需要分期缴清罚款的次数。

　　海关在收到申请人的申请后,经过严格审查,应当自收到当事人的申请书之日起 10 个工作日内做出审查结论并通知当事人:(1)认为当事人的申请理由不成立的,应当以书面形式予以驳回;(2)认为当事人的申请理由成立的,应当做出批准延期或者分期缴清罚款的决定,并制作决定书。海关自收到当事人的申请书之日起 10 个工作日内未做出决定并通知当事人的,属于程序违法,海关的有关工作人员应当承担相应的责任。

　　海关同意分期缴清罚款的,应当以书面的形式通知收缴款项的机构,通知书中应有如下内容:(1)申请人的基本情况,包括姓名或者名称、地址或者住址、申请人是单位的还要注明法定代表人或者负责人,申请人是自然人的,还要注明年龄、性别等;(2)延期的终止时间以及分期履行的次数;(3)批注海关的签章、日期。

【结论】

　　在调查属实的基础上,海关可以同意陈某的要求,准予其在一定时间内分期缴清人民币 20 万元的罚款。

第五节　关税法律关系中海关的职权和义务

一、海关的职权

　　关税法律关系中,海关的权利主要表现为海关法授予海关的职权和权力。它主要包括估价权,税则归类权,原产地认定权,征收税款和滞纳金权,减免税和缓税的核准权,关税的稽查和补征、追征权,税收保全措施权,关税强制扣缴权。

估价权是海关法赋予海关对进出口货物和进出境货物在纳税人申报的基础上确定其完税价格的一项职权。海关行使估价权应遵循海关法规定的原则:进出口货物的完税价格,由海关以该货物的成交价格为基础审查确定。

【案例一】

申请人:某市卓通电梯空调有限公司

法定代表人:刘某　职务:经理

地址:某市三中路 175 号

被申请人:某海关

法定代表人:叶某　职务:关长

地址:某市工业大厦

2002 年 7 月,某市邮政局(涉案货物的最终用户)计划购买电梯 2 台,委托招标代理公司进行公开招标。同年 8 月,通力电梯(中国)有限公司(以下简称香港通力公司)进行投标,投标货物为芬兰产载客电梯 2 台,投标总价格为 232 600 欧元。

根据香港通力公司的安排,最后由申请人中标,先由申请人与某市邮政局签订一份内贸合同,合同约定设备净价为人民币 160 万元;再由申请人的代理进口公司某市润恒进出口贸易公司和香港通力公司签订涉案电梯的进口合同,成交价格为 96 280 美元/台、98 010 美元/台(折合人民币 160 万元),并于 2003 年 8 月 26 日,由某市润恒进出口贸易公司以上述价格向某海关申报。被申请人经审核,认为该申报价格不能确定为涉案货物的实际成交价格,遂按照上述投标价格予以估价征税。申请人不服,向深圳海关申请行政复议,称其申报价格是实际成交价格,要求撤销原征税决定,接受其申报价格。

【问题】

某海关运用成交价格方法把投标价格直接估定为完税价格的做法

是否正确？

【法律规定】

《海关法》第五十五条：

"进出口货物的完税价格，由海关以该货物的成交价格为基础审查确定。成交价格不能确定时，完税价格由海关依法估定。"

《进出口关税条例》第十八条：

"进口货物的完税价格由海关以符合本条第三款所列条件的成交价格以及该货物运抵中华人民共和国境内输入地点起卸前的运输及其相关费用、保险费为基础审查确定。

进口货物的成交价格，是指卖方向中华人民共和国境内销售该货物时买方为进口该货物向卖方实付、应付的，并按照本条例第十九条、第二十条规定调整后的价款总额，包括直接支付的价款和间接支付的价款。

进口货物的成交价格应当符合下列条件：

（一）对买方处置或者使用该货物不予限制，但法律、行政法规规定实施的限制、对货物转售地域的限制和对货物价格无实质性影响的限制除外；（二）该货物的成交价格没有因搭售或者其他因素的影响而无法确定；（三）卖方不得从买方直接或者间接获得因该货物进口后转售、处置或者使用而产生的任何收益，或者虽有收益但能够按照本条例第十九条、第二十条的规定进行调整；（四）买卖双方没有特殊关系，或者虽有特殊关系但未对成交价格产生影响。"

第二十一条：

"进口货物的成交价格不符合本条例第十八条第三款规定条件的，或者成交价格不能确定的，海关经了解有关情况，并与纳税义务人进行价格磋商后，依次以下列价格估定该货物的完税价格：

（一）与该货物同时或者大约同时向中华人民共和国境内销售的相同货物的成交价格；（二）与该货物同时或者大约同时向中华人民共和国境内销售的类似货物的成交价格；（三）与该货物进口的同时或者大约同时，将该进口货物、相同或者类似进口货物在第一级销售环节销售给无特殊关系买方最大销售总量的单位价格,但应当扣除本条例第二十二条规定的项目;(四)按照下列各项总和计算的价格:生产该货物所使用的料件成本和加工费用,向中华人民共和国境内销售同等级或者同种类货物通常的利润和一般费用,该货物运抵境内输入地点起卸前的运输及其相关费用、保险费;(五)以合理方法估定的价格。

纳税义务人向海关提供有关资料后,可以提出申请,颠倒前款第(三)项和第(四)项的适用次序。"

【分析】

本案中,某海关直接运用成交价格方法把投标价格直接估定为完税价格,也就意味着它认为"成交价格方法"是海关估价方法中的一种,并且是最主要的一种。

根据《海关法》第五十五条的规定,"进出口货物的完税价格,由海关以该货物的成交价格为基础审查确定。成交价格不能确定时,完税价格由海关依法估定。"《进出口关税条例》第十八条则对"成交价格"如何确定作了详细的说明。该条例第二十一条又当"成交价格"无法确定的时候,海关应当依次使用下列方法估定完税价格:(一)相同货物成交价格方法,(二)类似货物成交价格方法,(三)倒扣价格方法,(四)计算价格方法,(五)合理方法。

由此可见,对于海关估价方法,法律法规只明确规定了前述五种,其中并不包括有"成交价格方法"。"成交价格方法"实际上是根据《进出口关税条例》第十八条有关"成交价格"的定义与应当符合的条件,第十九条与第二十条的确定完税价格应当考虑的相关要素引申出来的,其实质上并不是估价方法,而只是确定完税价格的一种方法。

但是,在审价过程中,当申报价格不能认定为实际成交价格时,如果某海关能通过其他途径发现实际成交价格,是否不一定可以另行估价,而可以运用成交价格方法把该实际成交价格确定为完税价格呢?

根据《进出口关税条例》第十八条第二款的规定,成交价格方法有其特定含义与使用前提,即某海关在以成交价格方法确定完税价格时,只能以成交价格作为基础,在此前提下,按照规定进行相应的费用调整。例如,以 FOB 方式成交的申报价格为基础应当计入相关运保费,或依法应当计入相应的特许权使用费,从而得到海关用以计征关税的完税价格。而本案中,某海关已经有效否定了申报价格,成交价格方法的使用前提已经不存在,只能按照《进出口关税条例》的规定,依次使用五种估价方法进行估价。

【结论】

某海关运用成交价格方法把投标价格直接估定为完税价格的做法没有法律依据,应当予以撤销,并重新对涉案货物进行估价。

【案例二】

2005 年 6 月 17 日,A 公司以一般贸易方式向海关申报进口白卡纸一批,某海关经过审价确定进口货物完税价格,并于 6 月 21 日对该公司填发税款缴款书,征收进口关税和进口环节增值税。

收到海关税款缴款书后,A 公司开始通过银行关联账户向 B 企业转移资金,造成资金周转困难的假象,从而试图申请延期缴纳税款。但该行为被海关知晓。海关立即向 A 公司制发书面通知,责令其在 3 日内提供担保,否则将会采取保全措施。3 日后,A 公司未能提供担保,海关启动税收保全措施,向 A 公司开户银行 C 银行送达《协助执行书》,书面通知 C 银行暂停支付 A 公司相当于应纳税款的存款,但 C 银行随后通知海关,A 公司账户上已经没有可供支付的存款。在此情况下,海关决定将 A 公司因为没有缴清税款而尚未结关放行的进口白卡纸扣留。

【问题】

海关扣留 A 公司进口白卡纸的行为在法律上属于什么性质?

【法律规定】

《海关法》第六十条:

"进出口货物的纳税义务人,应当自海关填发税款缴款书之日起十五日内缴纳税款;逾期缴纳的,由海关征收滞纳金。纳税义务人、担保

人超过三个月仍未缴纳的,经直属海关关长或者其授权的隶属海关关长批准,海关可以采取下列强制措施:

(一)书面通知其开户银行或者其他金融机构从其存款中扣缴税款;

(二)将应税货物依法变卖,以变卖所得抵缴税款;

(三)扣留并依法变卖其价值相当于应纳税款的货物或者其他财产,以变卖所得抵缴税款。"

第六十一条:

"进出口货物的纳税义务人在规定的纳税期限内有明显的转移、藏匿其应税货物以及其他财产迹象的,海关可以责令纳税义务人提供担保;纳税义务人不能提供纳税担保的,经直属海关关长或者其授权的隶属海关关长批准,海关可以采取下列税收保全措施:

(一)书面通知纳税义务人开户银行或者其他金融机构暂停支付纳税义务人相当于应纳税款的存款;

(二)扣留纳税义务人价值相当于应纳税款的货物或者其他财产。"

【分析】

根据《海关法》第六十一条的规定,海关扣留 A 公司进口白卡纸的行为属于关税保全措施。但是,其在法律上到底属于什么性质的行为,尚存在不同的意见。

有人认为,"《海关法》规定的税收强制措施,包括第六十条的税收征缴的强制措施和第六十一条的税收保全措施。而税收强制措施属于行政强制措施的范畴。"[1]有人则认为,"征税环节的强制,包括强制扣缴、抵缴税款及关税保全等属于海关行政强制行为的范围。"[2]

行政强制措施是指行政主体为了维护和实施行政管理秩序,预防与制止社会危害事件与违法行为的发生与存在,依照法律、法规规定,

①　郑跃声等主编:《海关法律概论》,中国海关出版社 2002 年版,第 89~92 页。

②　成卉青:《中国海关法理论与实务总论》,中国海关出版社 2001 年版,第 152~158 页。

针对特定公民、法人或者其他组织的人身、行为及财产进行约束与处置的限权性强制行为。① 该观点认为《海关法》第六十条与第六十一条都是税收强制措施，属于行政强制措施的范畴。因此，有必要对这两个条文进行分析。

不难发现，这两个条文都可以被分解成一个"基础行为"与一个"执行行为"。第六十条的"基础行为"是"海关征收滞纳金"，"执行行为"则是海关由于纳税义务人与担保人逾期仍未履行缴款义务而实施强制措施。第六十一条的"基础行为"是"海关责令纳税义务人提供担保"，"执行行为"则是海关所采取的税收保全措施。

根据我国学者的研究表明，如果"基础行为"与"执行行为"是合一的而无法分开的，该行为就是"行政强制措施"；相反，如果"基础行为"与"执行行为"是分离的，该执行行为就是"行政强制执行"。当"基础行为"与"执行行为"分离时，还得视该"基础行为"是否已经"生效"。如果所执行的"基础行为"尚未"生效"，对它的执行便是"先行执行"。"先行执行"是"行政强制执行"的一种例外，而仍然是"行政强制执行"的一部分。②

对比下来，第六十条的"基础行为"与"执行行为"是分离的，但其"执行行为"是以纳税义务人与担保人逾期不履行缴款义务为前提，而并不以"基础行为"生效作为发动条件。在我国，基础行为的"生效"是指行政相对人在法定救济时间内放弃救济权利或经人民法院判决维持原具体行政行为。③ 第六十一条的"基础行为"与"执行行为"则是一个动作上顺承，是合二为一的。

此外，第六十一条的实施前提是出现了可能危及关税征收秩序的行为，即有明显的转移、藏匿应税货物以及其他财产的迹象，强调的是"可能性"。这与第六十条的纳税义务人与担保人已经逾期不履行缴款

① 胡建森主编：《行政强制法研究》，法律出版社2003年版，第17页。
② 胡建森主编：《行政强制法研究》，法律出版社2003年版，第50～51页。
③ 胡建森主编：《行政强制法研究》，法律出版社2003年版，第44页。

义务的"确定性"形成了鲜明的对比。同时,第六十条的目的在于海关直接实现关税征收行为的内容,而第六十一条的目的则是为了保证随后关税征收行为的顺利实现。这些差异完全符合"海关行政强制执行"与"海关行政强制措施"之间的区别。①

因此,《海关法》第六十条不是关税强制措施,而是属于行政强制执行的法律范畴。第六十一条不仅是关税强制措施,还属于行政强制措施的法律范畴。

"海关行政强制行为是指由海关为保证其行政管理职能的履行,依据国家海关法和有关法律、行政法规,针对海关行政管理相对人做出的带有直接强制作用的所有具体行政行为。"②从语义上分析,"海关行政强制行为"是海关作为主体所实施的"行政强制行为",与其相类似的还有税务行政强制行为、工商行政强制行为、公安行政强制行为等。

因此,"海关行政强制行为"的内涵一方面取决于"海关"行政主体的特色;另一方面则依赖于"行政强制"的具体所指。而"行政强制"就是"行政强制行为"的简称,它是有关国家机关为维护国家与社会的管理秩序,或为迫使公民、法人或其他组织履行特定行政法上的义务,而通过强制方法实施的具体行政行为。③ 从内部结构上说,行政强制包括了行政强制执行和行政强制措施。④ 由此推导出,"海关行政强制行为"的具体内容就包括了"海关行政强制执行与海关行政强制措施"。也就是说,关税强制措施被包括在海关行政强制执行与海关行政强制措施之内。

由上分析得知,"关税强制措施是行政强制措施"的观点是正确的。但是,其所列举的《海关法》第六十条并不是行政强制措施,而是行政强制执行。该条自然也不是关税强制措施,而是关税强制执行。

"关税强制措施是海关行政强制行为"的观点则是不够准确的。它

---

① "海关行政强制执行"与"海关行政强制措施"的区别详见袁建国主编:《海关行政法》,中国人事出版社 1993 年版,第 88 页。

② 成卉青:《中国海关法理论与实务总论》,中国海关出版社 2001 年版,第 152~153 页。

③ 胡建淼主编:《行政强制》,法律出版社 2002 年版,第 5 页。

④ 胡建淼主编:《行政强制》,法律出版社 2002 年版,第 4~5 页。

指出了关税强制措施的某些特点,但在性质上回避了问题的实质,即关税强制措施究竟是行政强制执行还是行政强制措施。

笔者认为,我国的关税强制措施属于行政强制措施的法律范畴。两者是法律规范上的种属关系。行政强制措施是上位概念,关税强制措施是下位概念。下位概念自然要遵循上位概念的一般特征,但不可否认也有其自身的特点,即关税强制措施必须发生在涉税环节,也就是说,它必须是海关为保障关税的顺利征收而做出的海关行政强制措施。这也是它与其他海关行政强制措施相区别的一个重要特点。

【结论】

海关扣留 A 公司进口白卡纸的行为在法律上属于行政强制措施,即属于关税强制措施的一种表现形式。

二、海关的义务

关税法律关系中,海关在享有法定职权的同时,海关法也规定了其必须履行的义务。海关的义务主要包括依法征收关税的义务、对多征的税款负有及时退还的义务、纳税争议的复议义务、及时解除税收保全措施的义务、税款及时入库的义务等。

【案例】

2005 年年底,某市益和海产品有限公司申报进口 10 批盐渍海蜇。该公司报关员在报关时,将货物申报为税率为 15% 的"制作或保藏的海蜇"。2006 年年初,某海关在定期归类核查过程中发现,根据该类货物的加工流程和制作工艺,应将其归入税率为 10% 的"其他冻、干、盐制水生无脊椎动物"。某海关立即将情况向其上级海关主管部门汇报,经过进一步核实,确认企业申报错误。

【问题】

根据《海关法》,该海关应当如何处理?

【法律规定】

《海关法》第六十三条:

"海关多征的税款,海关发现后应当立即退还;纳税义务人自缴纳税款之日起 1 年内,可以要求海关退还。"

《海关进出口货物征税管理办法》第五十九条：

"海关发现多征税款的，应当立即通知纳税义务人办理退税手续。纳税义务人应当自收到海关通知之日起 3 个月内办理有关退税手续。"

第六十条：

"纳税义务人发现多缴纳税款的，自缴纳税款之日起 1 年内，可以向海关申请退还多缴的税款并加算银行同期活期存款利息。

纳税义务人向海关申请退还税款及利息时，应当提交下列材料：

（一）《退税申请书》；

（二）原税款缴款书和可以证明应予退税的材料。"

【分析】

本案反映的是海关退还多征税款的情形。

《京都公约》标准条款 4.18 明确规定："如确信因估算错误导致多征税费时，应予退还。"这是因为，在通关的过程中或货物放行后，海关或进出口商都有可能发现计算税费的基础不正确。这可能是由于海关、申报人或其他一些人（如发货人或装货人）所造成的措施。税费的估定措施可能是由于估定价格高于完税价格、采用了不正确的汇率、货物的数量短少或质量残次、税款的计算错误或打印错误，因而造成了已征或将征的税费高于应征税费。[①]

在本案中，由于货物归类的错误，导致适用了错误的税率，根据规定，海关应立即将此情况告知益和海产品有限公司，使其在收到海关通知之日起 3 个月内办理有关退税手续。同时，在办理过程中，还应当提交《退税申请书》、原税款缴款书和可以证明应予退税的材料。

第六节　海关代征税、费及其他税收措施

海关代征税费是指海关在进出口环节除关税外征收的其他税款和

[①]　海关总署国际司编译：《关于简化和协调海关制度的国际公约》，中国海关出版社 2003 年版，第 55 页。

规费。首先,从征税效率的角度出发,海关负责代其他机关征收若干种类的进口环节税收,这些税收称为海关代征税。目前,我国海关代征税有三种:代国家税务总局征收的增值税、消费税和代交通部征收的船舶吨税;其次,海关征收的税收和规费还包括海关监管手续费、反倾销税、反补贴税等。

【案例】

被告人:长沙某超市有限公司

2003年5~10月,长沙某超市进出口有限公司在上海海关报关进口时,先后6次将某著名品牌酒饮料伪报成食用植物油申报进口,以逃避海关监管、偷逃国家应缴税额。6次共计偷逃应缴海关进口关税27万余元人民币,其中偷逃进口关税11余万元人民币,增值税16万元人民币。长沙某超市进出口有限公司的上述行为在2004年5月被长沙海关稽查发现,被立案侦破。

【问题】

立案后被告人提出偷逃应缴税额中只应计算关税,不应将海关代征税增值税计算在内,被告人辩解理由是否成立?

【法律规定】

《海关法》第六十二条:

"违反本法及有关法律、行政法规,逃避海关监管,偷逃应纳税款、逃避国家有关进出境的禁止性或者限制性管理,有下列情形之一的,是走私行为:(一)运输、携带、邮寄国家禁止或者限制进出境货物、物品或者依法应当缴纳税款的货物、物品进出境的;(二)未经海关许可并且未缴纳应纳税款、交验有关许可证件,擅自将保税货物、特定减免税货物以及其他海关监管货物、物品、进境的境外运输工具,在境内销售的;(三)有逃避海关监管,构成走私的其他行为的。

有前款所列行为之一,尚不构成犯罪的,由海关没收走私货物、物品及违法所得。可以并处罚款;专门或者多次用于掩护走私的货物、物品,专门或者多次用于走私的运输工具,予以没收,藏匿走私货物、物品的特制设备,责令拆毁或者没收。

有第一款所列行为之一,构成犯罪的,依法追究刑事责任。"

《最高人民法院关于审理走私刑事案件具体应用法律若干问题的解释》第六条:

"刑法第一百五十三条规定的'应缴税额',是指进出口货物、物品应当缴纳的进出口关税和进口环节海关代征税的税额。"

《最高人民法院关于审理走私刑事案件具体应用法律若干问题的解释》第十条:

"单位犯刑法第一百五十一条、第一百五十二条规定的各罪以及走私国家禁止进口的固体废物的,对单位判处罚金,并对其直接负责的主管人员和其他直接责任人员,分别依照本解释的有关规定处罚。

单位犯走私普通货物、物品罪以及走私国家限制进口的可用作原料的固体废物的,偷逃应缴税额在二十五万元以上不满七十五万元的,对单位判处罚金,并对其直接负责的主管人员和其他直接责任人员,处三年以下有期徒刑或者拘役;偷逃应缴税额在七十五万元以上不满二百五十万元的,属于情节严重,处三年以上十年以下有期徒刑;偷逃应缴税额在二百五十万元以上的,属于情节特别严重,处十年以上有期徒刑。"

【分析】

海关征税除了在进出口环节征收关税外,海关还要征收其他税款和规费。首先,从征税效率的角度出发,海关负责代其他机关征收若干种类的进口环节税收,这些税收称为海关代征税。目前,我国海关代征税有三种:代国家税务总局征收的增值税、消费税和代交通部征收的船舶吨税;海关征收的税收和规费还包括海关监管手续费、反倾销税、反补贴税等。

一、海关代征税

海关代征税是指由国内其他税法所规定,由海关代其他机关在进出境环节征收的税。我国之所以规定了海关代征税,主要是体现了我国的涉外税收的征税手续从简的特点,给予进出口贸易的收发货人的便利。目前,我国的海关代征税有以下几类。

（一）增值税

增值税（Value Added Tax）是以商品流通或提供劳务中的增值额为课税对象的一种税，属于国内流转税的一种。所谓的增值额，是指企业或个人从事工业制造、商品经营或劳务服务等生产劳动而创造的价值额。相当于商品价值扣除生产资料消耗的转移价值之后的余额。它消除了生产、流通环节的重复征税，有利于促进专业化分工与协作，体现公平合理税负的原则并有利于稳定财政收入，同时也有利于出口退税。近些年来在世界上逐渐被普遍采用。

我国自 1994 年税制改革后全国推行并采用国际通行的增值税制。简化合并了过于复杂的税率，绝大部分商品的增值税税率为 17%，少数商品的税率为 13%。少数商品是指一些关系到国计民生的重要物资，这些物资包括：

1. 粮食、食用植物油；

2. 自来水、暖气、冷气、热水、煤气、石油液化气、天然气、沼气、居民用煤炭制品；

3. 图书、报纸、杂志；

4. 饲料、化肥、农药、农机、农膜；

5. 金属矿和非金属矿等产品（不包括金粉，锻造金，它们为零税率）；

6. 国务院规定的其他货物。

（二）消费税

消费税（Consumption Duty）是以消费品或消费行为的流转额为课税对象的一种税，是国内流转。当今世界上各国征收消费税的范围，一般并不涉及所有的消费品或消费行为，亦即实行选择性的消费税。选择性消费税征收的目的除了一定的财政收入外，更在于调节消费结构，引导消费方向。我国自 1994 年税制改革后开始实施《中华人民共和国消费税暂行条例》（以下简称《暂行条例》），其立法宗旨和世界上大多数国家一样。我国消费税采用价内税的计税方法，即计税价格组成中包括消费税税额。《暂行条例》规定对进口应税商品的消费税由海关代征;对出口应税消费品,除国务院另有规定的外,一律免征消费税。出口应税消费品的免税办法,由国家税务总局规定。个人携带或者邮寄进境的应税消费品的消费税,连同关税一并计征。具体办法由国务院关税税则委员会会同有关部门制定。消费税的纳税人是在我国境内生产、委托加工和进口国家规定应征消费税的商品的单位和个人。纳税人进口应税消费品,其纳税义务的发生时间为申报进口的当天。

(三)船舶吨税

船舶吨税是海关代表国家在设关口岸对进出我国港口的外国船舶征收的税种。船舶吨税的征收对象包括驶入我国港口或行驶于我国港口之间的外国籍船舶,外商租用的中国籍船舶、中外合营企业租用的外国籍船舶。

二、海关征收的其他规费

(一)反倾销税

进口产品以倾销方式进入我国市场,并对已经建立的国内产业造成实质性损害或者产生实质性损害威胁,或者对建立国内产业实质阻碍的,经调查确认构成倾销的,由海关征收反倾销税。

对倾销的调查和确定,由外经贸管理部门负责。对进口货物经调查后初裁决定确定倾销成立,并对国内产业造成损害的,可以争取征收临时反倾销税或提供担保,临时反倾销税由国务院关税税则委员会做出征收决定,海关执行征收。外经贸管理部门终裁决定倾销成立,并由此对国内产业造成损害的,由国务院关税税则委员会根据外经贸管理部门的建议决定征收反倾销税,海关负责执行。

(二)反补贴税

进口产品存在补贴,并对已经建立的国内产业造成实质损害或者产生实质损害威胁,或者对建立国内产业造成实质阻碍的,经调查后确认构成补贴的,由海关征收反补贴税。

对补贴的调查和确定,由外经贸管理部门负责。对进口货物经调查后初裁决定确定补贴成立,并由此对国内产业造成损害的,可以争取征收临时反补贴税的措施。经继续调查后,终裁决定补贴成立,并由此对国内产业造成损害,由国务院关税税则委员会根据外经贸管理部门的建议决定征收反补贴税,由海关执行征税事项。

进出口人在进出口时负有纳税的义务,此时应纳之税不仅包括进出口关税,还应该包括进口环节海关代征税的税额。[①] 按照我国消费税税率,我国一般货物和物品的增值税税率为17%,但对于关系到国计民生的重要物资,其增值税税率较低,为13%。被告人长沙新三角超市进出口有限公司正是利用这种税率上的差异,故意将高税率伪报成低税率的食用植物油申报进口,偷逃应缴海关进口关税27万余元人民币,其中偷逃进口关税11余万元人民币,增值税16万元人民币。增值税在性质上属于海关代征税,所以在计算长沙新三角超市进出口有限公司偷逃税额时应该把增值税计算在内,这样其偷逃税额达到法定的单位犯罪的25万元人民币的标准,其行为构成走私普通货物罪。人民法院应对单位判处罚金,并对其直接负责的主管人员和其他直接责任人员,分别依照刑法和《最高人民法院关于审理走私刑事案件具体应用法律若干问题的解释》的有关规定判处刑事责任。

【结论】

被告人长沙新三角超市进出口有限公司将酒饮料伪报为低税率的食用植物油的行为构成走私普通货物罪,偷逃税额包括关税和海关代征税,人民法院应对单位判处罚金,并对其直接负责的主管人员和其他直接责任人员,分别依照刑法和《最高人民法院关于审理走私刑事案件具体应用法律若干问题的解释》的有关规定判处刑事责任。

---

① 《最高人民法院关于审理走私刑事案件具体应用法律若干问题的解释》第6条。

第五章 通关法律制度

第一节 通关法律制度概述

一、通关的概念

通关是近些年来我国从发达国家引入的一个海关法术语。通关 (Through the Customs)，从词义上讲就是通过海关。但是，我们至今还未看到国际海关公约赋予"通关"一词的确切定义，这也许是要给通关下一个准确而严密的定义不很容易。尽管如此，我们可以将通关一词的含义表述为:通关是指货物、物品和运输工具从进入关境边界或申请出境到办结海关手续的海关制度。对于进口货物来说，通关是从货物进入关境到办结海关手续。当然，对于不同性质的货物，其办结海关手续的标志并不相同。对于一般贸易的进口货物，海关放行就意味着结关;对于海关监管货物，包括保税货物、暂时进出口货物、特定减免税货物等，则以海关核销作为结关;对于过境、通运和转运货物，出境才是结关。上述含义表明，通关具有以下的特征:(1)通关是一项海关法律制度，是海关法的实体性规定和程序性规定相统一的体现。(2)从通关概念的外延来看比"海关监管"一词要大。从社会效应来看，通关是立足于管理相对人从事进出境活动的角度，反映了社会主义市场经济体制下，企事业单位是经济活动的主体地位，同时，也没有否定政府职能部门的管理，所以，更易为社会各界所接受。(3)通关法律制度的调整对象主要是货物在国际流动中海关与管理相对人之间发生的社会关系。

【案例】

2005年1月20日，内地旅客甲从拱北口岸旅检通道入境，未向海关作任何形式的申报。A 海关关员对甲进行截查,发现在甲所携带的背包和手提袋内夹带有几十块深褐色的形状不整的木块,总重量达 17 千克,木块散发阵阵幽香,非常可疑。海关关员遂将甲和可疑木块扣留,经有关部门鉴定,甲所夹带的可疑木块为土沉香。

从 2004 年开始,包括土沉香在内的所有瑞香科沉香属物种成为修订后的《濒危野生动植物种国际贸易公约》附录列明的保护物种,而我国已于 1981 年加入这一国际公约,因此进口土沉香需凭濒危物种许可证。

【问题】

此案当如何处理?

【法律规定】

《刑法》第一百五十一条:

"走私武器、弹药、核材料或者伪造的货币的,处七年以上有期徒刑,并处罚金或者没收财产;情节较轻的,处三年以上七年以下有期徒刑,并处罚金。

走私国家禁止出口的文物、黄金、白银和其他贵重金属或者国家禁止进出口的珍贵动物及其制品的,处五年以上有期徒刑,并处罚金;情节较轻的,处五年以下有期徒刑,并处罚金。

走私国家禁止进出口的珍稀植物及其制品的,处五年以下有期徒刑,并处或者单处罚金;情节严重的,处五年以上有期徒刑,并处罚金。

犯第一款、第二款罪,情节特别严重的,处无期徒刑或者死刑,并处没收财产。"

《海关法》第四十六条:

"个人携带进出境的行李物品、邮寄进出境的物品,应当以自用、合理数量为限,并接受海关监管。"

第四十七条:

"进出境物品的所有人应当向海关如实申报,并接受海关查验。"

【分析】

根据《京都公约》的规定,通关是指完成必需的海关手续以使货物出口、为境内使用而进口或置于另一种海关制度下。各国的一般进口货物的通关法律制度一般分为两种：一种是标准的通关法律程序，在该程序下严格遵循申报—查验—征税—放行，以及放行后的后续监管，各环节不能延迟，不能改变，这是一种正式的通关法律制度，也称为一般通关程序。另一种通关法律程序称为简化或便捷通关法律制度，这是在一般通关法律制度的基础作了某种简化、延迟或省略而形成的。

通关作为一项海关法律制度，有广义与狭义两种含义。狭义的通关从学理上解释，是指货物、物品和运输工具从进入关境边界或申请出境到办结海关手续的海关制度。尽管在习惯上常常称作通关手续，但实质上通关不仅包括货物、物品和运输工具在进出境时应办理的海关手续，同时还包括货物、物品和运输工具进出境所应具备的法定条件。广义的通关是指进出口货物的收发货人办理货物进出口的报检、报关、理货、缴税、装货、提货等手续的全过程。我国对外贸易法和海关法对广义的通关规定了以下的基本制度：（1）进出境禁止和限制制度；（2）进出口配额和许可制度；（3）进出口商品检验制度；（4）进出口动植物检疫制度等。

我国限制进境的物品有：无线电收发信机、通信保密机；烟、酒；濒危的和珍贵的动物、植物（均含标本）及其种子和繁殖材料；国家货币及海关限制进境的其他物品。在本案中就属于濒危的和珍贵的植物。土沉香，又名白木香，有潮湿的腐木气味，燃烧后有清凉的沉香味，用土沉香的树脂制成的沉香药用价值极高，主要集中在中国岭南地区，由于濒临灭绝，土沉香被列为国家二级重点保护植物。近年在中国内地遭到大肆砍伐，为保护土沉香，国家和广东省林业部门将其载入《国家植物红皮书》和《广东省珍稀濒危植物图谱》。由于以前的国内动植物保护法规保护的范围只包括境内的土沉香，没有包括从境外走私入境的土沉香，海关根据当时的执法依据，只能按照走私普通货物的行为处理此类案件，而普通货物走私逃税达 5 万元以上才有可能追究刑事责任。因此多数走私分子在走私土沉香时一次性走私的数量都控制在一定的范围，一般均在 40 千克以下，因而依照走私普通货物行为对走私分子的打击处理相对较轻。

而从 2004 年起,包括土沉香在内的所有瑞香科沉香属物种成为修订后的《濒危野生动植物种国际贸易公约》附录列明的保护物种,该公约要求各国对野生动植物进出口活动实行许可、允许证明书制度,建立有效的双向控制机制,我国是该公约成员国,因此走私土沉香不再以普通走私货物论处。

【结论】

根据《刑法》相关条款规定,走私国家禁止进出口的珍稀植物及其制品的,处五年以下有期徒刑,并处或者单处罚金;情节严重的处五年以上有期徒刑,并处罚金。因此,海关缉私部门遂以走私珍稀植物罪向当地检察部门提请逮捕甲,当地法院公开审理了当时珠海有史以来的首例走私土沉香案,并以走私珍稀植物制品一审判处甲有期徒刑六个月。

二、以风险分析为基础的通关管理规定

为提高贸易效率、降低贸易成本,近十年来一些发达国家海关转变职能,强调以提供服务来促进本国经济的发展,并向科技要效益,创立了以风险分析为基础的通关管理制度。具体来说,就是将进出口企业、进出口货物,假定在海关大力简化通关手续的条件下,海关管理失控的程度为标准,设立若干定性或定量的指标,然后,按照这些指标对某进出口企业、进出口货物进行风险分析和风险评估,评定若干等级,并对不同等级的企业和货物进行不同的风险处置即采取不同的管理方式。对海关管理失控风险小的进出口企业或进出口货物,可以适用简化通关程序;对海关管理失控风险大的进出口企业或进出口货物,则可以加强监管。由此可见,风险管理是现代管理技术和方法在通关管理中的充分体现。

我国虽然还未通过海关立法将风险管理作为通关管理的基本制度,但是,海关总署根据世界海关组织的建议,要求在全国海关试行这一管理模式,并在实践的基础上探索和建立适合我国国情和经济科技发展水平的现代通关管理制度。以风险分析为基础的通关管理制度是一项系统工程,必须以信息论、控制论的原理和计算机技术为基础。从我国海关目前实施的情况看,这只是在信得过企业评估指标基础上进行,随着海关总署信息中心的运作和 2000 工程的建成将逐步趋向科学化。

【案例】

2005 年 5 月 19 日,甲有限公司向 A 海关隶属 B 海关申报出口洗衣粉至美国纽约。海关人员对该票货物进行分析,认为存在四个风险点:(1) A 关区近期低端化工产品出口增长较快;(2) 低端化工产品一般是销往不发达或发展中国家,发达国家往往因其技术标准高,难于打入其市场,而这次出口国却是美国;(3) 要打入发达国家的市场一般只能通过定牌生产的方式,而定牌生产较容易产生侵权情况;(4) 低端化工产品生产工艺技术要求低,容易被仿冒。基于上述四个疑点,海关决定对该票货物进行开箱查验。查验关员发现货物的数量、品名、规格与申报相符,但货物是定牌生产货物,商标为"ARIEL",产地注明为墨西哥,外包装标有"P&G"字样,初步认定该批货物是宝洁公司的产品,经查证知识产权海关保护备案系统,发现"ARIEL"是宝洁公司向海关申请保护的商标,中文商标为"碧浪"。经宝洁公司代理人现场取样鉴定为假冒产品,于 5 月 27 日向海关提出保护。至此,A海关一举查获出口至美国纽约港的两个集装箱共 1 900 箱总计 36 吨的假冒"碧浪"洗衣粉,是中国境内查获的最大一起侵犯美国宝洁公司商标权案件。

B 海关通过对甲有限公司侵权案的进一步调查取证,发现该票货物是由一个名叫 Robert 的美国商人通过网上向当事人订购,这次交易共有 4 个集装箱的洗衣粉,分两个交货港口发运,另一个交货港是亚特兰大港。为查明另两个货柜去向,关员向当事人进行知识产权海关保护法律法规教育,讲明海关政策。经海关说服教育,当事人承认另有两个出口去美国亚特兰大的集装箱的洗衣粉已向海关申报但还未出口,由于海关已查扣了出口至纽约的侵权货物,当事人将假冒洗衣粉暂存在堆场,准备见机行事。由于海关关员的高度负责的敬业精神和严谨细致的工作态度,再次查获甲有限公司 1 900 箱总计 36 吨的假冒"碧浪"洗衣粉。

在连续查获两起假冒洗衣粉案件后,海关对案件进行总结分析,将出口美国、境内货源地为泉州南安、发货单位为贸易公司特别是外地公司、货物品名为洗衣粉,作为查验重点,进行布控。2005 年 7 月 6 日,再次成功查获了乙有限公司出口美国纽约的 3 个集装箱、2 850 箱(54 吨)假冒"碧浪"洗衣粉。

B 海关在短短不到两个月的时间内连续查获 3 起侵犯美国宝洁公司"碧浪"商标权案件,查扣侵权洗衣粉 126 吨,案值人民币近 40 万元,有效地打击少数境外不法客商利用网络交易、货运渠道连续闯关的手法从事不法侵权行为,有效遏制了出口假冒洗衣粉的势头。

目前,A 海关已依据相关法规对上述 3 起侵犯美国宝洁公司"碧浪"商标权案件做出没收侵权洗衣粉并处罚款的行政处罚决定。

2005 年 8 月 10 日,美国宝洁公司代表专程向 A 海关送上感谢信,感谢 A 海关 2005 年连续查获 3 起侵犯美国宝洁公司商标权专用权案件有效地打击了假冒侵权行为,维护了权利人的合法权益。

【问题】

试分析本案的通关中海关所运用的风险管理?

【分析】

我国已经成为全球第三大贸易国。在我国口岸进出口量非常巨大的情况下,海关想要做到严格执法与提高通关效率的平衡,就需要使其通关的风险管理机制逐渐趋向成熟。因此,我国虽然还未通过海关立法将风险管理作为通关管理的基本制度,但是,海关总署根据世界海关组织的建议,要求在全国海关试行这一管理模式,并在实践的基础上探索和建立适合我国国情和经济科技发展水平的现代通关管理制度。

目前已经有许多海关已经开始建立风险分析机制的建立。例如,案例中的 B 海关在分析以往发生的两起案件特点后,认为近期出口假冒洗衣粉案件呈现三个特点:(1)洗衣粉生产技术要求不高,成本低,盈利高,打入国际市场难,只能通过定牌生产或冒牌生产的方式抢占国际市场;(2)南安地区可能还有其他企业在进行类似产品生产;

（3）"碧浪"洗衣粉在美国有广大市场,还会有以美国为目的地的洗衣粉出口；（4）不法分子认为用自己企业名义出口存在较大风险,将改由贸易公司代理出口。基于以上分析,B海关通过上述特点又成功查获1起同类案件。

当然,我国的风险管理机制还处于起步阶段,成熟的知识产权边境保护风险管理机制应当有配套协调的运作机构,有严密有序的管理流程,并存在合理的风险点。例如,在知识产权边境保护的风险管理中应当注意三个风险点,即"重点企业"、"重点产业"、"重点地区"。边境执法资源应当集中于这三个重点之中：（1）在边境保护中应当把握住重点企业：建立企业的知识产权"信用卡",注重企业的知识产权信用账户的管理。对不同风险等级的企业采取强度不同的执法措施节约保护成本,提高执法质量。同时提高服务于大型进口企业的质量与速度,加强与企业的合作伙伴关系。（2）在边境保护中应当调查分析现阶段的重点产业,并且关注重点产业下相关货物的进出口。（3）在边境保护中应当结合重点产业的产品关注其流向的重点地区,加强对假冒侵权行为发往或来自易发、高发地区的商品货物的实际监管力度,加大抽查比例。

在案件中,B海关正是掌握了案件中,重点企业,即由贸易公司代理出口；重点产业,即低端化工产品,而且多使用定牌生产的方式；货物流向的重点地区,即美国等地区。因此改变了盲目查验的情况,大大提高了货物的查获率。随着我国知识产权边境保护风险管理机制的日渐成熟,形成了以法律为基础的海关的风险管理部门、现场监管部门、技术鉴定结构等协调配合的风险管理流程,我国的通关程序中就会更加减少侵入式查验的方法,减少查验率,提高查获率,最终提供我国的通关效率与执法准确性。

第二节　　海关行政裁定制度

海关行政裁定是指海关在货物实际进出口前,应对外贸易经营者的申请,依据有关海关法律、行政法规和规章,对与实际进出口活动有关的海关事务做出的具有普遍约束力的决定。

【案例】

原告:某贸易有限公司。

被告:某海关

原告委托某市商业集团公司(以下简称商业集团)代理进口50个旧轮胎式起重机驾驶室壳,该订单首批16个旧轮胎式起重机驾驶室壳于2003年6月25日运抵某监管码头。7月1日,商业集团以一般贸易方式向海关申报进口(六成新,日产三菱牌、日野牌),申报税号84314990。海关在要求进口单位对所申报货物归类的依据提供更详细的资料后,将该批货物归入税号87079090,并于8月15日告知商业集团。同日,商业集团向海关递交《关于申请货物退运的报告》,申请将该16个旧轮胎式起重机驾驶室壳货物退运。8月22日,商业集团前来海关办理该批货物退运出口报关手续。当日下午,被告接到法院电话通知,原告已向法院提起不服海关归类行为的行政诉讼。被告向法院提出证据保全申请,8月22日暂没办结货物的退运出口手续。8月29日,原告以自身证据不足以证明其诉讼请求为由,向法院申请撤诉。法院于同日做出准予撤诉的裁定。9月4日,该批货物退运出境。11月24日,原告以被告归类行为违法而拖延原告通关时间和违法扣押退港货物而扩大原告损失为由,向某市中级人民法院提起行政诉讼和附带行政赔偿诉讼。2004年6月,某市中级人民法院分别做出行政判决书和行政赔偿判决书,以"原告以同一事实和理由重新起诉"和"原告认为海关扣押其退港货物并请求赔偿缺乏事实和法律依据"为由,判决驳回原告的诉讼请求。原告不服一审判决上诉至某省高级人民法院,8月31日,某省高级人民法院做出终审判决,判决驳回上诉,维持原判。

【法律规定】

《中华人民共和国海关法》第四十三条:

"海关可以根据对外贸易经营者提出的书面申请,对拟作进口或者出口的货物预先做出商品归类等行政裁定。进口或者出口相同货物,应当适用相同的商品归类行政裁定。海关对所做出的商品归类等行政裁定,应当予以公布。"

【分析】

本案为一起对海关归类决定不服引起的争议。该案在行政诉讼中法院认定当事人属"重复起诉"行为,并认定"原告认为海关扣押其退港货物并请求赔偿缺乏事实和法律依据",故而对原告的诉讼请求未予支持。

对本案例的讨论我们不从归类行为的合法性及诉讼胜负进行思考,而是从诉由切入,对与海关归类问题相关的海关行政裁定制度问题展开讨论。该起争议原告起诉的主要原因在于当事人在明确得知海关归类的决定后,向海关申请将进口货物退运出境,原告从 2003 年 6 月 25 日将进口货物运抵海关监管码头,7 月 1 日货物进口申报,直至 8 月 15 日海关正式告知当事人归类决定,这其中经历了多次验估核查,通关部门、关税部门和现场海关之间反复联系沟通,最终确定货物的归类,直至 9 月 4 日该批货物才退运出境,历时 72 天。从通关和企业利益的角度来考虑,该企业在这一单进出境贸易中未获利益反而因进境和退运而使企业利益受损。

商品归类是海关贯彻国家进出口贸易管制政策、依法监督管理进出境活动中非常核心和重要的工作之一,商品归类的准确性和企业的利益也息息相关。全国每一个海关口岸的各个征税现场申报进口同一种商品不应当存在差别征税的商品归类,对每个进口纳税人也不存在差别税负。但因归类行为引发的归类争议,以海关总署政法司 2004 年统计数字为例,2004 年 3 月,全国海关系统共收到纳税争议类复议案件 46 起,占行政复议案件总数的 80.7%,其中不服海关商品归类决定的复议案件 30 起,占 65.2%,可见商品归类案件是纳税争议类复议案件的主要类型,而引起这些归类案件的主要原因就是各关口归类不统一以及如本案所述情形等。

为解决该类问题,事实上,我国在 2000 年修订《海关法》过程中借鉴国外的一些做法,在《海关法》第四十三条规定了海关行政裁定制度。

该项制度是指海关在货物实际进出口前,应对外贸易经营者的申请,依据有关海关法律、行政法规和规章,对与实际进出口活动有关的海关事务做出的具有普遍约束力的决定。在此概念中所述的"与实际进出口活动有关的海关事务"包括了海关的归类事务,该制度确立的用意即在于当外贸经营者在实际进出口活动之前,对有关海关事务可以申请海关做出行政裁定,而该行政裁定,海关可以作为以后相同执法情形的法律依据。为了全面、正确、有效地实施海关行政裁定制度,海关总署于2001年12月制定《中华人民共和国海关行政裁定管理暂行办法》(以下简称《暂行办法》)(海关总署令第92号),立法者对海关行政裁定的主体、对象、内容(双方权利义务关系)和做出行政裁定的程序以及海关行政裁定的撤销与无效等问题均做了具体规定,使该制度具体化和体系化。

按海关行政裁定制度的规定,我们假设本案中当事人在实际进出口之前,向海关申请行政裁定,清楚知道其拟进口商品的商品归类后,即可根据实际情况做出不予实际进口的决定,而不会发生本案中货物已到港再做出退运决定而造成的实际经济损失。从制度层面上看,海关行政裁定制度就是针对此类情形而设计的一种制度创新,它与现有的行政规定和行政决定都不同,海关行政裁定发生于行为开始之前,应相对人申请做出,并非行政机关依职权主动做出。但现实中,我们发现至目前为止,无一例海关行政裁定做出,在海关执法中对商品归类问题还是大量采用商品问答书或咨询性的预归类等业务制度解决现场的疑难问题,可见海关行政裁定制度在实施和操作层面上还有些问题亟需解决。例如,第一,海关行政裁定实施的主管部门尚需进一步确定,这需要海关总署对各职能部门的主管范围和职能进一步做出明确规定,才有利于海关行政裁定的具体落实和展开。第二,对外贸易经营者对海关行政裁定制度尚感陌生。海关行政裁定的启动在于对外贸易经营者的申请,对外贸易经营者的了解程度将是推动海关行政裁定适用的重要因素。第三,海关行政裁定和其他业务制度的适用条件不明确。海关行政裁定与目前海关已存在的商品预归类和原产地的预确定的适用条件并不明确,从海关工作来说,在何种情形下适用海关行政裁定,什么条件下适用商品预归类或者做出口头咨询和问答等不明确,界限模糊不清,容易产生职能部门之间职能不清,以致具体制度无法实施到位。

一些好的法律制度,必须得到履行才能体现其价值。例如,除了经营者可以向海关申请预先做出商品归类等行政裁定等规定外,修订后的《海关法》还增加了不少保障相对人权益的条款,如海关法规定,有正当理由的报关差错可以修改或者撤销,进口货物的收货人可以在向海关申报前查看货物或者提取货样等,这些制度都需有明确而公开的程序予以保证实施,才不会仅成为停留在字面意义上的制度。

第三节　通关的程序与阶段

一、我国海关法规定的一般通关程序

我国海关法规定的一般通关程序,适用于一般贸易进出口货物、进出境物品和进出境运输工具的通关。

一般通关程序由四个环节所组成:(1)申报:指运输工具、货物和物品在进境后或出境前,由有关当事人按照海关法规定的要求和方式所作的声明。(2)查验:是指核实货物或物品的性质、原产地、状况、数量和价格是否与报关单所列的相符,对货物或物品进行的实际核查。(3)征收关税和其他税费。(4)放行:对于一般贸易的进出口货物和进出境物品来说,放行是指海关准许办理结关手续而由有关人员自行处理的行为,意味着海关监管的终结。但是,对一些特定的进出口货物而言,放行只是说明海关现场监管阶段的结束,并不意味海关监管的终结,通关的过程尚未结束。

【案例】

2002年11月23日,甲轮船公司(中国)有限公司所属"东方海港"轮(54航次)抵沪停靠A港某路装卸公司码头,甲轮船(中国)有限公司上海分公司(以下简称乙公司)通过某外轮代理公司向海关申报载运进口空集装箱51只。11月28日,丙集装箱有限公司(以下简称丙公司)将集装箱拉至公司堆场。由于重型吊车出现故障,在使用轻型吊车时,发现其中13只集装箱为重箱,难以起吊。乙公司雇佣的一临时工打开其中的一只集装箱查看,发现箱内装满29英寸彩电,该临时工即向丙公司报告。丙公司同乙公司联系后,按乙公司要求将空箱与重箱分开堆放。

11月29日,乙公司统筹部助理到丙公司堆场,为证实情况,又打开一个集装箱查看,确认均系彩电,该助理当天向公司经理作了汇报。

12月8日,在乙公司一经理授意下,乙公司船务人员将13只集装箱拉回到A港某路装卸公司码头,准备以空箱名义申报配船、离港。但港区坚持认为重箱离港必须向海关申报方可配船,未果。

12月9日,乙公司又将13只集装箱拖至A港外码头,再次准备以空箱名义申报配船、离港。港区集装箱道口在集装箱卡车过地磅时,发现箱重9~11吨不等,且有铅封,系重箱,要求乙公司做出解释。乙公司见无法隐瞒,又谎称内装"公司物料",不需向海关申报。

当天,外码头港区海关接到了"乙公司将13只重箱伪装成空箱出运"的举报。经海关开箱查验,上述集装箱内装2 028台松下IC-229彩电,价值约人民币2 100余万元。

海关调查中,乙公司坚称上述彩电系日本发货人错发错运,要求海关准予其退运。经海关调查,彩电外包装上印有"中国广州"字样,指运地应是中国境内;又查明,在过境船舶配载图上,13只集装箱分为6只和7只载于船舶左右两侧。据了解,类似载运该批彩电进境的"东方海港"轮这类船舶,如左右两侧载重吨位相差50吨,会造成船舶向重的一侧倾斜,超出船舶航行安全系数。而13只装有彩电的集装箱重约86.2吨,如船方因不明情况将重箱误作空箱配载于船舶同一侧,必然会使船舶严重倾斜,在航行中出现危险。但由于"东方海港"轮系乙总公司所属,故海关不可能就此主观故意取到直接证据。

案发后,海关将案件移送某公安分局。1996年1月19日,本案被退回海关作行政处罚。根据上述事实,经总署批复,A海关根据《中华人民共和国海关法》《中华人民共和国海关法行政处罚实施条例》,决定以违规定性,科处乙公司罚款人民币50万元,责令其将上述2 028台彩电退运出境。

【问题】

此案中海关的处理是否适当?为什么?

【法律规定】

《海关法》第八十六条:

"违反本法规定有下列行为之一的,可以处以罚款,有违法所得的,没收违法所得:

(一)运输工具不经设立海关的地点进出境的;

(二)不将进出境运输工具到达的时间、停留的地点或者更换的地点通知海关的;

(三)进出口货物、物品或者过境、转运、通运货物向海关申报不实的;

(四)不按照规定接受海关对进出境运输工具、货物、物品进行检查、查验的;

(五)进出境运输工具未经海关同意,擅自装卸进出境货物、物品或者上下进出境旅客的;

(六)在设立海关的地点停留的进出境运输工具未经海关同意,擅自驶离的;

(七)进出境运输工具从一个设立海关的地点驶往另一个设立海关的地点,尚未办结海关手续又未经海关批准,中途擅自改驶境外或者境内未设立海关的地点的;

(八)进出境运输工具,未经海关同意,擅自兼营或者改营境内运输的;

(九)由于不可抗力的原因,进出境船舶和航空器被迫在未设立海关的地点停泊、降落或者在境内抛掷、起卸货物、物品,无正当理由,不向附近海关报告的;

（十）未经海关许可,擅自将海关监管货物开拆、提取、交付、发运、调换、改装、抵押、质押、留置、转让、更换标记、移作他用或者进行其他处置的;

（十一）擅自开启或者损毁海关封志的;

（十二）经营海关监管货物的运输、储存、加工等业务,有关货物灭失或者有关记录不真实,不能提供正当理由的;

（十三）有违反海关监管规定的其他行为的。"

《海关行政处罚实施条例》第十五条:

"进出口货物的品名、税则号列、数量、规格、价格、贸易方式、原产地、启运地、运抵地、最终目的地或者其他应当申报的项目未申报或者申报不实的,分别依照下列规定予以处罚,有违法所得的,没收违法所得:

（一）影响海关统计准确性的,予以警告或者处 1 000 元以上 1 万元以下罚款;

（二）影响海关监管秩序的,予以警告或者处 1 000 元以上 3 万元以下罚款;

（三）影响国家许可证件管理的,处货物价值 5% 以上 30% 以下罚款;

（四）影响国家税款征收的,处漏缴税款 30% 以上 2 倍以下罚款;

（五）影响国家外汇、出口退税管理的,处申报价格 10% 以上 50% 以下罚款。"

【分析】

各国的一般进口货物的通关法律制度一般分为两种:一种是标准的通关法律程序,在该程序下严格遵循申报—查验—征税—放行,以及放行后的后续监管,各环节不能延迟,不能改变,这是一种正式的通关法律制度,也称为一般通关程序。另一种通关法律程序称为简化或便捷通关法律制度,这是在一般通关法律制度的基础作了某种简化、延迟或省略而形成的。

在本案中,乙公司在通关的申报环节就出现了申报不实的情况。

虽然乙公司称,其之所以会将"重箱"误作为"空箱",是由于日本发货人电脑差错所致,其行为的实质,是错发错运,非申报不实。乙公司根据日本发货人提供的资料报为空箱,并没有过错。但是实际上,虽然《海关法》没有明确规定界定申报人向海关申报的时间界限,但乙公司将重箱运输进境,由国内船舶代理人向海关递交载货清单的行为,应视作已向海关申报。乙公司在承认将"重箱"作为"空箱"的同时,将所谓"错报"的责任完全归咎于"电脑"而逃避"人脑"的责任,是不可信的。乙公司尽管提供了所谓"工作失误"的部分依据(日本发货人提供的材料),但因证据来源于与本案有利害关系,海关不予认可。乙公司向海关申报"箱"的同时,对有无载运货物也以"空"或"重"两种形式作了简单却明确的申报,该申报单据并非如申请人所述仅仅是"运输工具的申报单据"。运输工具负责人进行"空箱"或"重箱"的申报,是运输工具负责人对所载运的货物和所载运的集装箱状况的双重申报,所申报的是"载运货物的集装箱"和"未载运货物的集装箱"。按照《海关法》规定,运输工具负责人、乙公司应当向海关如实申报,交验单证,并接受海关监管和检查。据本案事实,2 028台彩电已非法运输入境,而乙公司仍不如实申报,乙公司应当承担相应的法律责任。按照《行政处罚法》第四条第二款规定,"实施行政处罚必须以事实为依据,与违法行为事实、性质、情节以及社会危害程度相当",显然,根据海关法及各类法规规定,货主对货物的义务与运输工具负责人对运输容具的申报,在动机、目的、危害后果上有所区别,运输工具负责人申报不实处罚可相对略轻,但本案运输人明知集装箱不是空箱,仍坚持向海关按空箱申报,而实际载运了国家重点限制进口物品。种种迹象表明乙公司将上述彩电运输进境是有预谋的,属重大走私嫌疑案。但受事态发展、调查取证条件的限制,故对乙公司定性违规,按申报不实处理。

【结论】

根据《海关行政处罚实施条例》第十五条进出口货物的品名、税则号列、数量、规格、价格、贸易方式、原产地、启运地、运抵地、最终目的地或者其他应当申报的项目未申报或者申报不实的,影响国家税款征收的,处漏缴税款 30%以上 2 倍以下罚款;有违法所得的,没收违法所得。因此本案中海关对当事人科处 50 万元的罚款,是适当的。

二、我国海关法规定的简化通关程序

简化通关程序是第二次世界大战后为促进货物的国际流动而在一些发达国家率先实行的。经过多年的发展,如两次报关即货物按简化报关单项目报关放行后再集中按海关要求申报;预报关即在货物进口前先预申报,待货物正式进口时由海关复核后放行;上门通关即货物径直运抵企业,由海关派员到企业办理通关手续等各种形式的简化程序已在海关立法中明确规定,标志着通关程序的现代化。我国当前的对外贸易依存度不断提高,日益增长的进出口货物使口岸海关不堪重负,同时,各级政府和企业要求简化通关程序的呼声也日益强烈。为此,海关总署开始对简化通关程序的立法和实践进行了探索。

我国海关法规定的简化通关程序,也称作信任放行程序,适用于"信得过企业"和风险分析被评估为 A 类的企业。"信得过企业"应具备必要的条件,由企业申请,经县、市以上经贸主管机关或企业主管部门签注意见,海关审查批准后公开命名。

【案例】

甲海关作为山东关区最大的业务现场,2003 年全年审放报关单数量过百万票。面对攀升的业务量,该关加大通关作业改革力度,推出了一系列改革措施,有效缓解了通关压力,提高了通关效率。

措施一:设立第二通关现场。2003 年 12 月 1 日,甲海关结合口岸实际,在该关驻保税区办事处设立了第二报关点、场站投箱点。企业可根据自己的需要,就近选择在前湾港现场或驻保税区办事处进行报关。该关还在第二现场取消了二次放行,实现了报关单接、打、放一体化,使办理报关手续更为方便快捷。今年 1、2 月份,该关驻保税区办事处现场共审放前湾港现场报关单 9 700 余票,占该关前湾港现场报关单总量的 6.5%。

措施二:试行"信用通关"。这项业务是针对信用良好、出口业务量大、已获得 ISO 9000 质量标准认证,并且报关差错率不超过 1‰的企业和报关行推出的,凡是符合条件的均可申请办理。这种"有纸申报、快速放行、事后审核"的出口作业模式,将审单环节后置,实现了真正意义上的"无障碍通关"。此项模式一经推出,即引来众多企业和报关行关注,该关本着"分步实行、循序渐进、以点带面、逐步推广"的方针,经认真审核,首先在海丰、邦达两家报关企业进行试点。自 2004 年 2 月 23 日正式实施以来,一周内共放行上述两家报关单位出口报关单 1 052 票。

措施三:推出了"有纸申报、无纸放行"通关作业模式。2004 年 2 月 16 日,该关首先在前湾港口岸大亚场站进行试点。该模式以电子口岸作业平台为依托,取代了下货纸,实现了对场站信息的实时电子传输,改变了过去由报关公司带纸面放行单去场站要求放行的作业模式,有效缩短了通关时间。实施半月共无纸放行货物 11 482 票,平均每票单证的审核时间比传统模式缩短了 1/4。

以上措施的实施,有效缓解了通关现场的压力,提高了通关效率,降低了企业的通关成本,增强了企业的市场竞争力,受到企业的一致好评。

【问题】

试分析本例中海关所运用的简化通关制度。

【分析】

为了促进贸易便利化和适应高新技术企业的发展要求,我国主要实行了两类简化通关措施(根据国务院部委或者直属机构的行政发文形式确立)。

第一,称为简化/优先通关措施。该措施类似于"风险管理"或"信任管理"。海关将企业的信用等级由高到低分为 A、B、C、D 四类。A 类的信用等级最高。因此,对于 A 类管理的企业。可以适用简化通关措施。具体内容为:(1) 在海关业务现场设专门窗口,优先办理货物申报、查验和放行手续;优先实行"门对门"验货。(2) 对从事加工贸易的企业,可实行海关派员驻厂监管或计算机联网管理;(3) 对允许担保的货物,凭企业提交的保函验放,免收保证金;(4)对企业进口海关必检商品目录中的商品可免予取样化验。(5)为企业优先提供 EDI 联网报关的便利;(6)其他。

第二,称为便捷通关措施[①]。对大型高新技术生产企业的有关审批和海关监管采取进一步的简便措施。经过认可的大型高新技术生产企业,经申请并提交担保后,其可以享受的便捷通关措施有:(1)提前申报;(2)联网申报;(3)快速转关;(4)上门验放;(5)加急通关;(6)担保验放;(7)加工贸易联网。从事加工贸易的大型高新技术生产企业,如果其生产实行全过程信息化管理、保证有关数据真实无讹并向海关开放的,除可以适用以上七项进出口便捷通关措施外,还可以向海关申请加工贸易联网管理,实行免设台账、免审合同、免办手册等三项便捷措施。

此外,各地海关还在《海关法》许可的范围内探索一些新的简化通关模式,如案例中所述的甲海关的通关改革;再如在上海口岸称为"提前报关、实货放行"的新通关模式。本案例中所述的简化通关制度就是该海关根据本关的实际情况所探索出的一些在海关允许的范围内的新通关模式。

第四节　报关法律制度

一、报关法律制度概述

货物进出口通关有较强的专业性和技术性,作为通关第一环节的报关不仅要依据海关法的要求就货物的状况向海关申报,而且还涉及完税价格的估定和税则归类等专业知识领域,所以,世界上大多数国家的海关立法都规定了报关代理制度,设立作为政府(海关)与企业的中介机构的各类报关组织,有的国家如日本还设有通关师的专业技术职务系列,将报关制度作为通关制度的重要组成部分。

---

① 《关于支持高新技术产业发展若干问题的通知》,署厅发[2001]279 号

【案例】

原告：陈某某

被告：某海关

2005年某月，陈某某向某海关报考海关报关员资格，取得考试资格后于同年10月通过了当年报关员资格全国统一考试，取得《报关员资格证书》，后于2006年4月在某海关注册取得《报关员证》。2006年9月，某海关根据举报并经调查认定，陈某某系高中未毕业学生，没有取得高中毕业学历，不符合《中华人民共和国海关关于报关员资格考试及资格证书管理办法》所规定的报考条件，该海关据此认定陈某某系以欺骗方式报名参加考试取得报关员资格证书。2006年10月，某海关根据《中华人民共和国海关关于报关员资格考试及资格证书管理办法》的有关规定，决定取消陈某某2005年报关员资格考试成绩并注销其报关员资格。2006年11月，某海关向陈某某送达了《关于收回陈某某〈报关员资格证书〉注销其报关员资格的通知书》（以下简称《通知书》）。

陈某某不服某海关注销其报关员资格的决定，于2006年11月以某海关上述具体行政行为侵犯其合法权益为由，向某市中级人民法院提起行政诉讼。原告诉称：其所持有的由某海关核发的《报关员资格证书》，是经过报关员资格全国统一考试以优异成绩取得的；其在担任报关员期间未实施任何违法、违规行为，而被告某海关在未查清有关事实的情况下对其错误做出了注销报关员资格的决定，严重侵犯其合法权益，请法院依法予以撤销。某市中院受理了原告的诉讼请求，并公开开庭审理此案。

【问题】

此案当如何解决？

【法律规定】

《中华人民共和国海关关于报关员资格考试及资格证书管理办法》第十五条：

"向海关申请报关员资格的，应当提交下列材料：

（一）《报关员资格证书申请表》；

（二）准考证主证；

（三）学历证书；

（四）身份证件。"

第二十二条：

"考生以伪造文件、冒名代考或者其他欺骗行为参加考试，取得报关员资格的，海关经查实应当宣布成绩无效，并撤销其报关员资格。"

【分析】

陈某某诉某海关一案是全国首例因海关注销报关员资格引发的行政诉讼案件。

报关员是指在专业报关企业、代理报关企业或收发货人自理报关单位中主要从事报关纳税事宜的人员。海关对报关人员实行资格管理。《海关法》规定，拟从事报关服务的人员必须依法取得报关从业资格，未依法取得报关从业资格的人员，不得从事报关业务。根据《海关法》的规定，报关员的人选应由报关企业选用并须具有良好的品行；有高中或中专以上学历和相应的外语水平；有完全的民事行为能力等条件，经海关或海关委托的单位进行业务培训合格后参加全国报关员资格统一考试合格取得从业资格后，由主管海关审查认可发给《报关员证》，即成为报关员。然而这种从业资格的效力并非是一劳永逸或一成不变的。可能因某种事由的出现，或资格的获得存在某种缺陷而造成从业资格的丧失。

报关员从事报关业务时应当履行以下各项义务：完整准确地制作报关单；递交合法齐全有效的报关单证；到海关查验货物现场并负责搬移货物、开拆和重封货物的包装；办理缴纳关税、其他税费和海关罚款手续；配合海关对走私违规案件的调查；学习并遵守海关法律、法规、规章；其他应当依法履行的义务，如报关时主动出示《报关员证》等。

根据海关法的规定，海关是各类报关企业、单位和报关员的主管机关。报关企业、单位和报关员可以建立地区性的报关协会作为行业管理的自律组织。海关的管理主要表现为海关法赋予海关的以下各项职权:报关企业、单位资格审定和注册登记权;报关员的培训和核准权。这是指对于报关企业选用或聘用从事报关业务的人员,海关有权对他们进行业务培训,对培训合格的,经海关审核认为符合法定条件的人员发给《报关员证》,准予从事报关业务。报关企业、单位行政许可延期管理和报关员的记分考核管理;处理权。这是指海关对不履行法定义务、年审不合格、管理制度不健全或已不再具备法定条件的报关企业可给予暂停报关权或撤销报关资格的处理。对违反报关规则、不履行义务或有走私行为的报关员,海关有权做出暂停或取消其报关员资格的处理。

本案陈某某不符合报关员资格全国统一考试的报考条件,某海关注销其报关员资格本属有"理"处置,但由于该海关在执法过程中存在违法和不当之处,使其注销原告报关员资格的具体行政行为在合法性上存在重大缺陷。

(一)某海关在调查取证过程中未能全面收集证明案件有关事实的证据材料。

本案中,某海关经调查核实陈某某系"高中未毕业学生",并以陈某某"以其他欺骗行为参加考试取得报关员资格"为由决定注销其报关员资格。但某海关所收集掌握的证据材料仅能证明陈某某系"高中未毕业学生",而无法证明其"以欺骗方式参加考试取得报关员资格"这一关键事实。在案件调查过程中未就上述问题对陈某某进行询问,没有制作调查笔录,所收集的证据材料无法印证陈某某骗取报关员考试资格的事实,并最终导致所作具体行政行为被法院以"认定事实不清、证据不足"为由判决撤销。

(二)某海关行政程序违法,对当事人未履行应尽的处罚告知义务。

某海关基于当事人陈某某存在"以其他欺骗行为参加考试取得报关员资格"的违法情形,对其所作注销报关员资格的决定,就其性质而言属于《行政处罚法》所规定的"吊销许可证"的行政处罚,应严格按照行政处罚程序实施上述具体行政行为。但某海关在对陈某某做出注销报关员资格决定前,未依法履行处罚告知程序,没有告知当事人做出上述决定的事实、理由和依据,也没有告知其所享有的陈述权、申辩权以及要求举行听证的权利。某海关的执法行为在行政程序上违反了法律的有关规定。

【结论】

基于上述原因,某市中院于2004年11月15日对本案做出一审判决,以"认定事实不清、证据不足、行政程序违法"为由,依法撤销了某海关做出的注销陈某某报关员资格的决定。鉴于案件所存在的上述执法问题,某海关接受了一审判决,在法定期限内未提出上诉。

二、报关规则

我国的报关法律制度由《海关法》、《中华人民共和国海关对报关单位和报关员的管理规定》、《中华人民共和国海关对专业报关企业的管理规定》、《中华人民共和国海关对代理报关企业的管理规定》等法律、规章所组成,详细规定了报关企业或单位、报关员在通关工作中的权利、义务与法律责任问题。

【案例】

2005年6月15日,华讯电子设备有限责任公司(以下简称华讯公司)委托新远国际运输代理有限公司(以下简称新远公司)以一般贸易方式向某海关申报进口缝合机3台,申报价格每台15.4万美元。某海关经查验发现,当事人实际进口缝合机6台,少报多进3台,涉嫌漏缴税款人民币47.7万元。某海关遂对此立案调查,并查明如下事实:2005年6月13日,华讯公司在收到外商寄来的6台缝合机发票、装箱单和通过因特网发送的3台缝合机发票的电子邮件后,委托新远公司以一般贸易方式办理报关事宜。华讯公司业务员在向新远公司移交报关单据时未仔细核对,只将3台缝合机发票的电子邮件、6台缝合机的装箱单及到货通知提供给报关企业驻厂客服人员;而新远公司驻厂客服人员认为报关时不需要装箱单,只将收到的3台缝合机的发票及到货通知传真给该公司报关员。新远公司报关员收到上述发票和到货通知后,向货运公司调取了6台缝合机的随货发票和记录缝合机编号、发票号码和运单后,也未认真核对从货运公司调取单证与华讯公司提供资料有关内容是否一致,便直接以 3 台缝合机的数量向某海关办理申报进口手续,致使申报进口内容不符合进口货物的实际情况。

根据案件调查所掌握的证据情况,某海关认为,本案进口货物收货人华讯公司并无以伪报、瞒报方式逃避海关监管、偷逃应缴税款的主观故意,涉案缝合机进口数量申报不实(少报多进)是由于该公司业务员及新远公司报关员未认真核查有关单证、工作疏忽所致;根据《海关法》和《海关行政处罚实施条例》的有关规定,华讯公司以及受华讯公司委托从事涉案货物报关业务的新远公司应承担相应的法律责任。2005年 7 月 22 日,某海关根据《海关行政处罚实施条例》的规定,对华讯公司做出科处罚款 20 万元的行政处罚决定;另根据《海关行政处罚实施条例》第十七条规定,对报关企业新远公司罚款 8 万元,并暂停该公司15 天报关业务。

华讯公司对海关行政处罚决定未提出异议,但报关企业新远公司不服海关对其做出的罚款 8 万元并暂停 15 天报关业务的决定向某海关的上一级海关申请行政复议。新远公司在《行政复议申请书》中提出以下申辩事由:第一,华讯公司是涉案缝合机的国内收货人,负有向海关如实申报的法定义务,某海关已就进口货物申报不实对华讯公司做出罚款决定,不应再基于同一事由给予该公司行政处罚;第二,该公司与华讯公司对造成本案进口缝合机申报不实一事均有过错,但该公司是受华讯公司委托办理报关事宜的,由此产生的一切法律后果均应由委托人华讯公司承担,该公司工作差错所导致的后果应由其与华讯公司根据双方签订的委托报关协议在民事法律层面协商解决,该公司对此不应承担海关法所规定的法律责任。综上所述,新远公司认为,某海关对其做出的行政处罚决定缺乏事实根据和法律依据,请求复议机关依法撤销某海关上述处罚决定。

复议机关经审理认为,本案华讯公司未将报关所需全部单证提供给报关企业新远公司确属造成进口缝合机申报不实的原因之一,但新远公司对此并非全无过错。该公司在办理报关业务过程中未对华讯公司提供报关资料进行审查,未将上述资料与从货运公司调取的单证进行核对也是造成进口货物申报不实的一个重要原因。新远公司的上述行为违反了《海关法》的有关规定,应承担相应法律责任。被申请人某海关依据《海关行政处罚实施条例》第十七条的规定对该公司做出的行政处罚决定认定实施清楚,证据确凿充分,适用依据准确,应予以支持。2005 年 9 月 29 日,复议机关对本案做出行政复议决定,维持某海关对新远公司做出的上述行政处罚决定。

【问题】

该案中,复议机关的行政复议决定是否适当?

【法律规定】

《海关行政处罚实施条例》第十七条:

"报关企业、报关人员对委托人所提供情况的真实性未进行合理审查,或者因工作疏忽致使发生本实施条例第十五条规定情形的,可以对报关企业处货物价值 10% 以下罚款,暂停其 6 个月以内从事报关业务或者执业;情节严重的,撤销其报关注册登记、取消其报关从业资格。"

第十五条:

"进出口货物的品名、税则号列、数量、规格、价格、贸易方式、原产地、启运地、运抵地、最终目的地或者其他应当申报的项目未申报或者申报不实的,分别依照下列规定予以处罚,有违法所得的,没收违法所得:

(一)影响海关统计准确性的,予以警告或者处 1 000 元以上 1 万元以下罚款;

(二)影响海关监管秩序的,予以警告或者处 1 000 元以上 3 万元以下罚款;

(三)影响国家许可证件管理的,处货物价值 5% 以上 30% 以下罚款;

(四)影响国家税款征收的,处漏缴税款 30% 以上 2 倍以下罚款;

(五)影响国家外汇、出口退税管理的,处申报价格 10% 以上 50% 以下罚款。"

《中华人民共和国海关报关员执业管理办法》第二十八条：

"报关员应当履行以下义务：

（一）熟悉所申报货物的基本情况，对申报内容和有关材料的真实性、完整性进行合理审查；

（二）提供齐全、正确、有效的单证，准确、清楚、完整填制海关单证，并按照规定办理报关业务及相关手续；

（三）海关查验进出口货物时，配合海关查验；

（四）配合海关稽查和对涉嫌走私违规案件的查处；

（五）按照规定参加直属海关或者直属海关授权组织举办的报关业务岗位考核；

（六）持《报关员证》办理报关业务，海关核对时，应当出示；

（七）妥善保管海关核发的《报关员证》和相关文件；

（八）协助落实海关对报关单位管理的具体措施。"

《中华人民共和国海关进出口货物申报管理规定》第十二条：

"报关企业接受进出口货物收发货人委托办理报关手续的，应当与进出口货物收发货人签订有明确委托事项的委托协议，进出口货物收发货人应当向报关企业提供委托报关事项的真实情况。

报关企业接受进出口收发货人的委托，办理报关手续时，应当对委托人所提供情况的真实性、完整性进行合理审查，审查内容包括：

（一）证明进出口货物的实际情况的资料，包括进出口货物的品名、规格、用途、产地、贸易方式等；

（二）有关进出口货物的合同、发票、运输单据、装箱单等商业单据；

（三）进出口所需的许可证件及随附单证；

（四）海关要求的加工贸易手册（纸质或电子数据的）及其他进出口单证。"

【分析】

本案涉及报关企业在海关申报不实案件中是否应承担法律责任的问题。所谓"报关企业"是指为社会提供专门化报关纳税服务的企业。

办理进出口货物的报关纳税手续是一项复杂而重要的工作,需要由熟悉法律、税务、外贸、商品知识并精通海关法律法规及海关业务制度的专业人员办理。一些从事对外贸易经营活动的进出口企业(即海关法律上的收发货人)由于受到知识水平、业务技能、经济条件以及时间和地点等主客观因素的限制,往往不能亲自办理进出口货物的通关手续,在此情况下需要委托具有上述专业知识的人员代为办理货物报关纳税事宜。报关企业是基于收发货人委托办理报关纳税事宜的,上述特点决定了报关企业参与的进出口货物报关纳税业务所涉及的行政法律关系比较复杂,涉及海关、收发货人、报关企业三方主体,在有关责、权归属上容易产生分歧和争议。在此案中:

第一,报关企业是否负有海关法所规定的如实申报义务?

在进出口货物申报问题上,《海关法》第二十四条虽然规定了进出口货物收发货人负有"向海关如实申报"的法定义务,但《海关法》第十条同时规定:报关企业接受进出口货物收发货人的委托,以委托人的名义办理报关手续的,应当提交由委托人签署的授权委托书,并遵守海关法的各项规定。根据《海关法》的上述规定,报关企业不仅须在进出口货物收发货人(委托人)的授权范围内行使代理权,而且还必须遵守其委托人应当遵守的法律规定,其中包括向海关如实申报的义务。否则就应承担相应的责任。

第二,报关企业对收发货人提供的进出口货物情况是否负有审查义务?

报关企业同委托其办理报关纳税手续的收发货人一样,对进出口货物负有向海关如实申报的法定义务。为保证申报内容与进出口货物的实际情况相符,报关企业不能简单地把收发货人提供的单证直接转交给海关,而必须进行适当审查。《海关法》第十条对此做出了明确规定:"报关企业接受委托人的委托办理报关手续的,应当对委托人所提供情况的真实性进行合理审查。"此外,《海关进出口货物申报管理规定》中要求,报关企业接受进出口收发货人的委托,办理报关手续时,应当对委托人所提供情况的真实性、完整性进行合理审查,审查内容包括：（1）证明进出口货物的实际情况的资料,包括进出口货物的品名、规格、用途、产地、贸易方式等；（2）有关进出口货物的合同、发票、运输单据、装箱单等商业单据；（3）进出口所需的许可证件及随附单证；（4）海关要求的加工贸易手册（纸质或电子数据的）及其他进出口单证；（5）收发货人的名称、法定代表人、地址、资信情况、联系方式和委托人签署的授权委托书等资料。

第三,未尽合理审查义务的报关企业应承担何种法律责任?

根据《海关法》和《海关行政处罚实施条例》的有关规定,如果报关企业对委托其报关的收发货人所提供的进出口货物情况的真实性未尽到合理审查义务,或因工作疏忽导致进出口货物的商品名称、税则号列、数量、价格、贸易方式、原产地、启运地、运抵地、最终目的地或其他应当申报的项目未申报或申报不实的,海关可以对报关企业处货物价值10%以下罚款,暂停其6个月以内从事报关业务；情节严重的,撤销其报关注册登记。在此类案件处理过程中,报关企业就是否尽到合理审查义务负有举证责任。

【结论】

因此,在本案中复议机关对新远公司的行政复议决定是正确的。

第五节　海关事务担保制度

海关事务担保制度是指公民、法人和其他组织为办理特定的海关手续或者申请从事海关特定经营业务,经海关同意,以海关法律规定的方式,保证履行其依法应当承担的海关义务的法律行为。根据我国海关法律法规的规定,我国海关事务担保适用的范围包括税款型、担保货值型担保、货值型担保和风险型担保；担保方式包括保证担保（银行及非银行金融机构）、金钱担保（人民币、可自由兑换货币）、权利质押（汇票、本票、支票、债券、存单）及海关认可的其他担保方式；担保人应当在担保期限内承担担保责任,担保人履行担保责任的,不免除被担保人应当办理有关海关手续的义务。

【案例一】

申请人：某电子有限公司

被申请人：某海关

申请人因对被申请人不予接受申请人抵押担保的申请的具体行政行为不服,特申请复议。

申请人于 2004 年 5 月在某海关申报进口电子元器件,因急于向客户交付货物,所以申请人向海关申请先放行货物,海关要求其提供与货物税款相应的人民币 103 万元的保证金或银行保函。申请人以资金周转困难和银行不为其出具保函为由,拒绝提供保证金和保函,并于次日拿着公司的房产证到海关要求以公司房产进行抵押担保。被申请人以担保方式不合适为由拒绝接受申请人的担保申请。

【问题】

被申请人是否有权拒绝接受申请人的抵押担保方式?

【法律规定】

《海关法》第六十六条:

"在确定货物的商品归类、估价和提供有效报关单证或者办结其他海关手续前,收发货人要求放行货物的,海关应当在其提供与其依法应当履行的法律义务相适应的担保后放行。法律、行政法规规定可以免除担保的除外。

法律、行政法规对履行海关义务的担保另有规定的,从其规定。

国家对进出境货物、物品有限制性规定,应当提供许可证件而不能提供的,以及法律、行政法规规定不得担保的其他情形,海关不得办理担保放行。"

第六十七条:

"具有履行海关事务担保能力的法人、其他组织或者公民,可以成为担保人。法律规定不得为担保人的除外。"

第六十八条:

"担保人可以以下列财产、权利提供担保:

(一)人民币、可自由兑换货币;

（二）汇票、本票、支票、债券、存单；

（三）银行或者非银行金融机构的保函；

（四）海关依法认可的其他财产、权利。"

【分析】

一、海关事务担保方式概述

所谓海关事务担保，是指与进出口活动有关的自然人、法人或其他组织经海关认可，向海关保证履行某一特定海关义务的法律行为。在海关事务担保方式方面，我国 1999 年修订的《海关法》相比较于《海关担保管理办法》，《海关法》对担保方式作了扩展，从原来单一的保证金、保证函方式扩展到货币、证券、保函及海关认可的其他担保方式，从而使海关担保方式更加灵活多样。海关法中规定了海关担保的方式有：金钱担保、权利质押担保、保证担保、海关认可的其他担保方式。

（一）金钱担保

这是海关担保特有的一种担保方式，即在海关担保实践中所称"保证金"担保，在性质上有的类似于《担保法》中的定金担保，即担保人直接以现金的方式保证债务的履行，一般由担保人向海关提供与所要履行的海关债数量相当的金钱，当债务人到期不能履行依法应履行的债务时，海关可直接以担保人提供的现金来满足海关债的履行。因这一担保方式简便易行，给海关工作以较大方便，且担保功能较强，目前在海关担保实践中这一方式应用最为广泛。金钱担保的标的可以用人民币或者可自由兑换货币。

（二）权利质押担保

所谓权利质押是指债务人或者是第三人将出质的权利交债权人占有，作为债权的担保，在债务人不履行债务时，债权人有权以该权利折价所得价款受偿。我国长期以来"抵质"不分，在《担保法》颁布后，质押首次得以确立独立地位。质押与传统的抵押最大的区别在于债权人是否占有担保标的，质押以转移担保标的的占有为要件。质押作为债的担保的一种，对促进资金融通和商品流通，保障交易安全和债权的实现，稳定社会经济秩序，具有重要的社会意义。

海关担保中所规定的权利质押担保只规定了证券债权质的设定，没有包括其他诸如普通债权质权、股份质权、无体财产权等的设定。证券债权的设质，就是以债券、汇票等有价证券为债权人设立质权，以担保债务的履行。证券上载明了一定的权利，转让证券权利，就得转让证券，证券与证券权利不可分。海关法规定的证券质押标的或种类有：

1. 汇票。依《中华人民共和国票据法》(以下简称《票据法》)的规定，汇票是由出票人签发的，委托付款人在见票时或者在指定日期无条件支付确定的金额给收款人或者持票人的票据。汇票分为银行汇票和商业汇票。汇票必须记载"汇票"字样、无条件支付的委托、确定的金额、付款人名称、收款人名称、出票日期、出票人签章，上述内容须完整记载，只要有一项未记载，汇票无效。

2. 本票。《票据法》规定，本票是出票人签发的，承诺自己在见票时无条件支付确定的金额给收款人或持票人的票据。本票必须记载"本票"字样、无条件支付的承诺、确定的金额、收款人名称、出票日期、出票人签章，上述内容必须完整，少一项记载，本票无效。

3. 支票。《票据法》规定，支票是由出票人签发的，委托办理支票存款业务的银行或者其他金融机构在见票时无条件支付确定的金额给收款人或者持票人的票据。支票必须记载"支票"字样、无条件支付的委托、确定的金额、付款人名称、出票日期、出票人签章，上述内容必须完整记载，少一项，支票即无效。

4. 债券。债券是指依照法定程序发行的，约定在一定的期限内还本付息的有价证券，包括国库券、企业债券、金融债券等。

5. 存单。存单是指由银行、储蓄机构发给存款人的证明其债券的凭证。

(三) 保证担保

保证担保不同于抵押、质押等担保形式，它属于人的担保，即以债务人以外的第三人的信誉和不特定财产作为债的担保，在债务人不能履行债务时，保证人按照约定履行债务或者承担责任。值得注意的是，在保证担保，保证人只能是债务人以外的第三人，不能是债务人本人。

在海关担保实践中,曾经长期存在由债务人本人承担保证担保义务的做法,这是有悖民法法理,也是破坏担保目的的。因为债务人以其本身所有的财产承担其对债务履行的义务是法律本身所要求的,法律之所以要设立保证担保,其目的在于增加债履行的责任人,由债务人和保证人负连带责任,而且保证人一般具有良好信誉,从而达到担保的目的。由债务人本人保证,不符合保证的法律特征,不能认定为保证,充其量只能算债务人向海关"表决心"而已,不具有法律效力。现在海关法已经对此进行废除,规定海关只接受由银行或者非银行金融机构的保函。银行一般具有雄厚的资金,良好的信誉,由银行作为保证人,加强了海关债的履行能力,容易达到担保的目的。

（四）海关认可的其他担保方式

为避免立法上的挂一漏万以及满足今后海关担保的发展,我国海关法在担保方式一款中最后以一开放式条文形式,将上述未列举的或者今后可能出现的担保方式统统纳入其中。按目前的相关规定和海关担保实践,其他担保方式主要有抵押担保和留置。

1. 抵押担保。所谓抵押担保,是指债务人或第三人以特定的财产来担保海关债的履行,当债务人不履行时,海关有权将抵押物折价或者以变卖所得的价款抵偿。抵押担保和质押担保的最大区别在于抵押担保并不转移抵押物的占有。抵押被认为是现代社会最理想的担保方式,其优越性表现在:首先,债务人对抵押物仍享有占有权和使用权,可以就抵押物而取得的收益作为清偿债务的资金;其次,债权人(抵押权人)可以解脱自己直接利用、占有抵押物的不便利,仅依赖抵押物的价值作为债权的担保,可以促使债务人履行债务。抵押担保方式在海关法中没有明确规定,但在海关相关法规中曾有所体现,如原来的《中华人民共和国海关行政处罚实施细则》中就有关于抵押的规定(如第二十九、第三十条)。

2. 留置担保。所谓留置担保,是指债权人依法律规定或合同约定合法占有债务人之物,且享有就该物所产生的债权已届清偿期时,债权人得于其债权未受偿前,留置该物,以作为担保的物权。留置权的产生必须有法律明确的规定。我国海关法中实际上已有留置担保的条文规定,如《海关法》第六十一条规定,海关在发现纳税风险而实施关税保全措施中,在纳税义务人不愿提供纳税担保的情况下,可以采取某些强制措施,其中包括扣留义务人的财产。此种关税保全措施,应当说带有以行政强制为手段的行政保全的意味,是一种留置行为,从广义上,它也是海关事务担保的形式之一,只不过是在特殊条件下由海关主动采取的,是单方法律行为,与因当事人申请而提供担保的情况有着明显的区别。过去在海关监管实践中,现场海关对那些未完成海关某种特定义务的当事人,常常对其在海关监管下的货物实施留置来作为对该当事人要求履行义务的担保。而且,海关对进口货物所有人在无其他担保的情况下要求先放行货物的,海关也可以在当事人同意的情况下,采取留置其一部分与其需履行的义务相适应的海关监管货物作为一种制约性保证措施,其余货物则可准予放行。

二、海关事务担保方式的适用

海关事务担保制度不同于民事担保制度,它从性质上应该属于行政担保。在海关事务担保法律关系中,双方当事人的地位是不平等的,其中海关作为行政主体,享有相应的职权,海关事务担保的设立,包括担保方式的选择,海关享有认可的权力。当然,海关的认可权必须依法实施。

对于抵押担保的方式,国外立法有着截然不同的立法态度,法国海关法明确规定:"由于抵押兑现有困难,因而不接受用不动产抵替担保",而韩国海关法则规定可以采用不动产抵押的方式进行海关事务担保。我国海关法律法规没有就抵押担保是否适用做出明确规定,只是在一个开放式条款中有"海关认可的其他财产、权利"的规定。从这个规定可以看出,我国法律中并没有绝对排除抵押担保的方式,只是把是否适用的权力赋予了海关,如果海关认可的话,抵押担保的方式在我国也可以适用。抵押担保方式的最大好处在于其可以最充分促进物的利用和增值,而弊端在于接受方对其处置上不如保证金、保函、权利质押等方式方便。所以跳出海关角度的限制,从促进物的流转和增值的角度看,抵押担保的方式有必要在海关事务担保中予以明确。

【结论】

被申请人有权拒绝接受申请人的房产抵押担保申请,被申请人的具体行政行为合法。

【案例二】

原告:某海关

被告:某银行某市分行

诉讼请求:请求人民法院判定被告履行担保责任,缴纳担保的税款人民币 135 万元及滞纳金。

原告诉称,2004 年 6 月 21 日,某进出口公司向原告申报进口某电子产品,在海关手续办结前,该公司向原告申请将该货物先行放行,并向原告提交被告出具的保函,承诺如某进出口公司届时不履行该批货物项下的进口环节税收人民币 135 万元,被告就该税收承担保证责任,原告在审核后同意接受该担保,并将该批货物先行放行。后来该公司一直没有履行 135 万元的纳税义务,原告多次催告被告履行担保责任,但被告一直未予履行。被告的行为已经构成违约,特请求人民法院依法判定被告履行担保责任,缴纳税款人民币 135 万元及滞纳金。

被告辩称,被告确实应该履行担保责任,但被告承担的只是一般保证,被告没有及时履行担保责任是在依法行使自己的先诉抗辩权,原告应该首先向某进出口公司行使诉权,只有在某进出口公司不能履行该税收义务时被告才承担担保责任。现原告直接要求被告履行担保责任没有法律依据,请求法院依法驳回原告的诉讼请求。

【问题】

被告中国某银行某市分行辩称的先诉抗辩权是否成立,他是否应该对某进出口公司进口某电子产品项下的税款承担担保责任?

【法律规定】

《海关法》第六十六条:

"在确定货物的商品归类、估价和提供有效报关单证或者办结其他海关手续前,收发货人要求放行货物的,海关应当在其提供与其依法应当履行的法律义务相适应的担保后放行。法律、行政法规规定可以免除担保的除外。

法律、行政法规对履行海关义务的担保另有规定的，从其规定。

国家对进出境货物、物品有限制性规定，应当提供许可证件而不能提供的，以及法律、行政法规规定不得担保的其他情形，海关不得办理担保放行。"

第六十七条：

"具有履行海关事务担保能力的法人、其他组织或者公民，可以成为担保人。法律规定不得为担保人的除外。"

第六十八条：

"担保人可以以下列财产、权利提供担保：

（一）人民币、可自由兑换货币；

（二）汇票、本票、支票、债券、存单；

（三）银行或者非银行金融机构的保函；

（四）海关依法认可的其他财产、权利。"

第六十九条："担保人应当在担保期限内承担担保责任。担保人履行担保责任的，不免除被担保人应当办理有关海关手续的义务。"

第七十条：

"海关事务担保管理办法，由国务院规定。"

《担保法》第十九条：

"当事人对保证方式没有约定或者约定不明确的，按照连带责任保证承担保证责任。"

第二十条：

"一般保证和连带责任保证的保证人享有债务人的抗辩权。债务人放弃对债务的抗辩权的，保证人仍有权抗辩。

抗辩权是指债权人行使债权时，债务人根据法定事由，对抗债权人行使请求权的权利。"

【分析】

所谓担保责任，是指在海关担保中担保人所承担担保责任的范围，也就是担保债务的范围。当主债务履行期限届满主债务人不履行债务时,担保人所要承担的担保责任就是依据担保范围加以确定的。关于担保责任主要涉及两个问题:一是担保责任方式问题,即担保人承担的连带责任还是一般责任问题;二是担保人承担责任的范围问题。在本案中主要涉及担保责任的问题,即被告所要承担的是一般责任还是连带责任。此外,在本案中还涉及另一个问题,即海关担保是否适用中华人民共和国担保法的问题。

一、海关事务担保是否适用中华人民共和国担保法

海关事务担保从性质上来说是一种行政担保。[①] 所谓行政担保,是指行政机关和行政性之债债务人为保证行政性之债得以清偿而采取的法律措施。海关事务担保作为一种行政担保,具有以下法律特征:一是法定性,设立了海关事务担保必须有法律的明确规定,是否设立担保(指强制性担保)、担保的责任、方式、担保的范围、效力、程序等都由法律明确规定,海关及管理相对人无权自行约定;二是有些海关事务担保具有强制性,如海关行政处罚实施细则中规定的保证金、抵押物担保,当事人必须提供担保,海关可以采取行政强制措施使其担保兑现;三是海关事务担保法律关系双方当事人法律地位不平等。海关事务担保的性质是行政担保,是一种行政行为。在行政法律关系中,海关与其管理相对人之间的法律地位是不平等的,海关是管理者,而管理相对人是被管理者。海关事务担保的行政行为性质决定了海关事务担保法律关系主体之间法律地位的不平等;四是海关事务担保的法律效力只存在于海关与担保人之间,而不像民法担保那样即存在于债权人与担保人之间,也存在于债务人与担保人之间;五是海关事务担保具有从属性。所谓从属性,是指海关事务担保与海关债之间形成"主从"关系,海关事务担保是附属于海关征收关税这一主行为而发生的,离开了这一主行为,海关事务担保无从发生。

而中华人民共和国担保法适用对象是法律地位平等的民事主体间的民事担保,从这个意义上来说,海关事务担保是不适用中华人民共和

---

①　李国等:《海关事务担保制度的法学思考》,载《海关研究》1995 年第 5 期。

国担保法的。但从海关事务担保制度的产生来看,它脱胎于民事担保,同民事担保制度有着深厚的渊源关系。海关事务担保制度从世界范围看,它源于19世纪二三十年代法国等欧洲国家的具保放行制度。当时随着资本主义各国工业经济的迅猛发展,各国之间的贸易往来也与日俱增,从而使一些主要资本主义国家的口岸出现了进出口货物通关的瓶颈现象,通关的迟缓严重影响了国际贸易和国内经济的发展。所以,当时的法国等欧洲国家在民法典担保制度的基础上创制了海关具保放行的制度,即对进口贸易应收货人的要求,在海关查验以后,征税以前,在当事人提供了担保后可以先予放行。可见,法国等国家在体例上是把海关事务担保制度作为民事担保制度的特别法,根据特别法优先于一般法的原则,只有在海关事务担保法律法规中有特别规定的情况下,适用海关事务担保法律法规,在其没有特别规定的情况下,适用民事担保的有关规定和理论。所以,从这个意义上来说,尽管我国海关事务担保制度不能直接适用《中华人民共和国担保法》,但并不说明民事担保制度的理论不能适用于海关事务担保制度中,况且我国现在的海关事务担保制度立法才刚起步,不尽完善,有许多立法空白点,更需要借鉴和参考民事担保制度的立法和理论。比如本案中涉及的担保人承担的担保责任的性质,在我国海关事务担保立法中就没有予以规定。

二、本案被告承担的担保责任是一般保证责任还是连带保证责任

本案中被告向原告出具的保函从担保方式来说是属于保证担保,所谓保证担保是指以债务人以外的第三人的信誉和不特定财产作为债的担保,在债务人不能履行债务时,保证人按照约定履行债务或者承担责任。保证担保可以分为一般保证担保和连带保证担保,一般保证人承担补充责任,连带保证人承担连带责任。一般保证人因为承担的是一般保证责任,所以他享有先诉抗辩权。所谓先诉抗辩权是指一般保证人在债务人以财产清偿债权之前,免予承担对债务人为清偿的一种权利。[①] 先诉抗辩权保障一般保证人仅为第二顺序债务人,债权人在

---

①　曹士兵:《中国担保诸问题的解决与展望》,中国法制出版社2001年版,第115页。

对第一顺序债务人为追索前,不能从一般保证人处获得清偿。我国《担保法》第十七条第二款对先诉抗辩权予以明确规定:"一般保证的保证人在主合同纠纷未经审判或者仲裁,并就债务人财产依法强制执行仍不能履行债务前,对债权人可以拒绝承担保证责任。"先诉抗辩权的成立一般以保证合同的有效为标志。一般保证需要由当事人在保证合同中明确约定,保证合同未明确约定的,根据《担保法》第十九条"当事人对保证方式没有约定或者约定不明确的,按照连带责任保证承担保证责任"的规定,一般保证不成立,先诉抗辩权也不成立。一般而言,明确约定为一般保证的保证合同,应当有以下表述:采用"一般保证"字眼的;采用"补充赔偿责任"字眼的;约定保证人为"第二顺序债务人"或"承担第二顺序清偿责任的";约定保证人享有《担保法》第十七条第二款规定的权利。①

　　就本案而言,问题的关键是被告和原告间的保证合同的性质,即这个保证合同是一般保证还是连带保证。被告辩称其是在行使先诉抗辩权,很显然被告认为这个担保合同时属于一般保证,他只承担补充责任。结合本案的实际情况,被告的观点没有事实依据,因为在合同中没有关于一般保证的明确约定,而根据法律的规定,合同对一般保证没有约定或者约定不明确的,按照连带责任承担保证责任。所以本案被告主张的抗辩权不成立,被告承担的是连带保证责任,原告可以直接向被告主张权利,被告应该承担缴纳税款及滞纳金的法律义务。

　　我国在海关担保制度中没有就担保责任进行明确的规定,更没有对担保责任方式做出明确的规定。就海关事务担保责任方式来说,各国根据通关的特征一般都规定担保人的责任是连带责任。如法国海关法典第四百零五条规定:"担保人与被其担保的个人一样有义务缴纳关税和其他捐税、罚款及由其担保的债务人所欠的一切款项。"建议在今后的立法中借鉴国外的做法,将担保责任方式定性为连带责任,以加重担保人的担保法律意识,保证国家关税的征收。

---

①　曹士兵:《中国担保诸问题的解决与展望》,中国法制出版社 2001 年版,第 115 页。

【结论】

本案中由于没有明确约定被告承担的是一般保证责任,所以被告只能承担连带担保责任,被告负有缴纳税款和滞纳金的义务。

第六节　进出境货物通关规则

海关法对进出境货物的通关及收发货人、报关代理人规定了一定的条件和责任,由此而确定了收发货人和报关代理人在通关法律关系中的义务。这些义务既有普遍性义务,又包括了针对特定货物(如保税货物、特定减免税货物)所设定的义务。

【案例一】

2001年2月,中国A公司向中国香港B公司订购了一批国家限制进口钢材,香港B公司随后与韩国C公司签订了购买钢材合同,同时委托境外D银行为其购买上述钢材开具信用证,D银行于同年4月向韩国C公司开立了金额为92.5万美元的信用证。2001年8月,韩国C公司按合同约定将上述信用证项下钢材运抵汕头港并储存在港口海关监管区内,但此后中国A公司未收取货物、支付货款并办理进口报关手续,香港B公司也没有就该批钢材向境外D银行支付货款赎取提单。在此情况下,D银行向国外供货方韩国C公司支付了信用证项下货物应付款项,并以此获得了进口钢材的正本提单。在此期间,中国A公司进口钢材因自运输工具申报进境之日起超过三个月未向海关申报,某海关根据《海关法》第三十条的有关规定,于2002年2月依法提取上述超期未报关钢材委托专门拍卖机构进行公开拍卖,拍卖所得价款人民币8 896 025.60元,扣除拍卖手续费、仓储费、税款等有关费用后,剩余货款为人民币5 832 052.82元。境外D银行在获悉进口钢材被海关拍卖后,持正本提单以货物所有权人身份向某海关申请发还上述变卖余款。

2002年8月,某海关针对D银行的申请做出不予发还变卖余款的书面决定,同时阐明了有关理由:即D银行属于境外银行,不是具有进出口经营权并实际进口货物的中华人民共和国境内法人或组织,不是海关法所规定的进口货物"收货人",因此无权要求海关发还超期未报关货物的变卖余款。D银行不服某海关的上述决定,向海关总署申请行政复议。D银行认为,该银行通过支付货款合法取得了信用证项下进口钢材的正本提单,其对上述钢材依法享有所有权,某海关擅自提取变卖该批钢材的行为侵犯了其财产所有权;进口钢材未在规定期限内报关应完全归责于中国A公司没有依法履行进口申报义务,该银行本身无任何过错,某海关变卖处理钢材后本应将拍卖所得款项全额发还所有权人,但某海关拒不履行上述义务,其行为进一步侵犯了该银行的合法权益。鉴于此,D银行请求总署依法确认某海关提取变卖进口钢材行为违法,撤销该海关不予发还变卖款项的行政决定,并责令其发还上述款项。

【问题】

此案中某海关的处理是否适当? 为什么?

【法律规定】

《海关法》第三十条:

"进口货物的收货人自运输工具申报进境之日起超过三个月未向海关申报的,其进口货物由海关提取依法变卖处理,所得价款在扣除运输、装卸、储存等费用和税款后,尚有余款的,自货物依法变卖之日起一年内,经收货人申请,予以发还;其中属于国家对进口有限制性规定,应当提交许可证件而不能提供的,不予发还。逾期无人申请或者不予发还的,上缴国库。

确属误卸或者溢卸的进境货物,经海关审定,由原运输工具负责人或者货物的收发货人自该运输工具卸货之日起三个月内,办理退运或者进口手续;必要时,经海关批准,可以延期三个月。逾期未办手续的,由海关按前款规定处理。

前两款所列货物不宜长期保存的,海关可以根据实际情况提前处理。

收货人或者货物所有人声明放弃的进口货物,由海关提取依法变卖处理；所得价款在扣除运输、装卸、储存等费用后，上缴国库。"

【分析】

我国《海关法》规定了进出境货物通关时，收发货人应承担的义务和享有的权利。其应当承担的义务包括：（1）在法定期限内如实申报的义务；（2）交验法定单证的义务；（3）接受查验的义务；（4）缴纳税款或提供担保的义务；（5）接受海关稽查的义务；（6）享受特定减免关税进境货物的收货人的义务；（7）不得侵犯海关监管货物的义务。

其中在法定期限内如实申报的义务包括：货物进出境时，收发货人或其报关代理人负有在法定期限内如实向海关申报的义务。这是说的法定期限，是指海关法所规定的，进口货物应在运输工具申报进境之日起十四日内，出口货物应在货物运抵海关监管区后，装货的二十四小时以前向海关申报进出口。超过了法定申报期限，应视为不履行法定义务而要承担支付滞报金或不予按时出口的法律后果。所谓如实申报的义务，这是由报关单的法律特征所决定的。报关单作为货物通关的法律文书，是收发货人或其报关代理人就进出境货物的全部法定要件向海关所作的书面声明，除在填写报关单的过程中因对有关事项不明了或不熟悉而有误由海关退回更改或补充的情况外，一旦申报人正式向海关呈交报关单后，便具有不可更改性和不可撤销的法律特征，申报人要对自己的书面声明承担全部法律后果，所有在书面声明中发生的伪报、瞒骗行为都将被作为不履行法定义务而要承担违反海关法的相应责任。这里所说的海关接受，电子申报是指所有数据已传输到海关的计算机里，海关并已作了反馈；纸质报关单则以海关已收下报关员递交的报关单，并作了登记。

《海关法》赋予海关对超期未报关货物采取必要的强制性措施的权利，包括对自运输工具申报进境之日起十四日内未报关的货物征收滞报金以及对超过三个月未申报的进口货物提取变卖处理等措施。本案某海关对中国Ａ公司超过三个月未申报的进口钢材采取的变卖处理措施即属于后一种情形。中国Ａ公司对此虽未提出异议，但境外Ｄ银行作为涉案钢材正本提单的持有人（所有权人），不服某海关提取变卖钢材的具体行政行为及不予发还变卖余款的决定申请行政复议。

　　《海关法》第三十条规定,进口货物的收货人自运输工具申报进境之日起超过三个月未向海关申报的,其进口货物由海关提取依法变卖处理。《海关关于超期未报关进口货物、误卸或溢卸的进境货物和放弃进口货物的处理办法》(海关总署第 91 号令)第二条规定,进口货物收货人应当自运输工具申报进境之日起十四日内向海关申报,超过上述规定期限申报的,由海关征收滞报金;超过三个月未向海关申报的,其进口货物由海关提取依法变卖处理。根据上述规定,如果进口货物的收货人自运输工具申报进境之日起超过三个月未办理报关手续,海关就有权依法提取变卖进口货物(超过十四日但未满三个月的,海关依据有关规定按日征收滞报金)。这是《海关法》赋予海关在货物通关监管方面的一项法定职权。

　　对于超期未报关货物的变卖余款自货物依法变卖之日起一年内,经收货人申请,予以发还;逾期无人申请或申请人不符合发还条件的,余款上缴国库。那么,具备哪些条件有权申领变卖余款? 根据《海关法》第三十条第一款的有关规定,只有具备以下条件的当事人,才有权申领超期未报关货物的变卖余款。必须具备海关法中“收货人”的主体资格。作为海关行政执法范畴中的特定概念,《海关法》及有关海关规章对“收货人”这一概念的含义和范围做出了明确界定。根据《海关法》的立法原义及海关总署第 91 号令(行政规章)的有关规定,海关法上的“收货人”是指经商务主管部门登记或核准具有货物进口经营资格,并经海关报关注册登记的实际从事进出口业务的中华人民共和国关境内法人或者其他组织。只有符合上述条件即具备“收货人”主体资格的当事人才有权申领超期未报关货物的变卖余款。此外,就余款发还问题主动向海关提出申请。根据《海关法》的规定,超期未报关货物变卖余款的退还程序以收货人提出申请为启动要件,如果收货人未就有关问题提出申请,海关没有主动向收货人退还变卖余款的义务。而且必须在规定期限内申请发还余款。根据《海关法》的规定,要求发还超期未报关货物变卖余款的收货人必须自货物变卖之日起一年内提出申请,逾期申请的,海关有权拒绝发还余款。必须履行交验许可证件的法定义务。海关对超期未报关货物进行变卖处理,并不免除收货人在货物进口环节应尽的其他法律义务。如果滞报货物属于国家对进口有限制性规定的商品,要求海关发还变卖余款的当事人除须满足上述条件外,还要履行提交进口货物许可证件的法定义务,否则余款不予发还,全部上缴国库。

【结论】

通过以上分析,本案境外 D 银行虽然在规定期限内向某海关申请发还超期未报关进口钢材(国家限制进口货物)的变卖余款,但该银行并非实际进口货物的具有进出口经营权的我国境内法人或组织,不属于海关法中的"收货人",亦不能提交进口钢材所需的许可证件,因此,D 银行不具备《海关法》第三十条所规定的申领变卖余款的资格条件,某海关据此做出不予发还余款决定具有事实根据和法律依据,复议机关应予以维持。

【案例二】

申请人:北京 A 纤维塑料制品有限公司

被申请人:某海关

2005 年 1 月 13 日至 6 月 29 日,申请人北京 A 纤维塑料制品有限公司向甲海关申报进口 MG4027-868、BC-000223、BC-000413、MG4128-949 四份合同项下的 PET 废塑料及下脚料、塑料碎片、废塑料膜等货物共计 390.861 吨,申报货物总价 88 246.22 美元,报关单号分别为 040003076、040006642、040023447、040032651、040030317、040042618 和 040042619。

经查,申请人在申报进口以上货物过程中,逃避海关监管,向海关提供假合同、假发票,使用假合同、假发票对外付汇,真假合同货款差额部分再通过其他渠道另行付给外商,瞒报货物价格 54 056.38 美元,货物实际总价 142 302.60 美元。申请人的上述行为偷逃关税、进口货物增值税人民币 154 496.98 元。

2005 年 8 月 1 日,被申请人某海关立案调查申请人。4 月 28 日,向申请人送达了《行政处罚告知单》。12月7日,被申请人根据《海关行政处罚实施条例》的规定,制发(2005)某关查02120051号《处罚决定书》,决定没收申请人的违法所得154 496.98元,并处罚款人民币30万元。

申请人称:(1)外商在履行废塑料进口合同过程中,多次出现货物含水、亏重等质量问题,申请人同样要按照单据重量缴纳关税、增值税,造成该公司多缴税款,经济上遭受很大损失,作为补偿外商同意在以后供货时在一定数量内按成本定价不加利润给申请人供货,所以有多缴税少缴税的现象,但总体上未少缴税款,未给国家造成损失;(2)订货时国内价格较低,不稳定,报关价格是按外商成本订价做的,如市场销售好,高出卖价部分视同两家利润,外商所得部分汇入其指定账户;(3)从主观上讲,申请人没有偷逃国家税款的故意。(2005)某关查02120051号《处罚决定书》内容符合事实,但罚款30万元人民币数额有些过高,请给予从轻处罚。

被申请人称:(1)申请人主观上存在偷漏进口环节税的故意。在进口涉案货物时,申请人先与外商商定货物的真实价格,后为使实际征税额不超过公司预算,主动要求外商开具假合同、假发票,供其报关使用以偷逃国家税款,并于货物进口后采用滚动付汇和汇入外商国内指定账户的方式,将四份合同项下真假合同之间的货款差额支付完毕;(2)申请人称外商同意在后期供货过程中按成本定价不加利润、低价给申请人供货以补偿其损失,却无法提供四份合同履行过程中进口货物存在质量问题的任何证据,实际情况是申报价格是申请人要求外商提供的假合同、假发票价格;(3)申请人汇入国内某公司账户的款项,系该公司代外商收取的部分货款(真假合同差额部分),用于外商公司相关人员来华的日常消费,并非申请人分给外商的货物销售利润。

【问题】

此案当如何解决?

【法律规定】

《海关行政处罚实施条例》第七条:

"违反海关法及其他有关法律、行政法规,逃避海关监管,偷逃应纳

税款、逃避国家有关进出境的禁止性或者限制性管理,有下列情形之一的,是走私行为:

(一)未经国务院或者国务院授权的机关批准,从未设立海关的地点运输、携带国家禁止或者限制进出境的货物、物品或者依法应当缴纳税款的货物、物品进出境的;

(二)经过设立海关的地点,以藏匿、伪装、瞒报、伪报或者其他方式逃避海关监管,运输、携带、邮寄国家禁止或者限制进出境的货物、物品或者依法应当缴纳税款的货物、物品进出境的;

(三)使用伪造、变造的手册、单证、印章、账册、电子数据或者以其他方式逃避海关监管,擅自将海关监管货物、物品、进境的境外运输工具,在境内销售的;

(四)使用伪造、变造的手册、单证、印章、账册、电子数据或者以伪报加工贸易制成品单位耗料量等方式,致使海关监管货物、物品脱离监管的;

(五)以藏匿、伪装、瞒报、伪报或者其他方式逃避海关监管,擅自将保税区、出口加工区等海关特殊监管区域内的海关监管货物、物品,运出区外的;

(六)有逃避海关监管,构成走私的其他行为的。"

第九条:

"有本实施条例第七条、第八条所列行为之一的,依照下列规定处罚:

(一)走私国家禁止进出口的货物的,没收走私货物及违法所得,可以并处 100 万元以下罚款;走私国家禁止进出境的物品的,没收走私物品及违法所得,可以并处 10 万元以下罚款;

(二)应当提交许可证件而未提交但未偷逃税款,走私国家限制进出境的货物、物品的,没收走私货物、物品及违法所得,可以并处走私货物、物品等值以下罚款;

(三)偷逃应纳税款但未逃避许可证件管理,走私依法应当缴纳税款的货物、物品的,没收走私货物、物品及违法所得,可以并处偷逃应纳税款 3 倍以下罚款。"

【分析】

我国《海关法》规定了进出境货物通关时,管理相对人应承担的义务有:第一,收发货人在法定期限内如实申报的义务。这是指货物进出境时,收发货人或其报关代理人应在法定期限内如实向海关申报。这里说的法定期限,是指海关法所规定的,进口货物应在运输工具申报进境之日起十四日内,出口货物应在货物运抵海关监管区后,装货的二十四小时以前向海关申报进出口。超过了法定报关期限,应视为不履行法定义务而要承担支付滞报金或不予按时出口的法律后果。所谓如实申报的义务,这是由报关单的法律特征所决定的。报关单作为货物通关的法律文书,是收发货人或其报关代理人就进出境货物的全部法定要件向海关所作的书面声明,除在填写报关单的过程中因对有关事项不明了或不熟悉而有误由海关退回更改或补充的情况外,一旦申报人正式向海关呈交报关单后,便具有不可更改性和不可撤销的法律特征,申报人要对自己的书面声明承担全部法律后果,所有在书面声明中发生的伪报、瞒骗行为都将被作为不履行法定义务而要承担违反海关法的相应责任。这里所说的海关接受,电子报关是指所有数据已传输到海关的计算机里,海关并已作了反馈;纸质报关单则以海关已收下报关员递交的报关单,并作了登记。对于因技术或运输工具配载等原因需要对报关单作修改的,又不涉及征税、贸易管制等内容,经海关同意,可作修改,其错误部门可不按违法处理。第二,交验法定单证的义务。我国海关法根据进出境货物的性质、贸易方式的不同而分别规定了进出境的法律要件,所以,进出境货物的收发货人或其报关代理人在向海关呈交报关单的同时,还应根据货物的性质及所适用的通关程序,负有交验法定单证义务,以佐证其在报关单上所作的声明。如系国家限制进出口的货物,应交验进出口许可证,各种贸易方式的进出口货物应交验贸易或经济合同和发票、原产地证书等,动植物应交验国家主管部门的检疫证书,食品应交验国家主管部门的卫生检验证书等。法定单证在法律上被视为报关单的组成部分,因此,向海关交验虚假的单证并以此为依据报关,同样被作为不履行如实报关的义务。第三,缴纳税款或提供担保的义务。进出境货物除法定免税、零税或海关批准免税的外,收发货人或报关代理人负有缴纳应纳税款或提供担保的义务。

在本案中,申请人在申报进口以上货物过程中,逃避海关监管,向海关提供假合同、假发票,使用假合同发票对外付汇,真假合同货款差额部分再通过其他渠道另行付给外商,瞒报货物价格 54 056.38 美元,货物实际总价 142 302.60 美元。申请人的上述行为偷逃关税、进口货物增值税人民币 154 496.98 元。根据《海关行政处罚实施条例》第七条的规定,违反海关法及其他有关法律、行政法规,逃避海关监管,偷逃应纳税款,逃避国家有关进出境的禁止性或者限制性管理,有下列情形的,是走私行为:

——经过设立海关的地点,以藏匿、伪装、瞒报、伪报或者其他方式逃避海关监管,运输、携带、邮寄国家禁止或者限制进出境的货物、物品或者依法应当缴纳税款的货物、物品进出境的;

——使用伪造、变造的手册、单证、印章、账册、电子数据或者以其他方式逃避海关监管,擅自将海关监管货物、物品、进境的境外运输工具,在境内销售的。

对于上述行为,偷逃应纳税款但未逃避许可证件管理,走私依法应当缴纳税款的货物、物品的,没收走私货物、物品及违法所得,可以并处偷逃应纳税款 3 倍以下罚款。

【结论】

因此,海关总署经复议认为,申请人逃避海关监管,瞒报进口货物价格,偷逃关税、进口货物增值税,其行为已构成《海关法行政处罚实施条例》第七条所列之走私行为,被申请人对申请人的违法行为定性准确。

第七节　载运进出境货物、物品的运输工具通关规则

载运进出境货物、物品的运输工具,包括进出境运输工具和境内接

驳进出境货物、物品的运输工具两种。其中,进出境运输工具是货物和物品进出境的载体,海关法依据进出境货物、物品载体的特征规定了运输工具进出境和在我国关境内移动的规则和承运人的有关义务。其中包括:(1)运输工具进出境地点规则;(2)进出境运输工具事先通知的规则;(3)运输工具进出境行驶路线规则;(4)承运人向海关如实申报、交验单证的义务;(5)承运人接受海关对运输工具检查和监管的义务。

【案例】

原告:A 有限公司

被告:甲海关

第三人:赵某,浙江省温岭市石塘镇粗沙村农民,个体经营户

2001 年 11 月 21 日,浙江商人赵某在泰国清迈购买了泰国产龙眼干 2 915 件,42 341 千克,价值人民币 467 626 元。赵某委托西双版纳任达航运公司(中国注册)在泰国清盛临时聘用人员林某,约定由西双版纳任达航运公司负责将货物经澜沧江——湄公河航道途经西双版纳运至昆明,合同议定的全部代办价格为每千克 1.80 元人民币。林某收货后在未经货主赵某同意的情况下,私自将该合同转给 A 有限公司(以下简称 A 有限公司)。11 月 24 日,A 有限公司将货物从泰国清迈启运,由澜沧江——湄公河航道沿江而上,11 月 25 日下午在缅甸梭累港上岸后改用汽车运输,于 11 月 26 日零时从未设有海关机构的 240 界碑处(以下简称 240 通道)运输入境。26 日凌晨 6 时,甲海关根据情报在某市嘎洒镇曼飞龙水库附近将该批货物查扣。

2001 年 12 月 15 日,甲海关向 A 有限公司送达了(2001)某关查告字第 14020022 号《海关行政处罚告知单》,拟认定 A 有限公司的行为构成了《中华人民共和国海关法行政处罚实施条例》中所规定的走私行为,拟根据《实施条例》的规定,没收在扣的龙眼干。随后,A 有限公司要求举行听证,赵某要求作为本案的第三人参加听证。2002 年 1 月 4 日,甲海关应当事人的要求举行了听证会。2002 年 2 月 1 日,甲海关以 14020022 号《处罚决定书》认定:A 有限公司逃避海关监管,擅自将

应税货物偷运入境的行为构成了《实施条例》中的走私行为。决定没收在扣的龙眼干 2 915 件、42 341 千克。2002 年 4 月 2 日，A 有限公司第一次向甲海关的上级海关乙海关提出行政复议申请，要求撤销原认定，依法重新认定。乙海关于当日受理了该复议申请。2002 年 5 月 21 日，乙海关以乙关复字(2001)第 1 号《行政复议决定书》做出第一次复议决定，以适用法律依据错误、听证程序违法，撤销被申请人甲海关(2001)某关查字第 14020022 号处罚决定，责令被申请人重新做出具体行政行为。

2002 年 10 月 22 日，甲海关在补充调查取证的基础上，再次以(2002)某关查字第 86220022 号《处罚决定书》做出如下处罚决定：A 有限公司违反《中华人民共和国海关法》第四十八条、《细则》第三条第一项的规定，构成走私行为。依照《细则》第五条第一款第二项的规定，没收其在扣的 2 915 件、42 341 千克龙眼干。

对甲海关做出的第二次处罚决定，A 有限公司仍不服，于 2001 年 12 月 24 日向甲海关的上级海关乙海关第二次提出复议申请，再次请求依法撤销该处罚决定，予以重新处理。乙海关受理该复议申请后，经审查，于 2002 年 2 月 22 日以乙关复字(2001)第 3 号《行政复议决定书》做出复议决定，维持被申请人甲海关(2001)某关查字第 86220022 号处罚决定。

2002 年 3 月，A 有限公司向甲中级人民法院提起行政诉讼，一审法院追加赵某为本案的第三人参加诉讼。经过审理，甲中级人民法院做出“驳回当事人诉讼请求，维持海关行政处罚决定”的一审判决。收到一审判决书后，A 有限公司仍不服，又向某省高级人民法院上诉。2002 年 12 月 12 日，某省高级人民法院做出“驳回上诉，维持原判”的终审判决。

【问题】

A 有限公司的行为应该如何定性？

【法律规定】

《海关法》第十一条：

"进出境运输工具、货物、物品，必须通过设立海关的地点进境或者出境。在特殊情况下，需要经过未设立海关的地点临时进境或者出境的，必须经国务院或者国务院授权的机关批准，并依照本法规定办理海关手续。"

第八十二条：

"违反本法及有关法律、行政法规，逃避海关监管，偷逃应纳税款、逃避国家有关进出境的禁止性或者限制性管理，有下列情形之一的，是走私行为：

（一）运输、携带、邮寄国家禁止或者限制进出境货物、物品或者依法应当缴纳税款的货物、物品进出境的；

（二）未经海关许可并且未缴纳应纳税款、交验有关许可证件，擅自将保税货物、特定减免税货物以及其他海关监管货物、物品、进境的境外运输工具，在境内销售的；

（三）有逃避海关监管，构成走私的其他行为的。

有前款所列行为之一，尚不构成犯罪的，由海关没收走私货物、物品及违法所得，可以并处罚款；专门或者多次用于掩护走私的货物、物品，专门或者多次用于走私的运输工具，予以没收，藏匿走私货物、物品的特制设备，责令拆毁或者没收。

有第一款所列行为之一，构成犯罪的，依法追究刑事责任。"

【分析】

A 有限公司认为：第一，海关行政处罚决定认定其故意逃避海关监管与客观事实不符，原告不是逃避海关监管，而是因 240 通道无海关机构，他们准备将货物运到景洪（甲海关所在地）后，再办理报关手续。第二，原告认为从 240 界碑起到景洪市几十公里的地区属于甲海关的监管区，该批货物从 240 通道入境后，在运往景洪海关所在地报关途中被查扣，不能认定为走私。第三，认为 A 有限公司在本案中只是代理人的身份，并非货物的实际所有人，《海关法》所处罚的对象是进出口货物的所有人，海关在处罚对象的主体上认定错误。

甲海关认为：第一，A 有限公司在明知货物未经报关不得运输入境的情况下,将该批货物偷运入境,其主观上的走私故意是非常明显的。第二,《海关法》规定,进出境货物应从设立海关的地点进出,特殊情况需临时进出未设立海关机构的地点的,需事前报国务院或国务院授权的部门批准。240 通道是甲海关的辖区内未设立海关的地点,并非海关监管区。当事人需要进出该通道的,需事前报海关批准。第三,《海关法》处罚的对象是进出口货物的持有人,并不对该持有人是否是货物的实际所有人进行实质性审查。

由于陆路海关与境外陆路相连,一般少有天然屏障,可供人员、货物进出境的通道众多,海关管理困难,一些走私分子利用边境地区的这些特点,有组织地进行走私活动,一旦被查获就为自己找出各种各样的借口,企图逃避处罚。

根据海关法的规定,载运进出境货物、物品的运输工具的通关规则包括:(1) 运输工具进出境地点规则;(2) 进出境运输工具事先通知的规则;(3) 运输工具进出境行驶路线规则。此外,承运人还负有向海关如实申报、交验单证的义务,接受海关对运输工具检查和监管的义务等。

其中,运输工具进出境地点规则的具体含义是指,运输工具必须通过设立海关的地点或虽未设立海关,但是经国务院或者国务院授权的机关批准的地点进出境。由此,承运人的义务就要使其负责管理下的运输工具遵守进出境地点的规定。经批准通过不设立海关的地点临时进出境时,承运人有义务向批准机关指定的海关办理进出境海关手续。我国有几万公里的海岸线和边界线,如果运输工具随处都可以进出境,海关管理则形同虚设而必然致使国家主权和利益无从保障。《海关法》规定,"海关监管区"是指设立海关的港口、车站、机场、国界孔道、国际邮件互换局(交换站)和其他有海关监管业务的场所,以及虽未设立海关,但是经国务院批准的进出境地点。根据国务院、海关总署对甲海关设立的批准文件规定,甲海关监管现场为某港(水港)、某机场。240 通道为未设立海关的进出境通道,其进出境货物的海关监管,应符合《海关法》第八条的规定,即"进出境运输工具、货物、物品,必须通过设立海关的地点进境或者出境。在特殊情况下,需要经过未设立海关的地点临时进境或者出境的,必须经国务院或者国务院授权的机关批准,并依照本法规定办理海关手续"。因此,本案首先涉及承运人违反了运输工具进出境地点规则。

同时,本案还涉及到对于走私行为的认定问题。走私行为以当事人的主观故意为前提。本案中,A 有限公司在复议和诉讼中多次声称其未事先报关是因为 240 通道无海关办事机构,距国境线最近的申报地点在某港,他们只是将货物运到海关所在地申报,并非故意逃避海关监管。事实是 A 有限公司事前曾与某水运公司联系,要求水运公司代理报关,水运公司工作人员当即告知 A 有限公司业务经理罗某,"货物未办理报关手续,不能进境";案发当日,货物偷运进境后向商检部门申报时,商检值班人员也告知罗某"货物未报关不能进境"。

【结论】

以上事实说明,A 有限公司业务经理罗某是明知该批货物在未向海关申报并经海关同意的情况下是不能入境的。明知不能为而为之,A 有限公司的主观故意表现得非常明显。因此本案件是一起典型的绕关走私案件,在陆路边境海关有一定的代表性。

第八节 进出境行李物品通关规则

进出境行李物品是指个人携带和邮寄、邮运进出境的物品,海关监管原则是以自用、合理数量为限。对进出境旅客的通关我国实行了与国际通行海关规则相一致的红绿通道制度,除法律另有规定者外,进出境旅客负有向海关如实申报、接受海关查验的义务;邮递、邮运物品由承运人向海关递交邮件路单,接受海关监管,在经海关查验放行后,方可投递或者交付给收件人。

【案例一】

2005 年×月×日,浦某由中国澳门入境,无书面向海关申报任何物品,海关执法人员令其进入查验区等候检查,但浦某进入检查区后,拒绝接受海关检查其携带的物品,并从未开启的护照通道冲出海关监管区(冲关)。随后浦某因其证件仍在关员手里而返回海关检查区接受处理,海关执法人员从其携带的胶袋内查出"中华牌"香烟10包(200支),经查浦某自2005年4月20日至5月4日15天内共入境50次,属于"短期内多次来往"旅客,依照规定不能享受《中国籍旅客带进物品限量表》中免税携带香烟200支(10包)入境的权利,海关依照《关于调整海关对旅客携带进境免税烟酒限量的通知》(88署行字第980号文)的规定,海关依法放行香烟2包(40支)。

海关处理本案认为,当事人浦某冲关行为属于《中华人民共和国海关行政处罚实施条例》第七条第(二)项中"以其他方式逃避海关监管",构成走私,由此于2005年5月4日做出行政处罚决定,依据《中华人民共和国海关法》第八十二条第一款第(一)项和《中华人民共和国海关行政处罚实施条例》第七条第(二)项、第九条第一款第(三)项规定,决定没收上述香烟8包(放行香烟2包)。

【法律规定】

《海关法》第八十二条:

"违反本法及有关法律、行政法规,逃避海关监管,偷逃应纳税款、逃避国家有关进出境的禁止性或者限制性管理,有下列情形之一的,是走私行为:

(一)运输、携带、邮寄国家禁止或者限制进出境货物、物品或者依法应当缴纳税款的货物、物品进出境的;

……

有前款所列行为之一,尚不构成犯罪的,由海关没收走私货物、物品及违法所得,可以并处罚款;专门或者多次用于掩护走私的货物、物品,专门或者多次用于走私的运输工具,予以没收,藏匿走私货物、物品的特制设备,责令拆毁或者没收。"

第八十五条:

"个人携带、邮寄超过合理数量的自用物品进出境,未依法向海关申报的,责令补缴关税,可以处以罚款。"

《中华人民共和国海关行政处罚实施条例》第七条：

"违反海关法及其他有关法律、行政法规，逃避海关监管，偷逃应纳税款、逃避国家有关进出境的禁止性或者限制性管理，有下列情形之一的，是走私行为：

……

（二）经过设立海关的地点，以藏匿、伪装、瞒报、伪报或者其他方式逃避海关监管，运输、携带、邮寄国家禁止或者限制进出境的货物、物品或者依法应当缴纳税款的货物、物品进出境的；

……"

第九条：

"有本实施条例第七条、第八条所列行为之一的，依照下列规定处罚：

（一）走私国家禁止进出口的货物的，没收走私货物及违法所得，可以并处 100 万元以下罚款；走私国家禁止进出境的物品的，没收走私物品及违法所得，可以并处 10 万元以下罚款；

（二）应当提交许可证件而未提交但未偷逃税款，走私国家限制进出境的货物、物品的，没收走私货物、物品及违法所得，可以并处走私货物、物品等值以下罚款；

（三）偷逃应纳税款但未逃避许可证件管理，走私依法应当缴纳税款的货物、物品的，没收走私货物、物品及违法所得，可以并处偷逃应纳税款 3 倍以下罚款。

……"

【分析】

在海关监管中，进出境物品通常定义为指通过携带、邮寄、托运等方式进出境的非贸易性个人生活和学习用品。根据物品进出境的不同渠道，海关对物品的监管分为对进出境行李物品和进出境邮递物品的监管法律制度。以进出境人员携带、托运等方式进出境的物品为行李物品；以邮递方式进出境的物品为邮递物品。在监管原则上，海关对进出境物品的监管适用"自用合理数量为限"的原则。自用合理数量中的自用是指进出境旅客进出境物品是本人自用、馈赠亲友而非出售或出租;合理数量是指海关根据旅客的旅行目的和居留时间规定的的正常数量。① 自用是确定合理数量的前提,合理数量是自用的量化标准。旅客进出境行李物品的合理数量和各类旅客携运进出境物品的具体限量、限值由海关总署规定。海关总署制定了《中华人民共和国海关对进出境旅客行李物品监管办法》,对行李物品进行了分类并规定了不同类型进出境人员所携运物品的免税、征税限量。超出"自用合理数量"的不应属于物品,不应再按进出境物品办理海关手续,而应当按照进出境货物办理相关手续。海关对进出境行李物品的监管是按照不同类的旅客应带进、带出的物品种类确定的。因此,对进出境行李物品的监管,主要从两个方面:一是确定旅客身份;二是确定物品类别。1989 年 11 月海关总署颁布了《中华人民共和国海关对进出境旅客行李物品监管办法》(以下简称《监管办法》),同时颁布了《旅客进出境行李物品分类表》,作为《监管办法》的附件。

　　旅客在进出境过程中,违反海关法及相关法律法规规章的行为,应当承担相应的法律责任。违反海关法的行为通常分为走私罪、走私行为和违反海关监管规定的违规行为。走私罪,是指构成刑法上的犯罪构成的走私行为,海关在旅客进出境环节查获的构成犯罪的走私行为,按照《海关法》第五条第二款的规定,依法移送海关缉私局追究刑事责任。进出境旅客违反海关法及其他有关法律、行政法规,逃避海关监管,偷逃应纳税款、逃避国家有关进出境的禁止性或者限制性管理的,是走私行为。进出境旅客违反海关法及其他有关法律、行政法规和规章但不构成走私行为的,是违反海关监管规定的行为。

　　2004 年 9 月 1 日国务院第 62 次常务会议通过,自 2004 年 11 月 1 日起施行的《中华人民共和国海关行政处罚实施条例》(以下简称《实

----

　　① 《中华人民共和国海关对进出境旅客行李物品监管办法》(第 9 号海关总署令于1989 年 11 月 1 日对外公布)第二十七条规定,本办法下列用语含义:"自用"指旅客本人自用、馈赠亲友而非为出售或出租。"合理数量"指海关根据旅客旅行目的和居留时间所规定的正常数量。

施条例》),是海关对走私行为和违反海关监管规定的行为进行行政处罚的主要法律依据之一。《实施条例》区分了违法行为的具体类型,细化了违法行为的处罚幅度,明确了违法行为的法律责任,意在保证海关执法的统一性和合理性。

海关认定走私行为,必须要有证据证明当事人主观上具有逃避海关监管的故意,客观上构成逃避海关税款征收或逃避国家禁限规定的行为,违反海关法及其他有关法律、行政法规;对走私国家禁止进出境的物品的,没收走私物品及违法所得,可以并处 10 万元以下罚款;应当提交许可证件而未提交但未偷逃税款,走私国家限制进出境的物品的,没收走私物品及违法所得,可以并处走私物品等值以下罚款;偷逃应纳税款但未逃避许可证件管理,走私依法应当缴纳税款的物品的,没收走私物品及违法所得,可以并处偷逃应纳税款 3 倍以下罚款。

违反海关法及其他有关法律、行政法规和规章但不构成走私行为的,是违反海关监管规定的行为,《处罚实施条例》第十九条和第二十条对进出境物品违反海关监管规定的行为的处罚做出明确规定,有下列行为之一的,予以警告,可以处物品价值 20％以下罚款,有违法所得的,没收违法所得:(一)未经海关许可,擅自将海关尚未放行的进出境物品开拆、交付、投递、转移或者进行其他处置的;(二)个人运输、携带、邮寄超过合理数量的自用物品进出境未向海关申报的;(三)个人运输、携带、邮寄超过规定数量但仍属自用的国家限制进出境物品进出境,未向海关申报但没有以藏匿、伪装等方式逃避海关监管的;(四)个人运输、携带、邮寄物品进出境,申报不实的;(五)经海关登记准予暂时免税进境或者暂时免税出境的物品,未按照规定复带出境或者复带进境的;(六)未经海关批准,过境人员将其所带物品留在境内的。第二十条规定:运输、携带、邮寄国家禁止进出境的物品进出境,未向海关申报但没有以藏匿、伪装等方式逃避海关监管的,予以没收,或者责令退回,或者在海关监管下予以销毁或者进行技术处理。

本案浦某在海关执法中俗称为"水客"。广东海关在执法过程中习惯上将频繁往来粤港、粤澳,通过旅检渠道把大量涉税货物或国家禁止、限制进出境的物品化整为零携带、运输进出境的 15 天内 2 次以上往返的旅客,称为"水客"。这种以"蚂蚁搬家"为主要特征的"水客"走私,据统计,罗湖口岸每日进出境 25 万人次中就有 10 多个"水客"团伙,共 4 000 多名"水客";在沙头角镇中英街每日平均 2 万多人次的进出境人员中,就有近 2 千名"水客";拱北口岸每天进出境旅客平均 17 万人次,每天进出境的"水客"有 2 万人次。①

海关在旅检现场查获的案件类型中较多的是超量携带货币现钞进出境及"水客"带货等情形,在这类案件中有两个执法问题是争议的焦点。一是海关在旅检现场查获的走私案件中如何认定当事人"逃避海关监管"的主观故意;二是对走私行为进行处罚,没收走私物品及违法所得的范围如何认定。

海关在旅检通道查获的走私,对当事人主观上"逃避海关监管"的故意,通常是从当事人的作案手法上予以确认,适用的条款是《实施条例》第七条第(二)项"以藏匿、伪装、瞒报、伪报或者其他方式逃避海关监管"。在适用该条款对当事人主观故意的认定上,海关人员提出常常遇到难以准确适用的情形。例如,对于货币现钞类贵重物品当事人往往基于"财不露外"的心理而以隐蔽的方法保存现金,将现金藏于随身小包或贴身衣袋内,就此情形,认定当事人有藏匿、伪装故意,似乎难以让当事人心服;若适用"瞒报、伪报",有观点提出只要超量携带即认为"瞒报、伪报",由此一来,存在处罚过重,打击面过宽,不利于海关集中力量打击贸易渠道"低报价格"、"洗钱"、"地下钱庄"等走私违法行为。因此也有海关对此情形适用《海关法》第八十六条第三项,认定当事人"申报不实",但随之而来的异议是,根据 1996 年 1 月 1 日实行的《中华人民共和国海关关于进出境旅客通关的规定》,海关旅检现场一般设置"红、绿通道",红色通道为"申报"通道,绿色通道为"无申报"通道,由旅

---

① 参见周华、邵蓓:《水客"冲关"行为法律性质与涉案标的没收范围的界定——对一宗旅检现场走私行政处罚案件引发的法律思考》,载海关总署政法司网站。

客自行选择；该《规定》第三条规定的申报方式仅为"书面申报"。将当事人携带"应申报"物品而选走"无申报"通道的行为认定其为"申报不实"，其前提是当事人有"申报行为"，当事人选走"无申报"通道的行为不能认为是法定申报的方式之一。①

适用法律依据的不确定使得海关执法中对超量携带货币进出境案件的处理不一。例如，有海关工作人员提出"2002 年深圳罗湖海关查获的旅客超带货币出境未申报案件大部分定性为走私，而其他地区大部分海关将旅客超带货币出境未申报案件定性为违规"。有的现场海关制定的处罚尺度也出现不一的情形。② 有建议提出面对适用法律规范不确定的情形，对超量携带货币进出境案件应明确对经查实为"水客"托带、"地下钱庄"，"洗钱"、非法资金回笼等严重扰乱国家货币及外币管理秩序的行为定性为走私，其他的定性为违规。③

本案中海关对当事人"冲关"行为适用《实施条例》第七条第二款"以其他方式逃避海关监管"，当事人未经海关许可采取逃逸或暴力方法脱离海关监管区的行为，其主观故意明显，构成走私行为。但也有不同观点认为："以其他方式逃避海关监管"的适用中对"其他方式"的认定应当属于法律的解释范围，其解释权在立法机关，海关无权在行政执法中直接适用和解释，此外，根据《最高人民法院关于印发〈关于审理行政案件适用法律规范问题的座谈会纪要〉的通知》（法[2004]96 号）明确规定，法律规范在列举其适用的典型事项后，又以"等"、"其他"等词语进行表述的，属于不完全列举的例示性规定。以"等"、"其他"等概括性用语表示的事项，均为明文列举的事项以外的事项，且其所概括的情形应为与列举事项类似的事项。进而提出，《实施条例》第七条第（二）项规定的"其他方式"逃避海关监管，则必须以"冲关"和"藏匿、伪装、瞒报、伪报"为"类似事项"为条件与前提。①

　　走私案件处理中，争议焦点之二是没收走私货物、物品的范围问题。在旅检现场对于走私货物、物品的处理，一般做法是在没收时留出自用合理数量，即放行其中自用合理数量范围内的那部分物品。本案中，海关对于涉案香烟的处理是放行其中两包（自用合理数量），而对其余8包香烟根据《实施条例》第九条第一款第（三）项，予以没收。对此种做法，有反对意见认为，"走私行为所指向之'物'的法律属性不可分割。对于走私的货物、物品全部没收"。《海关法》第八十五条规定有关"自用合理数量"等规定，是在确定"物"的属性上从用途、数量等方面确定一个标准，并非可就此推断在同一案件中，走私行为所指向之"物"具有不同的属性，而人为地割裂其完整性。其次，没收部分走私行为指向之"物"的做法与海关对当事人走私行为的性质认定存在矛盾。以本案为例，放行两包香烟，实际上是承认了当事人携带该部分香烟的合法性，这样必然推导出走私当事人行为的性质是部分走私，部分合法进出境的悖论。②有建议提出应以行政解释的形式明确：海关没收处罚的范围是走私行为指向的货物、物品的全部。③

　　我们看到，以上的讨论大多是围绕着海关执法所面对的现实情形在适用法律过程中遇到的困惑和探讨。法律的适用过程就是一个法律的解释过程，在法律"具体应用"的问题上，我国现行法律解释体制区分有最高法院的审判解释、最高检察院的检察解释和国务院及主管部门的行政解释（即对"不属于"审判和检察工作中的其他法律如何具体应用问题的解释），此外还包括有关地方政府或其主管部门对地方性法规的解释。通常认为，"有权制定法律，就有权解释法律"，其理由可表述为：立法是立法者的意思表示，既然法律解释的目标在于探寻并依照立法者在立法时的意思（即立法愿意），就没有谁能比立法者自身更有资

---

　　①、②　周华、邵蓓：《水客"冲关"行为法律性质与涉案标的没收范围的界定——对一宗旅检现场走私行政处罚案件引发的法律思考》，载海关总署政法司网站。
　　③　陈赤雁、江贺玮、葛磊：《关于查处进出境旅客违法超带货币案件存在的依据问题及相关建议》，载海关总署政法司网站。

格解释法律。但我们也看到,这一法的解释体制,也不断受到冲击。例如,海关对海关法律规范在适用中的解释就受到来自司法审查的质疑和不予接受,其主要原因就在于当法律制定过程中法律条文的原本含义面对丰富多彩的现实执法而变得模糊,或者立法原意本来就因为法律条文的表达所固有的缺陷变得不确定,如由于立法者的水平、语言本身的不确定性、立法过程的复杂性和情况的不断变化等各种原因,往往行政解释就变得不那么可靠。因此,从这个意义上可以说,海关执法中碰到的诸多问题并非单靠总署行政解释就能统一标准和统一执法,也许我国法的解释体制应该有所改变,由立法者或法律制定者之外的实施者解释法律,尤其是由司法裁判者在利害双方或多方充分参与的情况下解释法律,更符合客观公正地实施法律的要求。

【案例二】

原告:周某,某大学法学院教师

住所地:某市×街×号

被告:某海关

住所地:某市某大道某号

法定代表人:某某,职务:关长

2001 年 7 月 23 日,某海关驻邮局办事处依法对成都市邮政局国际邮件交换中心(以下简称交换中心)送交的国际邮递物品进行查验。在查验过程中,经 X 光机检测,海关发现收件人为原告的两件邮递物品内为纸制品,遂依照有关规定开拆查验。经查验无异常,查验关员将物品交返交换中心重封并加盖了"某海关查验某国际邮局会同重封"戳记。

2001 年 9 月 28 日,原告向某市中级人民法院提起诉讼,将某某海关及某市邮政局列为被告,诉称两被告开拆其邮递物品的具体行政行为违反法定程序,其理由是《中华人民共和国邮政法实施细则》第四十八条第二款规定海关依法查验国际邮包时,在设关地应当与用户当面查验。原告认为,他的物品从德国以包裹而非印刷品的方式交寄,海关同邮局查验国际邮包时应当通知他到场,被告未通知其到场查验的行为违反了法定程序。

　　被告海关认为，海关查验关员通过 X 光机检测，能有充分理由判明原告所寄邮递物品内装物为印刷品，根据《邮政法实施细则》规定对印刷品可径行查验。

【法律规定】

　　《中华人民共和国邮政法实施细则》第四十八条第二款：

　　"海关依法查验国际邮包时，在设关地应当与用户当面查验。收、寄件人不能到场的，由海关开拆查验，邮政工作人员在场配合。被开拆查验的邮包，由海关和邮政企业共同封装，双方加具封签或者戳记。海关依法开拆查验的印刷品，应当重封并加具封签或者戳记。"

　　《中华人民共和国海关对个人携带和邮寄印刷品及音像制品进出境管理规定》第二条：

　　"本规定所称进出境印刷品，系指用机械或照相方法使用锌版、模型或底片，在纸张或常用的其他材料上翻印的内容相同的复制品，以及摄影底片、纸型、绘画、剪贴、手稿、手抄本、复印件等。"

　　海关总署《关于执行〈中华人民共和国海关对个人携带和邮寄印刷品及音像制品进出境管理规定〉的若干意见》第三条第四款：

　　"海关在检查邮寄封口印刷品时，应只挑选封套上剪角的，以及虽未剪角和注明，但封套体积大，能有充分理由判明内装物是印刷品的。"

【问题】

　　本案中海关对邮递物品进行查验，应遵循什么法定程序？

【分析】

　　该案中提出的一个问题就是海关在对邮递邮寄物品进行查验时应当遵循怎样的法定程序。

　　行政程序是现代行政法的重要内容之一，从我国的情况看，在行政立法和执法领域，长期存在着"重实体、轻程序"的倾向，但随着依法行政观念的强化和推进法治政府建设的必然要求，行政程序制度也日益受到重视。建立民主、公正、科学的行政程序不仅在保障行政行为实体的公正、准确而获得了实体性价值，其自身也有着独立价值，行政行为因法定程序不合法,在行政诉讼中也面临着可能被撤销。从行政程序的制度化来看,目前我国尚未制定统一的行政程序法,但在少数行政领域(如行政处罚领域),已建立了较完善的行政程序制度,1996 年 10 月 1 日起施行的《行政处罚法》从程序规范角度做出明确规定,当事人对于行政处罚享有陈述权、申辩权、要求告知权、要求听证权、复议申请权、诉讼请求权、提出赔偿权等一系列合法对抗权利。但在大多数行政领域,行政程序制度尚不完善,甚至缺乏基本的程序规范。

什么是行政程序呢? 一般来说,行政程序有广义和狭义之分。"广义上的行政程序,是与立法过程中应遵循的程序即立法程序和司法过程中应遵循的程序即司法程序相对立的概念,是指行政过程中所必须遵循的一切程序。从狭义上讲,行政程序是指行政机关在采取行政行为时所应遵循的程序,即行政行为的事前程序。"①现代行政程序的基本目标是对强大的行政权予以控制和约束,以防止行政权不适当地侵犯相对人的合法权益,根据行政法学者的一般归纳,行政程序由一系列的形式化的制度构成:行政听证制度;行政回避制度;职能分离制度;说明理由制度;信息获取制度;案卷制度;情报公开制度告知制度;听取陈述和申辩;时效制度;记录和决定制度;不单方接触制度等②。从是否需要制定一部统一的行政程序法的角度来看,制定行政程序法,是 20 世纪初以来世界许多国家越来越普遍的立法现象。20 世纪初,西欧一些国家首先制定行政程序法;20 世纪中期,美国制定了联邦行政程序法,对其他国家行政程序法的发展产生了很大影响;我国早在起草行政诉讼法的过程中,就有过起草我国行政程序法的设想和建议,有的专家学者主张先分散地制定各类行政行为的程序法,待条件成熟后再制定统一的行政程序法。经过十几年的发展,有学者提出,我国面临的已不是是否需要统一的程序法的问题,而是应当制定一部怎样的行政程序

---

① 杨建顺:《市场经济与行政程序法》,载《行政法学研究》1994 年第 1 期。
② 参见姜明安:《行政的现代化与行政程序制度》,载《法制与社会发展》1998 年第 2 期。

法的问题,并指出:"制定行政程序法涉及几个基本问题,一是对我国行政程序法的各个立法目的之间的关系要有一个明确的界定,处理好保障公民程序性权利与提高行政效率之间的关系;二是对我国行政程序法的结构要有一个基本的考虑,处理好行政程序法与各类行政行为的程序性规定之间的关系;三是对行政程序法律关系主体的规定要有一个适当的原则,处理好行政程序法与行政组织法的关系,既要避免把行政组织法的内容规定到行政程序法中来,也要避免以内部程序为理由妨碍公民程序性权利的实现;四是对行政程序法中的实体性规定要有一个正确的认识,使实体法与程序法互相依托、融为一体;五是对行政程序法与行政复议法、行政诉讼法之间的关系要有一个合理的把握,使三种程序法形成有机的衔接。"①

　　我国海关对邮递邮寄物品进行查验的实体规范和程序规范依据体现在《海关法》及其他法律法规中。本案中,原告对海关查验的程序提出的异议是,海关对其国际邮包进行查验,按照《邮政法实施细则》第四十八条第二款规定海关依法查验国际邮包时,在设关地应当与用户当面查验;如果按照海关的答辩意见即海关是将其邮递物品作为印刷品进行查验可不通知用户,那么按照《邮政法实施细则》的规定,海关对查验后的印刷品"应当重封并加具封签或者戳记",而不应出现本案事实中邮包上有海关同邮局加盖的是两家共同的戳记的现象,这是按照邮寄包裹的查验程序要求,即海关的答辩意见与事实查验程序上存在前后矛盾。就适用依据问题,海关提出根据国家邮政局颁发的《国际邮件处理规则》第一百九十四条的规定:"由各类进口国际邮件总包内开拆出来的应交海关查验的邮件(简称验关邮件),不论落地投递或应转发至国内其他邮局投递的,均应交由驻局海关查验,并会同海关办理开拆和重封手续……海关验讫后的邮件,应尽量利用原包装妥为重封,在封口处粘贴'××海关查验××邮局会同重封'字样的封签并加盖名

---

　　① 应松年、肖凤城:《制定我国行政程序法的若干基本问题》,载《宪政与行政法治评论》(第一卷),中国人民大学宪政与行政法治研究中心编,中国人民大学出版社 2004 年版。

章,再行转发。"根据该规定,海关同邮局据此加盖戳记,并不存在程序错误的行为。

本案是针对海关执法程序问题提起的诉讼,从海关对国际邮包进行查验所遵循的依据看,海关操作层面上直接依据的规则是《国际邮件处理规则》,该规则是邮政总局以文件形式下发的,它法律效力低于《邮政法实施细则》,事实上,海关业务的特殊性及专业性使得海关系统执法所依据的规定,绝大多数是海关总署颁布的规章、文件,甚至司局文件;而法院对具体行政行为合法性进行审查适用法律时却是从层级效力高的法律、法规来进行审查,而作为基层的海关执法单位往往并不会去查证其直接适用的操作规则是否与上位法一致或存在冲突的问题,因此,当海关的具体规定或通行做法与效力更高的法律或行政法规的规定不相符或矛盾的时候,其结果就会导致依照海关内部的具体规定所作的具体行政行为违法。

【结论】

该案法院经审理认为海关有理由确认原告国际包裹内装物为印刷品,依法进行查验的行为合法,判决予以维持,并裁定本案中第二被告邮局在查验进出口邮递物品的行政行为中只是配合海关工作,不是本案适格的被告。法定上诉期限内原告未提起上诉。

第九节　海关对通关的管理职权和义务

一、海关在通关管理中的职权

在进出境货物、物品和运输工具通关过程中,海关法赋予海关一定的管理职权,同时也规定了海关应负的相应义务,这些职权和义务是国家意志在进出境管理中的具体体现。海关的职权包括:进出境运输工具在境内行驶路线的指定权;审单权;查验权;检查权;自用合理数量的核定权;暂留权;征收滞报金和监管手续费权;监管权;许可权;放行和不予放行;扣留权;处理权。海关的义务包括:依法行政的义务;提供服务、方便合法进出境的义务;赔偿损毁货物、物品的义务;对国际邮袋的开拆、封发负有按时派员到场监管、查验的义务等。

【案例】

2005年1月24日,某医疗器械有限公司(以下简称某公司)以一般贸易方式向某海关申报进口医用激光相机30台,每台申报价格1.2万美元。某海关经审核发现上述申报价格明显低于国内其他企业同期进口价格及国际市场行情价格,认为某公司存在低报价格、偷逃税款的走私嫌疑,于1月26日扣留上述进口货物并对该公司立案调查。此后,某海关经进一步调查未取得某公司走私的相应证据,遂排除该公司的走私违法嫌疑。2005年2月24日,某海关解除了对涉案货物的扣留措施,在依照法定程序按每台1.8万美元对上述激光相机估价征税后放行。

某公司对海关的估价征税决定并无异议,但不服某海关先前做出的行政扣留决定。某公司认为,某海关在没有充分证据证明该公司实施低报价格走私行为的情况下,径行扣留其进口货物缺乏事实根据和法律依据,明显超越执法权限;该海关的上述决定致使涉案货物未能及时办结通关手续,造成该公司向国内用户交付货物迟延,不得不承担违约责任,使其在经济上遭受了严重损失。某公司据此向某海关的上一级海关申请行政复议,请求复议机关确认某海关行政扣留决定违法,并责令该海关赔偿其相应的经济损失。复议机关依法受理了某公司的复议申请,并要求某海关就该公司的复议申请事由进行书面答复。某海关随后递交了当初做出行政扣留决定的证据、依据以及关于对某公司涉嫌走私产生合理怀疑的证据材料。

复议机关经审理认为,海关扣留有走私嫌疑或违反海关法或其他有关法律、行政法规的货物、物品、运输工具及与之有牵连的账册、单据等资料,是《海关法》赋予海关的法定职权,是海关依法强制收取与案件有关货物、物品及文件资料的一种有效措施。本案中,某海关在有证据显示某公司存在低报价格走私嫌疑的情况下,对涉案货物实施扣留是依照《海关法》及《海关行政处罚实施条例》有关规定做出的具体行政行为,该海关在排除当事人走私涉嫌后及时解除了扣留措施。某海关对涉案货物的扣留及解除扣留行为均属于对涉案货物的合法处置,于法有据,并不构成对当事人合法权益的侵犯,无须承担行政赔偿责任。2005年4月4日,复议机关对本案做出行政复议决定:驳回某公司的复议申请和赔偿请求,维持某海关对该公司进口激光相机的行政扣留决定。

【问题】

该复议机关的行政复议决定是否正确?

【法律规定】

《海关法》第六条:

"海关可以行使下列权力:

(一)检查进出境运输工具,查验进出境货物、物品;对违反本法或者其他有关法律、行政法规的,可以扣留。

(二)查阅进出境人员的证件;查问违反本法或者其他有关法律、行政法规的嫌疑人,调查其违法行为。

(三)查阅、复制与进出境运输工具、货物、物品有关的合同、发票、账册、单据、记录、文件、业务函电、录音录像制品和其他资料;对其中与违反本法或者其他有关法律、行政法规的进出境运输工具、货物、物品有牵连的,可以扣留。

……"

《海关行政处罚实施条例》第三十八条:

"下列货物、物品、运输工具及有关账册、单据等资料,海关可以依法扣留:

(一)有走私嫌疑的货物、物品、运输工具;

(二)违反海关法或者其他有关法律、行政法规的货物、物品、运输工具;

(三)与违反海关法或者其他有关法律、行政法规的货物、物品、运输工具有牵连的账册、单据等资料;

(四)法律、行政法规规定可以扣留的其他货物、物品、运输工具及有关账册、单据等资料。"

【分析】

海关行政扣留是《海关法》赋予海关在通关管理中的一项法定职权,就其法律性质而言属于海关行政强制措施的一种。根据现行法律规定,在海关采取税款保全或强制执行措施时,海关依法可以扣留纳税义务人价值相当于应纳税款的货物或其他财产并在必要时变卖上述财物,以变卖所得抵缴税款;海关行政扣留也可以被用于行政违法案件的调查处理过程中,作为一种有效的调查措施和方法,海关实施行政扣留的目的在于强制取得和保全证据,防止走私违法标的流失,防止与案件有关的账册、单据等书证材料被不法分子毁损或藏匿。

在行政案件调查处理过程中,海关行政扣留所指向的对象既包括涉案人员也包括涉案财物。前者是指人身强制,且行为对象仅限于涉嫌走私犯罪的当事人,根据《海关法》的规定,海关对走私犯罪嫌疑人,经直属海关关长或其授权的隶属海关关长的批准,可以扣留,扣留时间不超过 24 小时,特殊情况下可以延长至 48 小时;后者是指财产强制,其所涉范围较广,包括与走私违法行为有关的货物、物品、运输工具以及与之相关的账册、单据等资料,海关都可以依法扣留。本案所涉扣留即属于财产强制。

无论时人身强制还是财产强制,海关行政扣留作为一种具有临时约束力的行政强制措施,对管理相对人的人身权益和财产权益都将产生一定影响,如果实施不当,也会直接侵犯当事人的合法权益,为避免出现上述情况,现行《海关法》及有关行政法规对海关行政扣留行为规定了严格的批准手续和执行程序。执法实践中,广大管理相对人对海关实施扣留权的问题,因为不熟悉海关法律规定或对海关执法行为存在错误认识而产生许多不必要的行政复议或诉讼。

第一,海关可以扣留的涉案财物有哪些?

海关可以扣留的涉案财物范围包括:(1)有走私嫌疑的货物、物品和运输工具;(2)违反海关法和其他有关法律、行政法规的货物、物品、运输工具以及上述货物、物品和运输工具有牵连的账册、单据等资料。此外,法律、行政法规规定可以扣留的其他货物、物品、运输工具及有关账册、单据等资料,海关在执法过程中发现的,也可予以扣留。

第二,海关扣留涉案财物的期限有多长?

2004年11月1日起实施的《海关行政处罚实施条例》明确了海关对涉案财物的扣留期限问题。在一般情况下,海关扣留货物、物品、运输工具以及账册、单据等资料的期限不得超过1年;因案件调查需要延长期限的,须经直属海关关长或其授权的隶属海关关长的批准,但延长期限不得超过1年(换言之,海关对涉案财物的扣留期限最长可为2年)。在上述法定期限内,海关对被扣留的有关财物必须做出相应处理:排除违法嫌疑的,返还当事人;确认属于违法标的的,审结案件并依法处理有关财物(或没收或收缴或罚款后放行);扣留期限(包括延长期限)届满时海关仍不能确认是否属于违法标的或案件尚未审结的,必须解除扣留,否则即使海关当初做出的扣留决定于法有据,也会因扣留行为超过法定期限而被有权机关(复议机关或人民法院)确认违法。

【结论】

因此在本案中,2005年4月4日,复议机关对本案做出行政复议决定:驳回某公司的复议申请和赔偿请求,维持某海关对该公司进口激光相机的行政扣留决定。该决定是正确的。

二、海关的义务

海关依法行政,依法监管,这是海关在通关管理中最基本和最主要的一项义务。依法监管,是指行使管理职权必须在海关法授权或允许的范围内,而且必须符合海关法规定的条件和程序。任何在法定条件和程序以外的个人意志的表露或滥用职权的行为都属不履行义务而构成不当行政行为。所以,在日益完善的社会主义法制的条件下,依法行政对于作为国家行政机关的海关来说具有十分重要的意义,是海关总署的基本工作方针。

【案例】

原告:A有限公司

被告:甲海关

2001年11月,A有限公司与香港和澳门两家公司签订了2 000

吨白卡纸进料加工复出口合同,同年12月13日,A有限公司将上述加工贸易合同向南宁海关下属甲海关备案,并凭此办理了两本进料加工登记手册(编号为C172066400001、C172066400002),手册有效期截止到2002年5月31日。2001年12月25日,A有限公司持上述手册向甲海关申报进口白卡纸2000.86吨。由于A有限公司生产车间所在地甲港市港口区渔洲城到2002年5月8日才开始正式供应生产用电,截至5月27日,该公司只加工生产白卡纸56吨。同日,A有限公司以当地电力供应问题致使其不能在手册有效期内完成加工任务为由,向甲海关申请办理手册展期手续。甲海关考虑A有限公司的加工生产处于极不正常状态,日加工生产能力较原设计指标相差甚远等因素,于同年6月18日向该公司制发"甲关函(2002)26号"《通知》,决定对到期手册不予展期并要求A有限公司在合同期满后1个月内办理上述白卡纸的内销补税手续。2002年6月22日,A有限公司向甲海关申请将进料加工白卡纸退运境外,但甲海关对A有限公司的退运申请未予答复。同年7月11日,甲海关对A有限公司进行常规稽查,经盘点库存发现短少白卡纸约140吨,经查该批白卡纸已被擅自内销,甲公司遂以A有限公司涉嫌飞料走私为由查封了生产厂房及库存白卡纸。此后,因甲市政府领导出面协调,甲海关未对A有限公司涉嫌飞料走私行为立案调查。2002年9月10日,甲海关向A有限公司做出稽查处理决定,责令该公司于15日内对未经许可擅自内销的140吨白卡纸补缴税款人民币435 899.51元,库存白卡纸限期加工出口。2002年9月24日,A有限公司向甲海关申请内销库存白卡纸,此后该公司取得了甲港市外经委批准其内销1 000吨白卡纸的"甲港外经贸发2002第35号"文件。同年12月25日,A有限公司持上述批文向甲海关申请内销白卡纸841.797吨。2003年2月10日,甲海关向A有限公司出具了有关税款缴款书,A有限公司提出以该公司存放于甲港港务局仓库内的800吨白卡纸作为税款抵押物,申请先放行货物后再补缴税款,甲海关接受其税款抵押担保申请,于2月12日核准放行了该公司申报内销的 841.797 吨白卡纸。但此后 A 有限公司并未在规定期限内补缴有关税款,经海关多次催缴后,该公司只缴纳了税款保证金人民币 70 万元,拖欠税款人民币 2 016 334.77 万元。2003 年 9 月 3 日,甲海关决定采取税收强制措施,委托某公物拍卖行拍卖 A 有限公司作为税款抵押物的白卡纸 800 吨。

2003 年 10 月 6 日,A 有限公司不服甲海关上述行政处理决定,向甲港市中级人民法院提起行政诉讼,并申请法院停止海关拍卖行为。A 有限公司提出的诉讼请求如下:(1)确认甲海关查封该公司厂房的具体行政行为违法;(2)撤销甲海关要求该公司补税内销白卡纸的行政指令并确认该公司根据上述指令内销白卡纸行为无效;(3)撤销甲海关要求该公司补缴税款的行政决定;(4)判决甲海关批准该公司将进口白卡纸退运出境;(5)判决甲海关赔偿该公司经济损失人民币 1 149.146 万元。

甲港市中院经审理认为,A 有限公司起诉甲海关已超过法定诉讼时效,遂于 2004 年 7 月 13 日对本案做出驳回 A 有限公司诉讼请求的一审判决。A 有限公司不服,于同年 9 月 1 日上诉广西壮族自治区高级人民法院,广西高院以原审判决认定事实不清为由裁定撤销一审判决,将本案发回甲港市中院重新审理。

甲港市中院再审后认为,原告 A 有限公司于 2002 年 6 月 22 日向海关提出退运进口白卡纸的申请后,被告甲海关直至同年 9 月 10 日才对其做出限期加工出口的决定,此间涉案货物发生的仓储费用(扣除 7 日合理答复期限)应由甲海关承担;原告的其他诉讼请求法院不予支持。2005 年 12 月 30 日,甲港市中院对本案做出一审判决:(1)维持甲海关于 2002 年 9 月 10 日对原告做出的稽查处理决定;(2)判决甲海关赔偿原告 1 805.86 吨白卡纸的仓储费损失人民币 45 507.67 元(仓储费用按每天人民币 0.35 元/吨计算);(3)驳回原告其他诉讼请求。

【问题】

甲港市中院对本案处理是否符合《海关法》的规定?

【法律规定】

《海关法》第三十二条：

"经营保税货物的储存、加工、装配、展示、运输、寄售业务和经营免税商店，应当符合海关监管要求，经海关批准，并办理注册手续。

保税货物的转让、转移以及进出保税场所，应当向海关办理有关手续，接受海关监管和查验。"

第三十三条：

"企业从事加工贸易，应当持有关批准文件和加工贸易合同向海关备案，加工贸易制成品单位耗料量由海关按照有关规定核定。

加工贸易制成品应当在规定的期限内复出口。其中使用的进口料件，属于国家规定准予保税的，应当向海关办理核销手续；属于先征收税款的，依法向海关办理退税手续。

加工贸易保税进口料件或者制成品因故转为内销的，海关凭准予内销的批准文件，对保税的进口料件依法征税；属于国家对进口有限制性规定的，还应当向海关提交进口许可证件。"

【分析】

海关的职权包括：进出境运输工具在境内行驶路线的指定权；审单权；查验权；检查权；自用合理数量的核定权；暂留权；征收滞报金和监管手续费权；监管权；许可权；放行和不予放行；扣留权；处理权。海关的义务包括：依法行政的义务；提供服务、方便合法进出境的义务；赔偿损毁货物、物品的义务；对国际邮袋的开拆、封发负有按时派员到场监管、查验的义务等。

在本案中，涉及海关行使的权力有如下几个方面，但是，海关行使职权也存在着如下问题：

1. 行使许可权方面的问题。在本案中海关的许可权具体表现为加工贸易备案（变更）、外发加工、深加工结转、余料结转、核销、放弃核准权。根据《海关法》第三十三条第一款：企业从事加工贸易，应当持有关批准文件和加工贸易合同向海关备案。《海关法》第三十二条第二款：保税货物的转让、转移以及进出保税场所，应当向海关办理有关手

续,接受海关监管和查验。但是在本案中:

首先,甲海关对 A 有限公司涉案合同备案情况未进行严格审查。依据《海关法》及相关规定,海关在对企业加工贸易合同备案审批时,应下厂进行检查以核实企业是否具备相应加工生产条件和能力,从本案看,甲海关并未认真作好上述工作。第一,A 有限公司所在地甲港港口区渔洲城开发区直到 1997 年 5 月 8 日(离手册有效期届满只剩 23 天)才开始供应生产用电,该公司在 1996 年 12 月申领进料加工手册时根本不具备生产所需的电力供应条件;第二,A 有限公司用于加工生产的机器设备只有一台能够正常投入使用,该公司在得到电力供应后到 1997 年 5 月 27 日的 10 天时间里,仅加工生产白卡纸 56 吨,与其向海关申报的日加工能力 80 吨相去甚远。甲海关在未对 A 有限公司的加工生产能力进行全面审查的情况下,草率向其核发了进料加工登记手册,为日后的海关监管埋下了重大隐患。

其次,甲海关不予批准 A 有限公司展期申请违反了有关规定。根据《中华人民共和国对外商投资企业进出口货物监管和征免税办法》和《中华人民共和国对进料加工进出口货物管理办法》的有关规定,企业在开展加工贸易业务过程中如有特殊情况需延长加工期限的,可向主管海关申请展期。实践之中,此类问题往往表现为企业因某些特殊原因无法在合同或手册的有效期内完成加工贸易出口任务,向主管海关申请延长手册备案的加工期限,海关经审核如认为上述"特殊原因"属于有关加工贸易管理法规所规定的"特殊情况",应予以批准展期。本案中,A 有限公司所在地甲港港口区渔洲城开发区直到手册有效期届满前 20 余天才开始供应生产用电,不考虑其他因素,上述电力供应问题是导致 A 有限公司无法在手册有效期内完成加工出口任务的重要原因之一,应属特殊情况。在 A 有限公司以地方供电不及时为由提出展期申请后,甲海关对该公司的申请理由是否属于"特殊情况"未进行审查就做出不予展期的决定,违反了《中华人民共和国对进料加工进出口货物管理办法》的有关规定。

2. 在行使处理权方面的问题。这里处理权是指除了海关法规定可以当场处罚的违规行为由海关在通关现场做出处罚决定外,对于其他有违规走私行为的,应移送海关调查部门依照行政处罚的程序进行。对于海关不予放行,又不构成违规走私的,海关有权要求其退运。对于超过三个月仍未向海关申报进口或进境的货物、物品;收货人或者货物、物品所有人声明放弃的进境货物、物品;无人认领以及无法投递又无法退回的进境邮递物品等,海关有权提取变卖处理,所得价款在扣除了税款和费用后尚有余额的,保留一年,经收货人申请可予发还;其中属于国家对进口有限制性规定,应当提交许可证件而不能提供的,不予发还,逾期无人申请货不予发还的,上缴国库。对于上述货物、物品不宜长期保存的,海关有权根据情况提前处理。在本案的海关行使处理权方面存在以下问题:

首先,甲海关对 A 有限公司的涉嫌违法行为未依法立案调查。1997 年 7 月 11 日,甲海关在对 A 有限公司进行常规稽查中发现,该公司将进口的 140 吨白卡纸擅自内销并在料件进口前就收取销售定金人民币 170 万元。A 有限公司的上述行为已涉嫌构成擅自内销保税货物的走私行为,甲海关本应予以立案调查。但因甲港市政府有关领导出面协调,做工作,甲海关没有坚持原则依法办事,未对 A 有限公司涉嫌走私行为立案调查,仅对其擅自内销的 140 吨白卡纸做出补征税款的稽查处理决定。在本案诉讼过程中,甲海关曾将 A 有限公司有走私嫌疑作为不予批准其退运申请的一个重要理由。但法院认为,海关在未对 A 有限公司立案调查亦没有对有关事实作进一步查证核实的情况下,认定该公司存在走私违法情节证据不足,海关不能以此为由拒绝其退运申请。应该说,如果当初甲海关能对 A 有限公司涉嫌走私行为立案调查并依法进行处理,则不至于在诉讼过程中如此被动。

其次,甲海关不批准 A 有限公司退运货物的决定缺乏法律依据,且侵犯了企业的合法权益。在进口保税料件无法正常加工复出口的情况下,对于原进口料件通常采取两种方式进行处理,即内销补税或退运境外,因此企业有权根据实际情况自主选择。就本案而言,A 有限公司在进口料件无法正常加工出口亦不能办理手册展期的情况下,向甲海关提出将白卡纸退运境外的请求并无不当。第一,法律法规未对当事人申请退运货物做出禁止性规定;第二,从最终处理结果来看,上述料件退运境外同加工成成品复出口在性质上是一样的,即未缴纳关税的保税货物没有进入国内市场,因此甲海关在没有证据证明 A 有限公司在进料加工过程中存在违法行为的情况下,不应拒绝其退运申请。本案中,甲海关未对 A 有限公司涉嫌违法行为立案调查(应视为其无违法行为),以没有具体规定为由拒绝 A 有限公司的退运申请缺乏法律依据,并侵犯了企业的合法权益。本案诉讼过程中,甲海关不批准退运也是导致法院判决海关承担行政赔偿责任的主要原因之一。

最后,甲海关要求 A 有限公司将进口料件补税内销于法无据。在加工贸易进口料件无法正常加工出口的情况下,当事人有权在补税内销或退运境外两种处理方式中做出选择。如果当事人选择内销补税方式,根据加工贸易有关管理规定,当事人须提出书面申请,经企业所在地外经贸主管部门和海关批准并缴纳有关税款后,方可将保税料件在国内销售。从法律上讲,"内销补税"是一种需企业申请并获得有关管理部门批准后方可实施的行为。本案中,甲海关在 A 有限公司没有提出内销申请的情况下,向该公司制发"甲关函(2002)26 号"《通知》,要求其办理进口料件的内销补税手续,没有法律依据。

3. 在行使稽查权时,甲海关查封行为指向错误,程序违法。根据《中华人民共和国海关稽查条例》第十六条的有关规定,海关发现被稽查人的进出口货物有违反海关法和其他有关法律、行政法规嫌疑的,经海关关长批准,可以封存有关货物。但本案甲海关在实施查封行为时,将 A 有限公司存放保税货物厂房的大门用封条封住,致使查封行为的对象由存在违法嫌疑的"货物"转变为存放货物的"厂房",不仅使查封行为指向错误,也使该行为本身超出了《稽查条例》所规定的封存范围。本案诉讼过程中,上述问题直接导致法院确认甲海关查封行为违法,并判决甲海关承担 A 有限公司工厂停工期间实际支出的有关费用。除此之外,甲海关的查封行为在程序上还存在以下问题:第一,甲海关实施查封行为时未向 A 有限公司出具有关手续,致使整个查封行为的事实根据、法律依据以及封存措施的起止时间处于不明确的状态；第二，甲海关解除查封时也没有办理相应的解封手续。

因此，在A有限公司和甲海关均不服中院的一审判决，而向广西高院提起上诉时，高院认为：

1. 甲海关"甲关函（2002）26号"《通知》有关内容违反法律规定。理由：第一，当地供电部门未能按时供电是造成A有限公司不能如期履行加工合同的主要原因，应属特殊情况，甲海关在对A有限公司申请展期事由是否属"特殊情况"未作合理审查的情况下，即做出不予展期决定，违反了海关《对进料加工进出口货物管理办法》的有关规定。第二，依据有关规定，内销属于需企业申请的行为，甲海关在A有限公司未提出内销申请的情况下强制其内销补税进口料件，没有法律依据。

2. 甲海关不予批准A有限公司退运申请的具体行政行为违法。理由：对于无法按期出口的进料加工料件，一般可采取"内销补税"或"退运境外"两种方式处理，有关法律、法规及规章未明确禁止何种方式不能实施。根据"法无明文禁止则可为之"原则，A有限公司有权在上述两种方式（"内销补税"或"退运境外"）中做出选择，甲海关不能以法律、法规无具体规定为由拒绝其退运申请。

3. 甲海关实施的查封行为违法。根据《中华人民共和国海关稽查条例》的有关规定，海关只能查封货物且所查封货物可就地封存由当事人自行保管，也可异地封存，但本案甲海关在A有限公司厂房门口贴上封条，实际上已构成对其厂房的查封，甲海关的查封行为指向错误。

4. 甲海关应对其不准A有限公司退运货物行为和查封A有限公司厂房行为所造成的直接经济损失承担行政赔偿责任。具体范围包括：（1）A有限公司加工和内销后余下的1 805.86吨白卡纸因不能退运境外所支付的仓储费用。计算期间从海关明确口头答复不同意退运货物的2002年10月23日（原、被告双方均认可的海关口头答复不予退运的日期）起，至甲港市外经委同意A有限公司内销白卡纸的2003年2月9日止，计算标准按每日人民币0.35元/吨计算，合计仓储费用为人民币69 525.61元；（2）上述1 805.06吨白卡纸因不能退运境外所造成的价值损耗。以 A 有限公司于 2002 年 10 月 23 日与外方签订退运合同所确定的到岸价格 810 美元/吨(当日美元与人民币外汇牌价为 1∶8.283)扣减该公司与国内企业签订内销合同成交价人民币 8 500元/吨所得余值,价值损耗合计人民币 2 593 323.31 元;(3)因甲海关查封 A 有限公司厂房致使该公司生产车间停工期间实际支出的有关费用,合计人民币 22 000 元。上述三项费用共计人民币 2 684 848.92 元。

【结论】

2006 年 11 月 10 日,广西高院对本案做出终审判决:(1)撤销甲港市中院一审判决;(2)确认甲海关"甲关函(2002)26 号"《通知》违法;(3)确认甲海关不予批准 A 有限公司退运申请行政行为违法;(4)确认甲海关查封 A 有限公司厂房行为违法;(5)判决甲海关赔偿A 有限公司直接经济损失人民币 2 684 848.91 元;(6)驳回 A 有限公司的其他诉讼请求。

第十节　海关稽查制度

海关稽查,在发达国家被称为海关外部审计,是在税务审计的基础上,为加快货物通关速度;同时又保证严密的海关监管,而通过立法建立的海关制度。海关外部审计与简化通关程序、自动化通关程序以及境内外的转关运输等共同构成了发达国家的现代通关制度,对于提高贸易效率、促进经济发展有着显著的促进作用。同时,海关外部审计也是发达国家的海关管理由传统的以货物为中心而转为以进出口企业为中心的管理模式的体现,是"以人为本"的管理理念的充分反映。

我国的海关稽查是在海关法规定的关税征收核查的基础上,根据保税业务和减免税货物管理中出现的一些新情况,为完善海关管理制度,借鉴发达国家的一些做法,而于 20 世纪 80 年代末、90 年代初在先行试点后不断总结提炼并通过立法而建立的新型海关监管制度,它是适应我国进出口货物数量迅速增长的需要,为加快货物通关速度,而将海关监管的重心由进出口货物而逐步转移到进出口企业的一种海关管理模式,是我国海关深化改革并逐步建立现代海关制度的重要举措。十几年来的实践充分表明,海关在为进出口企业提供了方便和优惠的同时,又通过一般稽查和重点稽查相结合,强化了关税的征收,有效地维护了进出境秩序,促进了外向型经济的发展。

我国的海关稽查法律制度由《海关法》、《中华人民共和国海关稽查条例》以及有关规章所构成。

【案例】

原告：A公司

被告：甲海关

A公司,2003年6月8日成立,经营方式为来料加工,主要经营五金零配件喷油、静电喷涂。2005年8月26日,甲海关在稽查过程中,发现A公司分别于2004年5月15日、2005年1月22日、7月3日凭D53076100662号台同及进口许可证05AF101882、103605、100866号进口柴油200吨、240吨和660吨,货值人民币1 740 602元,实际并未到厂自用。据此,甲海关依据《海关法行政处罚实施条例》第十条第四项、第三十一条的规定,对A公司做出科罚人民币6万元并补缴进口柴油税款的(05)甲稽违字第115号《处罚决定书》。A公司对上述决定不服,以"申请进口柴油并在国内倒卖的行为系个人所为,与单位无关"等为由,未经申请复议,于2005年12月5日直接向深圳市中级人民法院提起行政诉讼,请求法院判决撤销上述处罚决定并由海关承担国家赔偿责任。2006年1月20日,深圳市中级人民法院公开开庭审理此案,经过一上午的调查、质证及相互辩论,合议庭当庭做出判决,维持甲海关做出的处罚决定,诉讼费由A公司承担。一审判决后,A公司未提起上诉。

【法律规定】

《海关法》第四十五条：

"自进出口货物放行之日起三年内或者在保税货物、减免税进口货物的海关监管期限内及其后的三年内,海关可以对与进出口货物直接有关的企业、单位的会计账簿、会计凭证、报关单证以及其他有关资料和有关进出口货物实施稽查。具体办法由国务院规定。"

《海关稽查条例》第二十一条：

"海关稽查组实施稽查后，应当向海关提出稽查报告。稽查报告报送海关前，应当征求被稽查人的意见。被稽查人应当自收到稽查报告之日起 7 日内，将其书面意见送交海关。"

第二十二条：

"海关应当自收到稽查报告之日起 30 日内，做出海关稽查结论并送达被稽查人。"

【分析】

海关稽查是指海关在法定期限内（对于进出口货物而言为放行之日起 3 年内，对于保税货物和减免税货物而言为法定海关监管期限内）对被稽查人的进出口货物、保税货物、减免税货物和与之有关的会计账簿、会计凭证、报关单证以及其他资料进行和差和监督管理的执法活动。被稽查人，包括：（1）从事对外贸易的企业、单位；（2）从事对外加工贸易的企业；（3）经营保税业务的企业；（4）使用或者经营减免税进口货物的企业、单位；（5）从事报关业务的企业；（6）其他与进出口活动直接有关的企业、单位。在本案中 A 公司属三来一补性质的来料加工厂，属于上述被稽查人的范围之内。

为了实施海关稽查，海关法赋予海关在稽查则得以行使必要的职权，包括：（1）查阅、复制权；（2）检查权；（3）询问权；（4）查询权；（5）暂时封存权；（6）货物封存权；（7）处理权。

在本案中，甲海关在进行稽查时，行使了检查权、询问权；发现原告未将进口柴油留厂自用，去向不明，即暂扣了原告的生产合同，行使了暂时封存权；10 月，甲海关收取了原告人民币 5 万元保证金后，退还了原告的生产合同。1997 年 8 月 26 日，海关依法对原告进行稽查（体现于"稽查通知书"）并于 1997 年 10 月 15 日向原告送达了"稽查报告"，在法定期限内做出了稽查结论。1997 年 11 月 19 日，被告做出(97)甲稽违字第 115 号《处罚决定书》，根据《中华人民共和国海关法行政处罚实施细则》第十一条第（四）项、第三十一的规定，决定对原告科罚人民币6万元,责令补缴进口柴油税款,依法行使了处理权。海关在履行上述稽查权力、义务时符合有关实体法与程序法的要求。

【结论】

因此,在本案中,柴油属于国家许可证管理商品,海关凭外贸部及其授权机关签发的进口许可证验放进境。原告A公司作为三来一补性质的来料加工厂,可申请进口柴油自用,但原告于2004年5月至2005年7月进口的1 100吨柴油并未留作自用,去向不明,违反了海关监管规定,依法应受处罚。原告提出该行为系文某、陈某等人所为,与工厂无关,不应由原告承担责任的理由不能成立。文某是原告工厂的负责人之一,且主要负责工厂的报关业务及公章的管理使用,其以原告名义申办进口柴油的行为应视为原告工厂的行为。所以,法院支持了海关的行政处罚决定。

第六章　促进经济发展的
海关法律制度

第一节　促进经济发展的海关法律制度概述

　　促进经济发展的海关法律制度是发达国家海关法中的一项海关制度。它以传统的保税制度为基础,在当前世界经济一体化和国际国内统一大市场形成的新的历史条件下,重新审视了海关的社会功能,从经济学的角度揭示了保税这一有悖于传统关税制度的海关制度对于国际经济贸易的促进作用和积极意义,突破了以关税为中心的海关功能的传统理论,提出了促进经济发展是保税制度所体现的海关的重要社会功能,由此使得海关法学这一边缘学科的理论体系更趋系统和完整。

　　【案例一】

　　上海外高桥保税区是 1990 年 6 月经国务院批准设立的全国第一个规模最大、启动最早的保税区,集自由贸易、出口加工、物流仓储及保税商品展示交易等多种经济功能于一体,外高桥保税区规划面积 10 平方公里,目前已开发运作区域 8.5 平方公里。

　　截至 2003 年年末,保税区累计批准投资项目 7 054 个,吸引投资总额 86.81 亿美元,投资者来自世界 75 个国家和地区。世界 500 强的跨国公司中已有 99 家进驻保税区。保税区投资企业共与世界上 129 个国家和地区建立了进出口贸易往来。

　　2003 年上海外高桥保税区共实现:增加值 323.18 亿元;销售(经营)收入 2 268.06 亿元;工业总产值 414.45 亿元;进出口货物总值 209.28 亿美元,其中出口 48.52 亿美元;各类税收收入总额 225.12 亿元;新增投资企业 1 053 家,吸引投资总额 13.60 亿美元;港口吞吐量

1 627.2 万吨;集装箱货物吞吐量 202.7 万标箱。

【案例二】

1998 年 4 月 13 日下午,A 市保税区亿×康通讯设备有限公司,向 A 海关以进料加工贸易方式申报 GC87C 手机 19 000 只出口,出口口岸文锦渡海关,转关运输,目的地香港。由于该批货物转关的陆运费用比从 A 市到香港的海运费贵,同时转关的陆运运输速度比海运慢,基于上述疑点,A 海关严格按转关运输要求办理手续。同时,立即采用特快传递将邮路关封寄往文锦渡海关。在收到转关回执后,立即发传真向对方海关进行确认,发现转关回执为假。经调查,申报出口的手机已被擅自销售牟利。

【问题】

1. 海关对保税货物的税费管理是如何规定的?

2. 在案件二中,亿×康通讯设备有限公司的行为的性质。

【法律规定】

《海关法》第五十九条:

"经海关批准暂时进口或者暂时出口的货物,以及特准进口的保税货物,在货物收发货人向海关缴纳相当于税款的保证金或者提供担保后,准予暂时免纳关税。"

【分析】

作为促进经济发展海关法律制度中的保税制度最早产生于 16 世纪的欧洲。当时随着资本主义商品经济的发展,各国之间的贸易行为日趋频繁。而在中世纪的欧洲,诸侯分立、由众多小公国分别占据一片领土。而转口贸易中的商品,很难在贸易之初确定货物的最终流向,若进口则需缴纳一笔进口税费,于是,当时热衷于争夺航运权的公国就为这些商人提供了一种便利,即让转口的货物在免税的状况下在境内储存,直到最终确定货物流向时才做出相关的处理。这样,转口贸易商便可以有效地减少其货物流转的成本。在 16 世纪中期,意大利的里窝那成为世界上第一个实行保税制度的城市,产生了最初的保税形式。

根据《海关法》第一百条,"保税货物是指经海关批准未办理纳税手续进境,在境内储存、加工、装配后复运出境的货物。"

保税货物是一种临时进出境的货物,是经海关批准按照保税状态实施监管的进出境货物,其接受海关监管的时限自货物进境起至货物复出境或转为一般进口止。保税货物可以分为保税加工货物和保税物流货物。保税加工货物是经海关批准未办理纳税手续进境,在国内加工、装配后复运出境的货物。保税加工货物包括专为加工、装配出口产品而从国外进口且海关准予保税的原材料、零部件、元器件、包装物料、辅助材料以及用上述材料生产的成品、半成品。保税物流货物是指经海关批准未办理纳税手续进境在境内储存后复运出境的货物;已办结海关出口手续尚未离境,经海关批准存放在海关专用监管场所或特殊监管区域的货物带有保税物流货物的性质。

根据海关对保税加工货物的监管模式,保税加工货物分为非物理围网的监管模式和物理围网的监管模式。物理围网的监管模式包括出口加工区和跨境工业园区。非物理围网的监管模式包括传统的采用纸质手册管理的保税加工和计算机联网方式的保税加工。计算机联网方式的保税加工模式又分为:针对大型企业,以建立电子账册为主要标志,以企业为单元进行管理的模式,不执行银行保证金台账制度;针对中小企业的,以建立电子手册为主要标志,以合同为单元进行管理的模式,执行银行保证金台账制度。保税物流货物包括七个部分:保税仓库、出口监管仓库、保税物流中心(A)、保税物流中心(B)、保税物流园区、保税区、保税港区。根据海关对保税物流货物的监管模式,保税仓库货物、出口监管仓库货物、保税物流中心(A)货物属于实行非物理围网监管的海关监管货物。保税物流中心(B)货物、保税物流园区货物、保税区、保税港区货物属于实行物理围网监管的海关监管货物。

基于保税货物临时进出境的性质,保税货物具备以下三个方面的特征:

1. 保税货物是经过海关审核批准未办理纳税手续进境的货物。保税是对应税进口商品在海关事务担保制度下暂不征税进口,在海关监管下存放或加工装配,并在规定的期限内复运出境或转办其他海关手续。货物保税必须要经过海关批准,并办理相应的海关手续,任何货物不经海关批准不能成为保税货物。

2. 保税货物属于海关监管货物。因为保税货物是未办理纳税手续进境的海关监管货物,是一种临时进出境的货物,因此保税货物在境内的运输、储存、加工装配的活动都必须接受海关的监管,收发货人或货主都不得对货物擅自处置,否则要被追究法律责任。

3. 保税货物的最终流向是应当复运出境。保税货物是以复运出境为目的临时进出境货物,一旦其临时性进出境的性质发生改变不再复运出境,就必须办理实际进口货物的海关手续。

【结论】

保税货物,在货物收发货人向海关缴纳相当于税款的保证金或者提供担保后,准予暂时免纳关税。当保税货物的性质发生变化,即从保税货物变为一般进口货物或特定减免税货物时,照章纳税或减免税。

案例二中,A市保税区亿×康通讯设备有限公司申报出口的19 000只GC87C手机的行为属于海关监管货物在境内的转关运输。亿×康通讯设备有限公司违反海关法律,逃避海关监管,擅自销售海关监管货物,其行为已经构成走私。

第二节 保税仓库法律制度

保税仓库是指经海关批准设立的专门存放保税货物及其他未办结海关手续货物的仓库。保税仓库是保税物流的一种重要的形式,保税仓库法律制度是促进经济发展海关法律的重要组成部分。

【案例一】

江苏中燃油品储运有限公司获准设立公共型保税仓库,这是江阴地区首个成品油公共型保税仓库。该保税仓库的设立将使江阴口岸的功能得到进一步的完善,为江阴、靖江两岸经济发展和沿江开发注入新的活力。

该公共型保税仓库地处江阴经济开发区靖江园区,由总计罐容达

40 000 立方米的保税油罐和占地面积 750 平方米、容量为 550 吨的室内仓库组成,其供应范围辐射整个长江中下游地区。

据江阴海关有关官员介绍,在保税仓库设立之前,江阴口岸所有国际航行船舶的油料供应都必须从上海外高桥保税区转运过来,手续较多,既费时成本又高,而且运送油品的船只大多数都是小油船,安全系数低;公共型保税仓库设立后,所有的国际航行船舶油料供应都可以直接在江阴进行,除中燃公司提供标准化的水上加油作业流程,使油料供应更加安全便捷外,海关将通过计算机信息化管理,对保税仓库的整个运作流程进行严密监控,为企业提供便捷高效优良服务。

据悉,公共型保税仓库正式运营后,将成为长江中下游地区重要的保税油供应基地,将极大地方便企业,节约成本,提高贸易效率。

【案例二】

某保税库是 1998 年 1 月 16 日设立的,从当年 2 月 4 日第一次申报保税货物入库,到 1999 年年底共申报入库货物 361 票,价值人民币 3 192 万元,申报出库货物价值人民币 448 万元。依此计算,该库库存货物价值应为 2 744 万元人民币。库内的保税货物绝大多数为计算机网络备件、电源、网卡、路由器、集线器等,这些商品的平均关税税率在 15% 左右,加上 17% 的增值税,应缴税款约 802 万元。但 2000 年年底,北京海关在对该库进行实际盘点时发现,该库虽然存有少量物品,却均非当初申报入库的物品,该库实际库存为零。由于涉嫌保税货物出库超期未申报、故意逃税、走私等违法行为,此案移交缉私局侦查处理。

【问题】

1. 在案例一中,保税仓库的类型?

2. 在案例一中,液体危险品保税仓库最低容积是多少?

3. 在案例二中,该保税仓库行为的性质是否违反海关法?

【法律规定】

《中华人民共和国海关对保税仓库及所存货物的管理规定》第三条:

"保税仓库按照使用对象不同分为公用型保税仓库、自用型保税仓库。"

《中华人民共和国海关对保税仓库及所存货物的管理规定》第九条:

"保税仓库应当具备下列条件:

……(七)液体危险品保税仓库容积最低为 5 000 立方米;"

【分析】

为促进和推动保税物流的发展,保税仓库有利于区域物流发展,符合国家土地管理、规划、交通、消防、安全、环保等有关法律、行政法规的规定。对于符合条件的企业,海关准予其设立保税仓库,这些条件是:

1. 具有企业法人资格;

2. 注册资本人民币 300 万元以上;

3. 具备向海关缴纳税款的能力;

4. 经营备料保税仓库的加工贸易企业,年出口额最低为 1 000 万美元;

5. 经营特定商品存储的,应持有特殊许可证件;

6. 具有专门用于存放货物的营业场所并达到海关对营业场所的管理要求,包括:符合海关对保税仓库布局的要求;具备符合海关监管要求的安全隔离设施、监管设施和办理业务必需的其他设施;具备符合海关监管要求的计算机管理系统并与海关联网;具备符合海关监管要求的仓库管理制度和会计制度;符合其他国家管理部门的要求;公用保税仓库面积最低 2 000 平方米、液体危险品保税仓库容积最低 5 000 立方米,寄售维修保税仓库面积最低 2 000 平方米。

保税仓库按照使用对象不同分为公用型保税仓库、自用型保税仓库。其中公用型保税仓库由主营仓储业务的中国境内独立企业法人经营,专门向社会提供保税仓储服务,案例一中的保税仓库即为公用型保税仓库。自用型保税仓库由特定的中国境内独立企业法人经营,仅存储供本企业自用的保税货物。此外保税仓库中专门用来存储具有特定用途或特殊种类商品的称为专用型保税仓库,包括液体危险品保税仓库、备料保税仓库、寄售维修保税仓库和其他专用型保税仓库。

保税仓库不得存放国家禁止进境货物,不得存放未经批准的影响公共安全、公共卫生或健康、公共道德或秩序的国家限制进境货物以及其他不得存入保税仓库的货物。下列货物经海关批准可以存入保税仓库:

1. 加工贸易进口货物;
2. 转口货物;
3. 供应国际航线船舶和航空器的油料、物料等进境货物;
4. 供维修外国商品所进口寄售的零配件;
5. 外商进境暂存货物;
6. 未办结海关手续的一般进出境货物;
7. 经海关批准的其他未办结海关手续的进境货物。

企业申请设立保税仓库的,应当向仓库所在地主管海关提交书面申请,保税仓库由直属海关审批,报海关总署备案。申请设立保税仓库的企业应当自海关出具保税仓库批准文件 1 年内向海关申请保税仓库验收,由直属海关按照规定的条件进行审核验收。申请企业无正当理由逾期未申请验收或者保税仓库验收不合格的,该保税仓库的批准文件自动失效。验收合格后,经海关注册登记并核发《中华人民共和国海关保税仓库注册登记证书》。

保税仓库不得转租、转借给他人经营,不得下设分库。海关对保税仓库实施计算机联网管理,并可以随时派员进入保税仓库检查货物的收、付、存情况及有关账册。保税仓库不得对库内货物进行实质性加工,不得擅自处置,但可以进行包装、分类分级等简单加工;保税货物在库期间毁损、灭失,除不可抗力外,仓库经营人应向海关缴纳损毁灭失货物的税款,并承担相应的法律责任。

【结论】

在案例一中,该保税仓库属于公用型保税仓库,其最低容积标准是5 000 立方米。

在案例二中,该保税仓库的保税货物出库超期未申报、故意缓税,上述行为违反海关法,涉嫌走私,应移交海关缉私部门侦查处理。

第三节　出口监管仓库法律制度

出口监管仓库,是指经海关批准设立,对已办结海关出口手续的货物进行存储、保税物流配送、提供流通性增值服务的海关专用监管仓库,出口监管仓库是存放保税物流货物的重要场所。出口监管仓库法律制度是保税法律制度的组成部分之一。

【案例】

苏州工业园区出口监管仓库通过南京海关验收并正式投入对外运营,这对于众多的厂商来说是个好消息,旭电(苏州)科技有限公司则成为该库的首家客户。

出口监管仓库地处正在建设中的苏州现代物流海关监管点内,是今年海关总署批准设立的高标准公共型出口监管仓库。该仓库总面积9 000平方米,首期使用面积为3 000平方米,目前已按要求实行了隔离封闭,海关以电脑联网的方式对库区进行即时监控。

据了解,公共型出口监管仓库可进行实际出口、简单性加工、退运和货物暂存等多项进出口操作,具有方便企业及时结汇、操作便捷、境外贸易境内操作等优点,不同性质企业的产品不必再到境外周转进境,从而实现了国际贸易的简单化运作,降低了运营成本,有效满足了园区企业尤其是加工贸易企业对高效率物流的迫切需求。

【问题】

该出口监管仓库的类型?

【法律规定】

《中华人民共和国海关对出口监管仓库及所存货物的管理办法》第四条:

"出口监管仓库分为出口配送型仓库和国内结转型仓库。

出口配送型仓库是指存储以实际离境为目的的出口货物的仓库。"

【分析】

为促进和推动保税物流的发展,出口监管仓库的设立应当符合区域物流发展和海关对出口监管仓库布局的要求,符合国家土地管理、规划、交通、消防、安全、环保等有关法律、行政法规的规定。对于符合条件的企业,海关准予其设立出口监管仓库,这些条件主要是:

1. 已经在工商行政管理部门注册登记,具有企业法人资格;

2. 具有进出口经营权和仓储经营权;

3. 注册资本在 300 万元人民币以上;

4. 具备向海关缴纳税款的能力;

5. 具有专门存储货物的场所,其中出口配送型仓库的面积不得低于 5 000 平方米,国内结转型仓库的面积不得低于 1 000 平方米。

企业申请设立出口监管仓库,应当向仓库所在地主管海关递交有关书面材料和证件。

海关依据《中华人民共和国行政许可法》和《中华人民共和国海关实施〈中华人民共和国行政许可法〉办法》的规定,受理、审查设立出口监管仓库的申请。对于符合条件的,做出准予设立出口监管仓库的行政许可决定,并出具批准文件;对于不符合条件的,做出不予设立出口监管仓库的行政许可决定,并应当书面告知申请企业。

申请设立出口监管仓库的企业应当自海关出具批准文件之日起 1 年内向海关申请验收出口监管仓库。企业无正当理由逾期未申请验收或者验收不合格的,该出口监管仓库的批准文件自动失效。符合以下条件的验收合格:

1. 具有专门存储货物的场所,其中出口配送型仓库的面积不得低于 5 000 平方米,国内结转型仓库的面积不得低于 1 000 平方米;

2. 具有符合海关监管要求的安全隔离设施、监管设施和办理业务必需的其他设施;

3. 具有符合海关监管要求的计算机管理系统,并与海关联网;

4. 建立了出口监管仓库的章程、机构设置、仓储设施及账册管理和会计制度等仓库管理制度;

5. 自有仓库的,具有出口监管仓库的产权证明;租赁仓库的,具有租赁期限 5 年以上的租赁合同;

6. 消防验收合格。

出口监管仓库验收合格后,经直属海关注册登记并核发《中华人民共和国海关出口监管仓库注册登记证书》,可以投入运营。海关对出口监管仓库实施计算机联网管理。

出口监管仓库分为出口配送型仓库和国内结转型仓库。其中出口配送型仓库是指存储以实际离境为目的的出口货物的仓库。而国内结转型仓库是指存储用于国内结转的出口货物的仓库。

根据出口监管仓库的性质,国家禁止进出境货物、未经批准的国家限制进出境货物以及海关规定不得存放的其他货物不得存放于出口监管仓库,下列货物可以存放于出口监管仓库:

1. 一般贸易出口货物;

2. 加工贸易出口货物;

3. 从其他海关特殊监管区域、场所转入的出口货物;

4. 出口配送型仓库可以存放为拼装出口货物而进口的货物,以及为改换出口监管仓库货物包装而进口的包装物料;

5. 其他已办结海关出口手续的货物。

在实际的管理中,出口监管仓库必须专库专用,不得转租、转借给他人经营,不得下设分库。海关对出口监管仓库实施计算机联网管理,可以随时派员进入出口监管仓库检查货物的进、出、转、存情况及有关账册、记录。海关可以会同出口监管仓库经营企业共同对出口监管仓库加锁或者直接派员驻库监管。出口监管仓库经营企业应当如实填写有关单证、仓库账册、真实记录并全面反映其业务活动和财务状况,编制仓库月度进、出、转、存情况表和年度财务会计报告,并定期报送主管海关。出口监管仓库违法符合法定情形的,海关注销其注册登记,并收回《出口监管仓库注册登记证书》。此外存入出口监管仓库的货物不得进行实质性加工,可以进行流通性增值服务。出口监管仓库所存货物在存储期间发生损毁或灭失的,除不可抗力外,仓库经营人应当依法向海关缴纳损毁、灭失货物的税款,并承担相应的法律责任。

【结论】

该出口监管仓库为出口配送型仓库。

第四节　货物暂时（准）进出口法律制度

货物暂时（准）进出口法律制度，是针对暂准进出境货物而实施的一项特殊的海关监管制度。暂准进出境货物是指为了特定的目的暂时进境或暂时出境，有条件暂时免纳进出口关税并豁免进出口许可证件，在特定的期限内除因使用中正常的损耗外按原状复运出境或复运进境的货物。

【案例一】

被告人：宋某

被告人：M公司

ZY管道物资装备总公司（以下简称管道公司）向美国L工业公司（以下简称L公司）订购8套"气动管线夹"，货物价值为42.7万美元，用于该公司在苏丹援建石油管道建设项目，在1998年5月10日前运抵苏丹。后管道公司委托M经济贸易开发公司（以下简称M公司）办理该批货物由美国经中国运至苏丹的转口手续，并于1998年2月6日与该公司第九经营部经理宋某签订了购货合同。合同约定：L公司货运时间为1998年3月23日前，M公司在交付日30日前开具信用证。M公司因经济纠纷致账户被查封冻结，管道公司即于同年2月23日将贷款人民币355万元（折合42.7万美元）汇入由宋某任法定代表人的北京Y公司（以下简称Y公司）账内。3天后，该款转至中国农业银行北京分行国际结算部，用于开具信用证。后L公司因故推迟至4月上旬交货，宋某遂于同年3月19日向中国农业银行申请将信用证交货时间由3月23日变更为4月5日。期间，宋某在M公司低报货物价值，办理了价值6.4万美元的机电产品进口审批手续，后又模仿L公司经理签字，伪造了货物价值为6.4万美元供货合同及发票，并委托J国际货运代理有限公司办理报关手续，由该公司负责在北京提货并运至天津新港再转口到苏丹。在办理报关过程中,宋某使用 Y 公司的资金,按 6.4 万美元的货物价值缴纳了进口关税、代扣增值税共计人民币24 万余元。同年 4 月 3 日,北京海关查验货物发现货值不符,即将货物扣留。北京海关对此批货物已于同年 6 月 8 日放行,运至苏丹。

北京市第二中级人民法院经审理认为,被告人宋某在为管道公司代理转口业务过程中,虽擅自采用低报货物价值的违法手段,但现有证据不能证明被告单位 M 公司的法定代表人及其他主要领导参与预谋、指使或允许宋某使用违法手段为单位谋取利益,认定被告单位具有走私普通货物的主观故意和客观行为均证据不足,公诉机关指控被告单位犯走私普通货物罪不成立。宋某不如实报关的行为属违法行为,但依海关有关规定,本次贸易是转口贸易,转口贸易货物属于暂时进出境货物范畴,进出境时不产生税赋义务;其次,宋某不如实申报的主观意图是将暂时进口的货物复运出境,并向国家缴纳了 24 万元税款,该部分税款在货物复运出境后也不产生退税。公诉机关出示的证据亦不能证实宋某不如实报关的行为可获取非法利益,指控宋某具有走私犯罪的故意并造成偷逃税款77万余元的危害结果均证据不足。根据《中华人民共和国刑法》第十三条、《中华人民共和国刑事诉讼法》第一百六十二条第(三)项的规定,判决如下:

1. 被告单位 M 公司无罪;

2. 被告人宋某无罪。

【问题】

转口贸易是否属于暂时进出境货物的范畴?

【法律规定】

《海关法》第三十一条:

"经海关批准暂时进口或者暂时出口的货物,应当在六个月内复运出境或者复运进境;在特殊情况下,经海关同意,可以延期。"

第三十六条:

"运输工具负责人应当向进境地海关如实申报,并应当在规定的期限内运输出境。"

第五十九条：

"规定经海关批准暂时进口或者暂时出口的货物,以及特准进口的保税货物,在货物收发货人向海关缴纳相当于税款的保证金或者提供担保后,准予暂时免纳关税。"

第一百条第三款：

"过境、转运和通运货物,是指由境外启运、通过中国境内继续运往境外的货物。其中,通过境内陆路运输的,称过境货物;在境内设立海关的地点换装运输工具,而不通过境内陆路运输的,称转运货物;由船舶、航空器载运进境并由原装运输工具载运出境的,称通运货物。"

【分析】

本问题实质在于明确暂准进出境货物和转口贸易两个概念的含义。货物暂时进出口包括货物暂时进口和货物暂时出口两种情况,是一项特殊的海关业务制度。货物暂时进出口法律制度是各国海关进出境法律制度的一般原则的例外,通过采取有条件地准予免纳进口关税和其他税来体现海关法给予的优惠,从而形成了一项单独的海关业务制度。这项海关制度为各国之间的经济、技术、文化、科研的合作和交流提供了便利,具有积极的促进作用。货物暂时进出口,从广义上讲,只要属于保税性质的,无论是贸易性的、工业加工性的,还是科教文化交流性的,都在其范畴之列。但是在海关业务制度的分类上,为工业加工而暂时进出口的货物归入涉外工业加工贸易制度。所以,各国的海关立法都规定暂时进出口法律制度所适用的货物为非贸易性的科教文化交流性的货物,我国的海关立法也不例外。

同时各国海关法都针对暂准进出境货物的条件做了明确规定:(1)有条件暂时免予缴纳税费。暂准进出境货物在向海关申报进境时,不必缴纳进出口税费,但条件是海关要求暂准进出境货物的收发货人向海关提供担保。(2)暂准进出境货物不是实际进出口货物,一般免于提交进出口许可证件。除涉及公共道德、公共安全、公共卫生所实施的进出境管制制度的,应当凭许可证件进出境。(3)规定期限内按原状复运进出境。暂准进出境货物(集装箱箱体出外)应当自进境或者出境之日起 6 个月内复运出境或者复运进境；经发货人申请，海关可以延长复运出境或者复运进境的期限。(4) 按货物实际使用情况办结海关手续。暂准进出境货物，在经海关批准的情况下，可以改变暂准进出境的性质，性质一旦改变，就应当按照转变性质后的货物办理海关结关手续。海关对暂准进出境货物都有后续监管要求，因此所有的暂准进出境货物都必须在规定期限内，由货物的收发货人根据货物的不同情况向海关办理核销结关手续。①

在《京都公约》中，暂准进出境制度分为两部分：一部分是专项附约二指南第二章"按原状复进口"。"按原状复进口"指一项海关制度，根据该制度，已经出口的货物可以免除进口税费进口供境内使用，条件是货物在境外未经任何加工、制造或修理，而且因出口而造成的已退税费、应缴而未缴的税费、有条件免除的税费、出口补贴或其他税费必须缴纳。按原状复进口的货物可以使已经自由流通的货物或补偿品。②另一部分为专项附约七指南"暂准进口"。"暂准进口"即为按原状复出口，是一种海关制度，在此制度下，某些货物进入某一关境时可有条件地免除全部或部分进口税费；这类货物须为特定目的而进口，并拟在特定期限内复出口，除因使用而产生的正常折旧外，这类货物不得有任何改变。③

而转口贸易非专业海关名词。在国际物流实务中，转口贸易是一个常见的名词，其一般理解是将具体货物由境外启运、通过中国境内继续运往境外的过程。因此，大多数人都将转口贸易理解为一种不产生税赋义务的贸易方式。④ 但实际上，根据《海关法》第一百条的规定：过境、转运和通运货物，是指由境外启运、通过中国境内继续运往境外的货物。其中，通过境内陆路运输的，称过境货物；在境内设立海关的地点换装运输工具，而不通过境内陆路运输的，称转运货物；由船舶、航空

---

① 黄维赞：《"转口贸易"非法定海关监管术语》，载海关总署政法司网站。

②、③ 海关总署国际合作司编译：《京都公约总附约和专项附约指南》，中国海关出版社 2003 年版。

④ 黄维赞：《"转口贸易"非法定海关监管术语》，载海关总署政法司网站。

器载运进境并由原装运输工具载运出境的,称通运货物。同时,《海关法》第三十六条还规定,运输工具负责人应当向进境地海关如实申报,并应当在规定的期限内运输出境。因此,将具体货物从境外某地运至境内再复运出境的过程,只有法定的三种方式,即过境、转运和通运,转口只是上述三宗方式的俗称。[①] 而这种俗称在《京都公约》中,体现为"海关国际转运"和"转装"两个概念。"海关国际转运"是指允许将货物运往另一关境而无需征收进出口货物的税费,并且不受经济性禁止或限制措施约束,条件是符合海关封志、时间限制或担保等所有要求。"转装"是指在海关监管下从一个运输工具转换到另一个运输工具,毋须缴纳进出口税费的制度。"转装"与我国《海关法》第一百条第二款中规定的"转运"有异曲同工之处。

通过对各项含义的描述,不难发现"暂准进出口"和"转口"有很多共性:(1)都可在一定条件下免予缴纳进出口税费;(2)不受经济性禁止和限制措施的约束。但两者又有很大的不同:转口贸易中的货物在转口期间不能使用,通过采用施加海关封志或将货物置于海关监管之下的手段来限制接触和使用。[②]

本案中,法院将"转口"和"暂准进出境货物"等同,是对海关业务的理解有误。实际上,本案中进口方 M 公司若想采用过境、转运和通运方式中的一种,将货物通过我国境内再运往苏丹,则其在向我国海关申报进境时,关于货物的原产地在报关单上必须填具"美国",消费国别必须填具"苏丹";与此同时,该货物在向美国海关申报出境时,其报关单上货物原产地一栏也必须填具"美国",消费国别一栏也必须填具"苏丹"。但这在现实中确是不可能实现的,因为美国政府一直将苏丹视为恐怖主义国家,对其采取贸易制裁政策,以立法形式禁止任何美国厂商与苏丹政府及企业发生任何国际贸易,在美国境内根本无法将该货物直接从美国申报经中国转口至苏丹。管道公司为将从美国 L 工业公司订购的 8 套货物价值为 42.7 万美元"气动管线夹"用于该公司在苏

---

① ② 黄维赞:《"转口贸易"非法定海关监管术语》,载海关总署政法司网站。

丹援建石油管道建设项目,采取了先将货物进口到中国大陆、再出口到苏丹的做法,属于一般贸易进口方式。因此,本案中法院所称的转口贸易,实际上是由两次独立的、需依法征税的一般贸易组成,并非《海关法》意义上的转口(即过境、转运、通运),更非暂时进出境货物范畴。[①]

【结论】

由于法院对海关转口贸易、一般贸易、暂时进出口货物等海关业务的理解出现严重偏差,直接导致审判的失误。

【案例二】

2001年5月11日,上海A公司邀请境外一无线电设备生产厂商到上海展览馆展出其价值100万美元的无线电设备,并委托上海某展览报关公司C办理一切手续。C公司填写"进口货物报关单"一式三份,并注明"暂时进口货物",并附有中国商检机构的检验证书及有关批文,向上海海关申报。上海展出4个月,获得很好反响,所以决定把设备运到杭州展出。9月15日,上海A公司即将设备运往杭州展出,展览1个月后,展品在杭州海关申请复运出境,但是有20万的货物遗失。杭州海关在审核原进口货物报关单时发现该货物变更展出地点并未经上海海关许可。因此,海关对上海A公司做出行政处罚并要求对遗失的20万货物缴纳关税。当事人认为暂准进口货物属于非贸易性的货物,并不是涉外加工货物,要受到海关的严格监管,同时因为该货物仅是在境内遗失,并没有用于生产或消费,所以不应缴纳关税。因此对处罚决定不服,申请复议。

【问题】

对于暂准进口货物的转展是否应以海关同意为条件? 暂准进口的货物的遗失是否应缴纳关税?

【法律规定】

《海关法》第三十一条:

"经海关批准暂时进口或者暂时出口的货物,应当在六个月内复运

---

① 黄维赞:《"转口贸易"非法定海关监管术语》,载海关总署政法司网站。

出境或者复运进境;在特殊情况下,经海关同意,可以延期。"

《中华人民共和国海关对暂时进口货物监管办法》第三条:

"暂时进口货物入境时,申报人应填写进口货物报关单一式三份(其中一份由海关签注后交货主留存),另附进口货物清单并交验国务院主管部、委、局或省、自治区、直辖市(含计划单列市)人民政府或主管司、局级以上机关的批准文件向进口地海关申报。对无线电器材和应施动植物检疫、药品检验、食品卫生检验的货物,还应交验有关管理部门的证明。对于经海关核准的暂时进口货物,申报人应向海关缴纳相当于税款的保证金,或提供海关认可的书面担保后,准予暂时免领进口货物许可证和免纳进口关税、产品税(或增值税)或工商统一税和其他由海关代征的税费。"

第六条:

"暂时进口货物复运出境时,申报人应填写出口货物报关单一式三份,同时交验其留存的进口货物报关单及货物清单向原进境地海关办理复运出境手续。如变更出境口岸,应持凭原进口货物报关单及货物清单向出境地海关办理复运出境手续,出境地海关在上述单据上批注验放情况后,退交申报人凭以向原入境地海关办理核销手续。"

《中华人民共和国海关对进口展览品监管办法》第十二条:

"未经海关许可,展览品不得移出展览品监管场所,因故需要移出的,应当报经海关核准。"

第十六条:

"对于经海关认可、展览品所有人予以放弃和赠送的货物,由海关按照有关规定处理。

展览品因毁坏、丢失或被窃而不能复运出境的,展览会主办单位或其代理人应及时向海关报告,并办理有关手续。对于毁坏的展览品,海关根据毁坏程度估价征税;对于丢失或被窃的展览品按照进口同类产品照章征税。

展览品因不可抗力遭受损坏或灭失的,海关根据其受损状况,减征或免征关税和进口环节税。"

【分析】

本案所涉及的是暂准进出境制度中的一种类型暂准进口货物。暂准进口货物是按照本国立法和国际公约的规定,准许暂时免纳关税及其他税费进口,并保证在限期内复运出口的特定货物。它的特点是:(1)货物进口须向海关申报,经海关批准,暂予免纳进口关税及其他税费;(2)货物所有权不发生转移;(3)期满后要按原状复出口。

我国现行对暂时进境货物的报关方法:

1. 申报。暂时进口货物的收货人必须填写"进口货物报关单"一式三份,并注明"暂时进口货物",连同进口货物清单和国务院主管部、委、局或省、自治区、直辖市、计划单列市人民政府或主管司、局级以上机关的批文,向进口地海关申报。暂时进口的展览品在进口前,展出单位或其代理人应将有唛头、件数、重量、名称、规格、价格等内容的展览品清单一式两份,译成中文,向展出地海关申报。展品运抵境地时,展出单位应向进境地海关递交展出地海关核准签印的《中华人民共和国海关进口转关运输货物申报单》,连同其他有关单据,向进境地海关申报。下列货物申报暂时进口,还应交验有关管理部门的证明。(1)无线电器材——交验中国商检机构在报关单上加盖的印章或检验证书。(2)动植物——交验口岸动植物检疫机构签发的《检疫放行通知单》或在货运单上加盖的检疫放行章。(3)药品——交验口岸药品检验所出具的《检验合格报告书》。(4)食品——交验口岸食品卫生监督机构的《采样证明》或在报关单上所注采样日期的标志。

2. 提供担保。对于经过申报和海关核准的暂时进口货物,申报人应向海关缴纳相当于应付税款的保证金,或提供海关认可的书面担保后,准予暂时免领进口货物许可证和暂时免纳税款。

3. 查验放行。经海关核准的暂时进口货物在办完向海关申报、接受查验、提供担保后,由海关签印放行。但是,对暂时进口货物的放行,不等于结关,而是标志着海关对进境暂时进口货物进行后续监管的开始。暂时进口货物从优惠而言仅仅是保税,但仍是海关监管货物,自进境之日起到办结海关手续复运出境时止,应当接受海关监管。

作为展览品的暂时进口货物,有更加具体的海关对此类货物的监管规则:

1. 未经海关许可,展览品不得移出展览品监管场所。因故需要移出的,应报经海关核准。

2. 展览品因毁坏、丢失或被窃而不能复运出境的,展览会主办单位或其代理人应及时向海关报告,并办理有关手续。对于毁坏的展览品,海关根据毁坏程度估价征税;对于丢失或被窃的展览品按照进口同类产品照章征税。

展览品因不可抗力遭受损坏或灭失的,海关根据其受损状况,减征或免征关税和进口环节税。

【结论】

本案海关的处罚以事实为依据,适用法律适当,处罚决定正确。

第五节　涉外工业加工海关法律制度

涉外工业加工的海关法律制度是指以促进一国加工工业结构调整和发展为目的,对涉外加工所涉及的原材料、零部件给予特定的通关优惠的海关法律制度。涉外工业加工海关法律制度主要分为进口加工和出口加工两类。进口加工的海关法律制度是国家立法对特定制造、加工或维修后将要出口的货物提供有条件的免征进口税费的法律制度。出口加工的海关法律制度是国家立法规定对于通过暂时出口在国外制造、加工或修理的自由流通的货物,申报进境供境内使用时予以全部或部分免征进口税费的法律制度。

【案例】

2003 年 9 月至 2005 年 8 月期间,某儿童用品公司在执行加工贸易手册中,因手册备案的合同内容发生变更,加工成品靠背坐垫由双包变更为单包,实际单耗料量低于原备案的单耗。但该公司在办理出口申报及手册核销手续时,均未向海关如实申报上述情况,共计结余加工贸易保税料件聚酯布 15 289.2 米。经查证,上述结余料件已被该公司生产成其他产品,并以一般贸易方式申报出口。当事人以一般贸易出口的加工贸易进口料件制成品,所需的保税料件是企业在加工过程中因改进工艺、加强管理,实际单耗低于备案单耗而产生的,但企业在出口(或结转)前未按规定办理变更手续,在申请核销时也未主动申报。依照有关规定,对当事人的上述行为,应以违规定性处理。经核定,上述结余并用于一般贸易出口的聚酯布,价值 927 587.59 元,漏缴应纳税款 274 781.19 元。

【问题】

当事人以一般贸易方式出口加工贸易进口料件制成品,应承担贸易方式申报不实并影响税款征收的责任还是当事人应承担擅自处置海关监管货物的责任?

【法律规定】

《海关法》第三十二条:

"经营保税货物的储存、加工、装配、展示、运输、寄售业务和经营免税商店,应当符合海关监管要求,经海关批准,并办理注册手续。

保税货物的转让及转移以及进出保税场所,应当向海关办理有关手续,接受海关监管和查验。"

第三十三条:

"企业从事加工贸易,应当持有关批准文件和加工贸易合同向海关备案,加工贸易制成品单位耗料量由海关按照有关规定核定。

加工贸易制成品应当在规定的期限内复出口。其中使用的进口料件,属于国家规定准予保税的,应当向海关办理核销手续;属于先征收税款的,依法向海关办理退税手续。

加工贸易保税进口料件或者制成品因故转为内销,海关凭准予内销的批准文件,对保税的进口料件依法征税;属于国家对进口有限制型规定的,还应当向海关提交进口许可证件。"

《中华人民共和国海关对进料加工进出口货物管理办法》第四条:

"进料加工进出口货物,属保税货物,由海关实行监管;对进料加工进出口货物,海关区别情况,按以下方式进行监管:

（一）凡经营单位和加工生产企业系专门加工出口产品的企业，具备海关严密监管条件，有专用仓库、专用账册、专人管理并保证遵守海关规定的，海关可以批准建立保税工厂，进行管理；其料、件进口时予以保税，加工后对实际出口部分予以免税，内销部分（不出口部分）予以征税。

（二）对签有进口料、件和出口成品对口合同（包括不同客户的对口联号合同）的进料加工，经主管海关批准，可对其进口料件予以保税，加工后实际出口部分予以免税。但合同项下进口的机器设备应按一般进口货物办理进口和征税手续。

（三）对于不具备上述第（一）、第（二）项条件的经营进料加工的单位或加工生产企业，其进口的料、件可根据《进料加工进口料、件征免税比例表》的规定，分别按85％或95％作为出口部分免税，15％或5％作为不能出口部分照章征税。如不能出口部分多于海关已征税的比例，应照章补税，少于已征税比例的多出口部分，经向海关提交确凿单证，经主管海关审核无讹。准予向纳税地海关在已征税款幅度内申请退税。

（四）对有违反海关规定行为的经营单位和加工生产企业，海关认为必要时，对其进口料、件，在进口时先予征税，待其加工复出口后，按其实际所耗的进口料、件予以退税。”

第十八条：

“对违反本办法规定，包括将一般贸易进口的货物伪报成进料加工贸易性质，不按期向海关办理核销手续，将进料加工复出口货物申报为一般贸易出口货物，擅自出售进口的保税货物或者免税的货物以及其他具有走私行为或违反海关监管规定的行为，由海关依照《中华人民共和国海关法》有关规定进行处理。情节严重构成犯罪的，移送司法机关追究刑事责任。”

【分析】

依法律的角度而言，责任必然与义务紧密相连。责任以义务的存在为前提，没有义务就没有责任。只有当义务主体依据法律规定和合同约定负有某种义务而未履行时才产生责任。所以,要确定当事人以一般贸易方式出口加工贸易料件制成品应承担何种责任,首先应确定加工贸易中的当事人具有何种义务。加工贸易是指境内企业全部或部分(包括深加工结转进口)境外原材料、零部件,经加工增值后再出口境外(包括将成品或半成品深加工结转到下游加工企业)的一种贸易方式。加工贸易制度主要目的是使国内企业能够以有竞争力的价格在国外市场提供他们的产品或服务,以此促进经济增长并且有助于对国内劳动力提供更多就业机会。它有两个特征:一是两头在外,用于加工的原材料从境外进口,加工后的成品出口境外。对此,《京都公约》专项附约六指南 6.1 出口标准条款 20 也做了同样的规定:"应做出规定,允许通过整批或分批出口补偿产品而结束进口加工制度。"规定加工后的成品出口是加工贸易的一个关键因素。加工产品必须出口的义务是为了避免破坏进行加工的人在进口加工制度下使用货物。而具体到海关执法实践中即为海关对保税料件制成品的监管要求为"必须复运出口",海关采取这样的监管方式,是为了保护国内市场的正常竞争秩序,维护工商业竞争的公平、公正,促进国家经济的健康发展。二是料件保税,海关对加工贸易进口料件暂缓征收进口关税及进口环节税。在手册备案单耗与实际单耗相一致情况下,企业将加工贸易进口料件制成品,以一般贸易方式申报出口,必然会造成加工贸易进口料件短少,无法按照备案合同的规定复出口,相关的加工贸易手册就无法正常核销。本案中,当事人因加工贸易单耗申报不实,结余部分加工贸易进口料件,后被生产成产品以一般贸易出口。① 这种行为的实质,是擅自处置了加工贸易进口料件,而使加工贸易料件脱离了海关监管。

当事人因单耗申报不实结余部分加工贸易进口料件,而这些结余料件是该企业通用性原材料,其有能力用该料件生产多种品名、规格的产品,而不仅仅局限于加工贸易手册备案的成品。这些成品已经由于

---

① 汪泽、陈遐:《一般贸易出口保税料件制成品行为法律适用探析》,载海关总署政法司网站。

使用加工贸易进口料件的品种、数量及比例等不同,与加工贸易手册备案的成品,在货物品名、成分及规格等特征方面常有较大差异。在海关的通关环节中,这些以一般贸易方式出口的加工贸易进口料件制成品,由于货物的上述基本特征与加工贸易手册备案成品存在差异,无法再以加工贸易方式复出口,也就是说,这些货物不能成为加工贸易手册复出口的货物。当然,执法实践中也存在一般贸易方式出口的产品与加工贸易手册备案的成品相同的情况,但考虑到料件多来源企业加工贸易生产结余或调换、串用,相关加工贸易手册已经核销或能够核销,对企业来说,上述结余料件制成品再以加工贸易手册复出口,难以操作,也没有任何意义。因此,上述加工贸易进口料件制成品的出口,实际贸易方式就是一般贸易,而不是加工贸易,不存在贸易方式申报不实的问题。如果按照出口货物贸易方式申报不实定性,显然不符合该违法行为本来的事实。①

【结论】

本案中保税料件制成品以一般贸易申报出口,违反了海关对加工贸易货物在进出口环节的具体监管规定,影响了海关对保税货物的监管秩序,应承担擅自处置海关监管货物的违法责任。

第六节　转关运输法律制度

转关运输是指在海关监管下,将货物从入境地运至指运地或将货物从境内启运地运出境外以及货物在境内设关地点之间移动的海关法律制度。

【案例】

2005 年 5 月 1 日,A 市蓝天机场海关将由中国 X 航空股份有限公司(以下简称 X 公司)承运的从南韩进口的 600 台光电旋转编码器,以

---

① 汪泽、陈遐:《一般贸易出口保税料件制成品行为法律适用探析》,载海关总署政法司网站。

空运联程转关运输方式转至 B 市海关驻机场办事处监管。5 月 2 日，本应由 DJ3894 航班飞机负责运抵 B 市的提单号为 78401887966 项下 600 台光电旋转编码器（ROTARYENCODER）并未到达 B 市。当事人 X 公司曾发协查函查找丢失货物下落，而目的地接货方 H 航空有限公司（以下简称 H 公司）却一直没有收到。于是，B 市机场办缉私科立案调查。X 公司和 H 公司皆质疑海关立案调查的理由，认为航空货运因发错货而发生丢失是常有的事，通常只是办理保险理赔。而海关经向货主询问和先后多次前往 H 公司、X 公司调查，认定上述货物已在 X 公司属下的货物部灭失。该案案值 17.4304 万元，涉案税额 2.5326 万元。8 月 19 日，海关做出处罚决定：X 公司的上述行为构成了《中华人民共和国海关法》第八十六条第（十二）项所列违规行为，依据《中华人民共和国海关行政处罚实施条例》（以下简称《实施条例》）第十八条第一款第（三）项的规定，对 X 公司的上述违规行为处以罚款 9 500 元。

【问题】

在空运联程转关运输中，货物没有到达指运地，海关是否有权予以立案调查和处理？

【法律规定】

《海关法》第三十五条第二款：

"经发货人申请，海关同意，进口货物的收货人可以在设有海关的指运地、出口货物的发货人可以在设有海关的启运地办理海关手续。上述货物的转关运输，应当符合海关监管要求；必要时，海关可以派员押运。"

《中华人民共和国海关关于转关运输货物监管办法》第二条：

"本办法所称的'转关运输货物'属海关监管货物，系指：

1. 由进境地入境后，运往另一设关地点办理进口海关手续的货物；

2. 在启运地已办理出口海关手续运往出境地，由海关监管放行的货物；

3. 由国内一设关地点转运到另一设关地点的应受海关监管的货物。"

第八条：

"申请人或承运人应当负责将进境地海关签发的关封完整及时地带交指运地海关,并在海关规定的三个月期限内办理进口手续。"

第十一条：

"转关运输货物在国内运输途中发生损坏、短少情事时,收、发货人或其代理人应当及时向有关海关报告。"

【分析】

在海关法学的理论上人们只是把转关运输作为是传统报关地点的例外。传统的报关地点是进口货物的入境地和出口货物的出境地,而转关运输的实行则可以使进口货物在指运地、出口货物在启动地办理通关手续。[①] 从另一层意义而言,通常货物在一进入关境时就产生了进口税费的义务,而转关运输的制度可以暂时不缴进出口税费,所以有的国家将之列为保税运输,比如韩国。但是,不论从何种角度而言,转关运输的货物却是始终处于海关监管之下的。

正因为转关运输是一种特殊的海关通关方式,所以对收发货人和海关的权利义务都有与之相应的特别规定。

收发货人的义务：(1)如实申报和承诺的义务。这是指进口货物的转关运输应由收货人向进境地海关、出口货物的转关运输应由发货人向启运地海关如实填报转关运输专用报关单并交验法定的单证。收货人在申报单中应向海关承诺在规定的期限内将货物完整地运抵指运地海关。(2)在法定期限内报关的义务。这是指进口转关运输货物应自运输工具申报进境之日起十四日内向进境地海关申请办理转关运输手续,有关货物应自运抵指运地之日起十四日内向海关办理进口手续。进口转关运输货物向海关办理进口手续的最后期限为自运输工具进境之日起三个月。(3)货物存放指定仓库、场所的义务。这是指转关运

---

① 邵铁民:《海关法学》,上海财经大学出版社 2004 年版,第 215 页。

输货物在待报关期间必须存放在由海关指定的仓库、场所。因为转关运输货物属于海关监管货物,其存放的仓库、场所须符合海关法规定的监管条件,所以,不能随意存放。

转关运输货物的意外及时向海关报告规则:在转关运输货物储运过程中发生意外事件或致使货物损坏、短少、灭失的情事,承运人、申请人和保税仓库负责人应及时向海关报告,并采取必要的补救措施。

海关对转关运输货物的管理职权:(1)核准权。对于向海关申请承运转关运输货物的承运人,海关经审核符合法定条件,准予其注册登记,从事承运转关运输货物的业务。对于进出境货物或由关境内一设关地点转运到另一设关地点的货物,其收发货人向进境地或启运地海关申请办理转关运输,海关经审核,对于符合转关运输法定条件的,准予办理转关运输。对于经海关检验认可的汽车,因故更换、改装或维修车厢车体,事先须经海关核准并重新检验认可后才能继续承运转关运输货物。汽车驾驶人员也应经海关培训并经考核合格方可核发有关批准证件。(2)采取监管及保全措施权。海关根据转关运输货物在运输过程中监管失控风险的大小,有权采取除施加关封以外的监管及保全措施。如要求承运人提供担保、确定运输工具应具备的密封装置或加封条件、指定运输工具的行使路线、规定运输工具到达指运地或出境地的时限、准予换装其他运输工具以及派关员随运输工具押运货物等。海关决定采取上述各项监管及保全措施时应符合海关法规定的条件和程序。(3)处理权。对于自运输工具进境之日起超过三个月还未向指运地海关申报的进口转关运输货物,海关有权依法做出处理。①

在本案中,以空运联程转关运输方式转关的货物没有如期到达指运地,已是脱离了海关监管,所以不能简单地以航空公司发错货物致使货物丢失而求得保险理赔了事。转关运输货物海关监管制度和货物的保险赔偿是不同的法律制度。另外,X公司对货物的灭失和短少情况并未向海关及时报告,这些都违反了转关运输对承运人的要求。

---

① 邵铁民:《海关法学》,上海财经大学出版社2004年版,第218页。

【结论】

X公司采用转关运输方式承运货物,但脱离了海关监管,海关有权对之进行立案调查并根据法律规定做出处理。

第七节　保税区海关法律制度

保税区海关法律制度是对保税区内保税货物实行特殊海关监管的法律制度的总称。保税区是在指经国务院批准设立在对外开放口岸,具有保税、储运、转口功能的全封闭的海关特殊监管区域。保税货物是指经海关批准未办理纳税手续进境,在境内储存、加工、装配后复运出境的货物,保税货物包括保税储存货物和保税加工货物。保税区实行特殊的海关监管措施,对保税货物实行有条件的暂时免纳关税,给进出口企业提供了简化手续和减少资金占有等方面的便利,从而促进和推动进出口活动,促进我国外向型经济的发展。保税区实行特殊海关监管制度,保税区与境外之间的货物进出,采用备案制,简化手续;保税区与非保税区之间的货物进出,视同进出口。

【案例】

被告人:曹某

1996年7月,被告人曹某以中国天诚(集团)总公司(以下简称总公司)和北京中海贸海峡经贸公司为出资人,以注册资本1 000万元向天津市工商行政管理局申请设立中天诚(天津)五金矿产有限公司(以下简称天诚公司),同年7月6日获发营业执照。1997年1月27日,天诚公司与澳大利亚BHP铁矿有限公司(以下简称BHP公司)签订两份一般贸易合同,其中MNM-9718号合同约定进口铁矿粉120万吨,MNM-9719号合同约定进口铁矿块30万吨。同年6月11日,天诚公司与澳大利亚哈默斯利炼铁有限公司签订一般贸易合同,进口铁矿块30万吨。天诚公司签订上述合同后,以经营进口澳矿为由向总公司提请担保以开立信用证,获总公司批准。后被告人曹某持上述合同及总公司为天诚公司出具的4份不可撤销还款担保函,以天诚公司及天津双龙矿业发展有限公司的名义向中国银行天津市分行申请开立了4份不可撤销的即期信用证,执行一般贸易合同付款。

1997年5月至1998年2月间,澳大利亚BHP公司与澳大利亚哈默斯利炼铁有限公司按前述一般贸易合同先后提供澳矿共计608 059吨并陆续运抵国内相关港口。天诚公司采用隐瞒一般贸易真相,伪签来料加工合同的手段,骗取来料加工手册,并将到港澳矿中的58万余吨逃避海关监管,以来料加工贸易方式报关进口,偷逃应缴税额共计人民币19 381 246.63元。

【问题】

被告人以签订虚假来料加工合同的手段骗取海关核发加工贸易手册,将一般贸易货物伪报为保税货物,是否构成走私犯罪? 保税区和保税货物的海关监管特别之处在哪?

【法律规定】

《海关法》第八十二条

"违反本法及有关法律、行政法规,逃避海关监管,偷逃应纳税款、逃避国家有关进出境的禁止性或者限制性管理,有下列情形之一的,是走私行为:

……

(二)未经海关许可并且未缴纳应纳税款、交验有关许可证件,擅自将保税货物、特定减免税货物以及其他海关监管货物、物品、进境的境外运输工具,在境内销售的;

……"

【分析】

一、保税区

保税区是各国为吸引外国投资而设立的自由经济区域。我国在改革开放后为发展外向型经济,自1990年开始,经国务院批准先后设立了15个保税区。保税区是指设立在对外开放口岸,具有保税仓储、出口加工、国际贸易三大功能,全封闭的海关特殊监管区域。保税区实行特殊的海关监管措施,对保税货物实行有条件的暂时免纳关税,给进出口企业提供了简化手续和减少资金占有等方面的便利,从而促进和推动进出口活动,促进我国外向型经济的发展。

保税区进出货物实行特殊的海关监管措施,其特殊性体现在。

(一)封闭式管理

海关在保税区内派驻机构,在保税区与非保税区之间设置不间断隔离设置,进出保税区通道或卡口、验货场等,保税区与非保税区的货物,必须经过通道或卡口并办理海关手续后放能进出。

(二)境内外进出,简化手续

对保税区与境外之间的进出货物,实行备案制的管理方式,简化通关手续,并原则上免税或保税。

(三)区内外进出,视为进出口

1. 保税区与非保税区之间进出货物,视同进出口,按照进口货物或出口货物办理手续;

2. 从非保税区入保税区供区内企业使用的机器、设备、基建物资和物品,由使用单位提供清单,经海关查验放行。如属进口已缴纳进口税的,已纳税款不予退还;

3. 保税区货物需从非保税区口岸进出口或者保税区的货物运经另一保税区,应事先向海关提出申请,经海关批准后,按转关运输及其他有关规定办理。

二、保税货物

保税货物是指经海关批准未办理纳税手续进境,在境内储存、加工、装配后复运出境的货物,保税货物包括保税储存货物和保税加工货物。保税储存货物包括寄售货物、进口家用电器在保修期内的维修零部件、转口货物、免税销售货物等;保税加工货物包括来料加工、进料加工的原材料、零部件、辅料、制成品以及结转加工的半成品等。保税货物和一般贸易货物相比,具有以下特征:

(一)保税货物属于暂时进口

保税货物的目的不是要永久留在我国关境内,而是在我国关境内完成一定使命后以制成品或原样复运出境,因此,保税货物在性质上是一种暂时进口货物。

（二）对保税货物暂缓纳税

关税制度的本质是对进口货物树起的税收壁垒，以防止进口货物侵害本国利益。既然保税货物只是暂时进口，那么就不可能对本国商品造成大的侵害，所以在境内停留期间就不必纳税也就顺理成章了。

（三）放行后仍处于海关监管下

保税货物是海关监管货物，虽经海关放行，只能按进境申报的用途即储存或加工来处置，未经海关许可，不得改变用途或脱离海关监管，海关将定期或不定期地进行核查，对其进行监管。

（四）按最终去向办理相应海关手续

保税货物在进境时作为暂时进口申报，在境内停留期间，情况在不断地变化，由此在境内停留期限届满时，可能会有不同的去向，那么，保税货物经海关核准后要按其最终的去向办理相应的海关手续。

（五）海关核销为结关

保税货物在全部复运出境后或经海关核准作其他处置后，收货人或其代理人应当向海关申请核销，经海关核销后方作为办结海关手续。

保税货物是暂时进口货物，其最终目的是完成一定使命后复运出境，所以保税货物处于保税状态，如果由于某种原因，保税货物不复运出境，需要在境内销售，那它由于改变了目的，就不能享受保税的待遇。所以我国法律规定，保税货物如果要不复运出境，需要在国内销售的，必须经海关许可并补缴税额后方可进行。我国《刑法》对走私不同性质的货物、物品构成走私普通货物、物品罪规定了不同的标准。如果是普通货物、物品，只要通关时以对海关实施伪报、瞒报等欺骗行为进行报关、偷逃应缴税额在5万元以上的，即可构成犯罪，无论该货物、物品是否已实际在境内销售；如果是来料加工的保税货物，只有未经海关许可且未补缴应缴税额，擅自将本应再外销的货物在境内销售牟利的，才能构成犯罪。在本案中，天诚公司并没有将货物在境内销售牟利，因此，涉案货物的性质就成为认定天诚公司的法定代表人曹某的行为是否构成走私普通货物、物品罪的关键问题。本案被告人曹某及其辩护人认为,涉案货物是天诚公司代理其境外子公司签订来料加工合同项下免缴关税的货物,属于合法入境的保税货物,且未在境内销售牟利,因而,曹某的行为不构成犯罪。结合本案的事实,可以认定,天诚公司是该合同的实际购货方,在履行付款义务后已取得该合同项下货物的所有权。由于该合同并非来料加工合同,而是一般贸易合同,因而该批货物不是来料加工的保税货物,而是普通的货物。天诚公司以其子公司的名义与境内加工单位签订来料加工合同,骗取来料加工手册,将天诚公司所有的应完税的一般贸易合同项下的货物,伪报为其境外子公司作为来料加工的保税货物,偷逃海关关税、数额特别巨大,是合法形式掩盖下的典型的通关走私行为。

【结论】

本案中被告人将一般贸易货物伪报为保税货物,偷逃海关关税、数额特别巨大,是合法形式掩盖下的典型的通关走私行为,构成走私罪。

第八节　出口加工区海关法律制度

出口加工区是对出口加工区货物实行特殊海关监管的法律制度的总称。出口加工区是经国务院批准,设立在已经国务院批准的现有经济技术开发区内,具有出口加工功能的全封闭的海关特殊监管区域。出口加工区进出境和进出区申报和保税区货物进出基本相同,进出境申报实行备案与报关相结合的制度,货物进出区视同进出口。

【案例】

加工贸易企业上海胜利纸业有限公司是设立于上海松江出口加工区的一家港资进料加工企业,进口牛、羊皮纸、瓦楞纸等,加工生产纸板,100%外销。其客户之一上海大地纸箱厂也是一家进料加工企业,1999年12月至2002年1月间,胜利纸业有限公司销售给大地纸箱厂纸板165吨,但由于两家企业合同备案的产品编码不一致,一直办不了结转手续。为平衡《登记手册》,胜利纸业有限公司联系到另一家素无业务往来的企业上海山水纸箱厂,通过支付"指标费"的手段,与后者办理了 165 吨纸板的转厂出口手续,涉税人民币 57 万元。

【问题】

上海胜利纸业有限公司和上海山水纸箱厂的"转厂出口"行为在法律上应该怎么认定?

【法律规定】

《出口加工区加工贸易管理暂行办法》第十七条:

"本办法所指出口加工区货物出区深加工结转是指区内加工贸易企业(以下简称转出企业)将本企业生产的产品直接转入其他出口加工区等海关特殊监管区域内或区外加工贸易企业(以下简称转入企业)进一步加工后复出口的经营活动。"

第十八条:

"未经实质性加工的保税料件,不得进行出口加工区货物出区深加工结转。"

第十九条:

"转出企业在开展出口加工区货物出区深加工结转前,应事先将结转料件等情况报管委会,管委会审核后为企业出具《出口加工区深加工结转业务批准证》和所附清单(格式附后),海关凭加盖管委会印章的《出口加工区深加工结转业务批准证》为转出企业办理货物出区深加工结转备案手续。"

第二十条:

"转入企业在其他出口加工区等海关特殊监管区域的,开展深加工结转转入业务之前,需按上款规定凭加盖所在区管委会印章的《出口加工区深加工结转业务批准证》在海关办理结转手续。"

第二十一条:

"在海关特殊监管区域外的转入企业,应按照现行加工贸易审批管理规定,向商务主管部门提出申请,商务主管部门要审核转入企业的加工贸易企业生产能力证明,按保税进口料件方式为企业出具《加工贸易业务批准证》,海关凭商务主管部门出具的《加工贸易业务批准证》办理备案手续,结转产品如属加工贸易进口涉证商品,转入企业须向有关主管部门提供相关的进口许可证件。"

第二十二条：

"转入区外的深加工结转产品应全部加工复出口,如确有特殊原因需内销的,按加工贸易内销管理有关规定办理。"

【分析】

出口加工区是我国为促进出口加工区的发展而批准设立的海关特殊监管区域,它是指经国务院批准,设立在已经国务院批准的现有经济技术开发区内,具有出口加工功能的全封闭的海关特殊监管区域。自改革开放以来,我国的出口加工区从沿海到内地游乐长足的发展,对我国国民经济的快速发展起了重要的推动作用。出口加工区只能设立在现有的经济技术开发区内,它是全封闭的区域,加工区与非加工区之间要设置隔离设施,经海关总署验收合格并派驻海关机构后,其出口加工功能才能启动。

在出口加工区内设立的企业(简称区内企业)应当向海关办理注册手续,并应按照国家法律、行政法规的规定设置账簿,编制报表,凭合法、有效的凭证记账及核算,记录有关进出出口加工区货物的库存、转让、转移、销售、加工、使用和损耗等情况。区内企业应当与海关实行电子计算机联网,进行电子数据交换。

对出口加工区实行封闭色管理,出口加工区与境内其他地区之间,须设置符合海关监管要求的隔离设施(与保税区隔离设施相同)及闭路电视监控系统,并经海关验收合格后启用。货物、运输工具和人员进出出口加工区必须由专设的通道和卡口进出并办理相关的海关手续。

出口加工区进出境申报与保税区基本相同,也是实行备案制与报关制相结合。不同的是:出口加工区的进出境货物,除了按转关运输方式外,还实行直通式通关方式;从境外进入加工区供区内企业和行政管理机构自用的交通运输工具、生活消费用品,均按进口货物办理报关纳税手续。

出口加工区的进出区申报规则与进出保税区基本相同,进出区货物视同进出口,要办理进出口报关手续;委托区外加工,在不改变货物物理形态和数量的前提下,经海关批准,由区外企业按暂时进口报关。

出口加工区货物深加工结转(俗称转厂)是出口加工区企业的一项常见业务。所谓跨关区深加工结转,是指区内加工企业(以下简称转出企业)按照《中华人民共和国海关对出口加工区监管的暂行办法》的有关规定办理报关手续,将本企业加工生产的产品直接或者通过保税仓储企业转入其他出口加工区、保税区等海关特殊监管区域内及区外加工贸易企业进一步加工后复出口的经营活动。出口加工区企业开展深加工结转时,转出企业凭出口加工区管委会的批复,向转出企业所在地的出口加工区海关办理海关备案手续后,方可开展货物的实际结转。对转入其他出口加工区、保税区等海关特殊监管区域的,转入企业凭其所在区管委会的批复;对转入出口加工区、保税区等海关特殊监管区域外加工贸易企业的,转入企业凭商务(外经贸)主管部门的批复办理结转手续。对结转至其他出口加工区、保税区等海关特殊监管区域外的加工贸易企业的货物,海关按照对加工贸易进口货物的有关规定办理手续,结转产品如果属于加工贸易项下进口许可证件管理商品的,企业应当向海关提供相应的有效进口许可证件。

在实务中,出口加工区企业利用结转形式进行逃避海关监管、偷逃海关税收的违法情事时有发生。上述案例中,上海胜利纸业有限公司和上海山水纸箱厂的结转行为实际上是一种假结转,假结转是否构成走私普通货物罪? 这个问题在办理加工贸易走私犯罪中争议很大。目前司法实践中大多持肯定意见,认为此种行为构成走私犯罪。但也有不少人持否定意见,其理由主要有三:一是走私普通货物罪要以当事人具有偷逃应纳税款之目的为构成要件,而行为人实施假转厂在许多情况下不是出于偷逃应纳税款之目的,而是由于某种原因,令其库存料件短少,仅是为平衡《登记手册》而为之;二是国家税款的损失是走私普通货物罪的构成要件,假转厂行为的实施并不一定致国家税款损失,只有假转厂所涉及的货物最终在境内被倒卖了,才能构成走私罪;三是关于加工贸易走私犯罪,《刑法》明文规定于第一百五十四条,即未经海关许可并缴纳关税擅自在境内销售保税货物,因此,如果没有内销证据,不能证明假转厂行为的走私性质。

在上述案例中,上海胜利纸业有限公司实际上是将保税货物进行了内销,但为了逃避相关法律责任,故意在形式上采取与上海山水纸箱厂进行结转的方式,从而以合法的形式进行了非法的活动,偷逃了关税人民币 57 万元,上海胜利纸业有限公司的行为符合走私罪的构成要件,构成走私普通货物罪;上海山水纸箱厂的行为依照我国《海关法》第八十四条规定,伪造、变造、买卖海关单证,与走私人通谋为走私人提供贷款、资金、账号、发票、证明、海关单证,与走私人通谋为走私人提供运输、保管、邮寄或者其他方便,构成犯罪的,依法追究刑事责任。所以上海山水纸箱厂的行为也构成走私普通货物罪。

【结论】

上海胜利纸业有限公司在形式上与上海山水纸箱厂签订结转合同,实际上将保税货物进行内销,偷逃海关税收人民币 57 万元,其行为构成走私普通货物罪。上海山水纸箱厂与走私人上海胜利纸业有限公司通谋伪造海关单证,为走私人走私行为提供方便,并赢取非法利益,其行为也构成走私普通货物罪。

第七章　海关边境保护法律制度

第一节　海关边境保护法律制度概述

在世界贸易组织的推动下,经济全球化的进程大大加快,倡导自由贸易成为主流。但是,各国的贸易管制始终不同程度地存在着。由于各国对进出口贸易的国家管制是通过海关的执法而得以实现的,所以,从海关法的角度看这些国家对进出口贸易实施管制措施又可视为海关边境保护措施。

我国的海关边境保护法律制度主要由进出口配额和许可制度、知识产权海关保护制度、有害废物进口管理制度、濒危动植物进出口管理制度、文化财产进出口管理制度以及多用途化学前体和原料进出口管理制度所组成。

【案例】

2006 年 8 月 30 日,我国南方某海关缉私艇在例行巡航时,雷达显示距离缉私艇 8 海里处有一可疑船只向外海方向迅速移动。当时海面风高浪急,可疑船只速度达到 15 节。缉私人员不畏风浪,迅速行动,对可疑船只进行追击,不到半个小时就成功截获该船。经查,该船上堆放着旧电脑显示器和旧电视机等废旧电器一批,该批废旧电器没有合法证明,经清点共计 5 100 余件。

【问题】

目前在我国,废旧电器是否可以成为进出口贸易的货物?

【法律规定】

《海关法》第四十条:

"国家对进出境货物、物品有禁止性或者限制性规定的,海关依据法律、行政法规、国务院的规定或者国务院有关部门依据法律、行政法规的授权做出的规定实施监管。具体监管办法由海关总署制定。"

【分析】

国家对进出口贸易实施管制措施是通过外经贸及国家其他行业主管部门依据国家贸易管制政策发放各类许可证件，最终由海关依据证件及其他单证（提单、发票、合同等）对实际进出口货物合法性的监督管理来实现的。进出口许可证件是我国进出口管理中具有法律效力，用来证明对外贸易经营者经营属国家管制商品合法进出口的最终证明文件。凡是证明海关监管货物合法进出的书证，只有确认达到"单证相符"、"证货相符"的情况下，海关才可放行相关货物（"单"即包括报关单在内各类报关单据，"证"即各类许可证件，"货"即实际进出口货物）。

我国的贸易管制在计划经济时期非常严厉，从当前看，我国海关边境保护涉及两大领域。一个领域是工业制成品的限制进出口和传统的禁限物品，如毒品、武器、淫秽反动宣传品、贵金属及其制品等；另一个领域是近20年来伴随国际国内的一些热点而形成的新的执法领域，如知识产权的保护、危险废物越境转移等。

由于非法进口废旧电器的零部件已经对我国环境造成了严重污染，为解决非法进口废旧电路板问题，从2006年8月15日起，商务部、海关总署以及国家环境保护总局共同发布的禁止废旧电器及其零部件的新法规开始实施。《禁止进口货物目录》（第四、第五批）公告〔2002〕第25号中第五批禁止的废旧家电产品主要有：空调、冰箱、计算机类设备、显示器，打印机、计算机输入输出部件及自动数据处理设备的其他部件、微波炉、电饭锅、放射性废物焚烧炉、有线电话机、传真机及电传打字机、录像机、放像机及激光视盘机、移动通讯设备、摄像机、摄录一体机及数字相机、电视机、印刷电路、热电子管、冷阴极管或光阴极管等、集成电路及微电子组件、复印机、医疗器械、射线应用设备等。国家禁止进出口的商品是指国务院外经贸主管部门会同国务院有关部门，依照《中华人民共和国对外贸易法》、《中华人民共和国货物进出口管理条例》等法律法规，制定、调整并公布禁止进出口货物目录所列的商品，包括国家规定停止进口的商品。列入国家公布禁止(停止)进出口商品目录的商品,任何企业不得经营进出口,确需进出口列入国家公布禁止(停止)进出口商品目录的商品,海关凭国务院相关部门签发的进(出)口许可证件验放。

本案中查获的可疑船只装载的是废旧显示器和废旧电视机,根据2006年8月15日起生效的《禁止进口货物目录》,该批货物属于禁止入境的货物,如果确需入境,该批货物所有人应当提供合法证明。

【结论】

本案中查获的可疑船只运行在我国内海,装载的是废旧显示器和废旧电视机,由于该批货物属于禁止入境的货物,该批货物所有人又不能提供合法证明。所以,根据我国《刑法》和《海关法》的相关规定,该批货物所有人涉嫌走私。

第二节　进出口货物的禁止、限制管制措施

《中华人民共和国对外贸易法》明确规定了对进出口货物限制或者禁止进出口的情形。其中,限制进出口的措施有:进出口货物配额限制、进出口货物许可限制和关税配额管理等。

【案例】

2005年1月中旬,甲公司以一般贸易方式向某海关申报进口农药一批,总价值人民币50万元。某海关经审查发现,该公司所进口农药属于国家限制进口货物,该公司申报时未提交有关许可证件,其行为违反了《海关法》的有关规定。2005年1月下旬,某海关根据《海关行政处罚实施条例》第十四条的规定,认定该公司的上述行为违反海关监管规定,对该公司处以人民币5万元的罚款,同时决定不予放行涉案货物。该公司对海关的行政处罚决定未提出异议,在规定期限内如数缴纳了罚款,并在此后多次向海关申请办理该批货物的通关放行手续。因该公司一直不能提交涉案农药的进口许可证,某海关对其的放行申请未予批准。

【问题】

国家限制进出口货物是否可以"无证进出口"？

【法律规定】

《海关法》第二十四条第一款：

"进口货物的收货人、出口货物的发货人应当向海关如实申报，交验进出口许可证件和有关单证。国家限制进出口的货物，没有进出口许可证件的，不予放行，具体处理办法由国务院规定。"

第四十条：

"国家对进出境货物、物品有禁止性或者限制性规定的，海关依据法律、行政法规、国务院的规定或者国务院有关部门依据法律、行政法规的授权做出的规定实施监管。具体监管办法由海关总署制定。"

《海关行政处罚实施条例》第十四条第一款：

"违反国家进出口管理规定，进出口国家限制进出口的货物，进出口货物的收发货人向海关申报时不能提交许可证件的，进出口货物不予放行，处货物价值30％以下的罚款。"

第五条：

"依照本实施条例处以警告、罚款等行政处罚，但不没收进出境货物、物品、运输工具的，不免除有关当事人依法缴纳税款、提交进出口许可证件、办理有关海关手续的义务。"

【分析】

进出口许可制度是国家贸易管制领域的一项重要制度，是指国家根据本国民族工业发展状况和国内市场需求情况以及其他政策因素，在一定时期内对某一类商品的进出口实行限制的制度。根据《海关法》的有关规定，凡属于实行许可证管理的商品和其他限制进出口的商品，如进口机电产品、化工产品、进出口金银产品、精神药物等，在向海关申报时必须交验国家主管部门签发的进出口许可证或其他相关批准文件；同时，根据《货物进出口管理条例》的规定，国家实行自动进出口许可管理的货物在性质上虽属于自由进出口货物，但经营单位在办理报关手续时，也须向海关提交国务院外经贸主管部门或有关经济管理部门签发的自动许可证明。上述针对国家限制进出口货物的"许可证"、"相关批准文件"以及针对自动进出口许可管理货物的"自动许可证明",我们统称为"进出口许可证件"。从法律意义上讲,"进出口许可证件"是指依照国家有关规定,进出口经营单位应当事先申领,并由国家相关主管部门颁发的准予进口或出口有关货物的证明文件。

"进出口许可证件"范围广泛、种类多样,不便一一列举。根据现行法律法规的有关规定以及国家贸易管制政策,"许可证件"范围可概括为:国家有关主管部门批准颁发的许可证、配额证、登记证、濒危物种允许进出口证明书、进口废物批准证书、自动进出口许可证明以及其他准予进口或者出口的证明文件。上述证件具有的一个共同特点就是须经当事人事前申领、由国家有关主管部门颁发,那些无须申领、在货物通关环节自动生成的有关监管证件则不属于《海关法》所规定的"进出口许可证件"的范围。

所谓"无证进出口",是指进出口货物收发货人(经营单位)在没有领取国家有关主管部门颁发的准予进口或出口证明文件的情况下,擅自进出口国家实行许可证件管理商品的行为。上述行为由于违反国家进出口管理的有关法律、法规,属于明令禁止的违法行为。

根据有关规定,"无证进出口"当事人在此情况下有以下几种处理方式可供选择:(1) 首先是要积极争取补办有关许可证件,以使货物顺利通关。事实上,有些许可证件还是存在很大补办可能的,如自动许可证明,当事人提出申请并说明理由,有关主管部门通常会核发此类证件。当事人补来许可证件的,海关将在依法办结有关手续后放行货物。(2) 如果无法补办有关许可证件,当事人亦可向海关申请退运无证货物,海关将依据有关规定对当事人的退运申请进行审查,符合条件的,准予退运。(3) 对于既无法补办许可证件也不便或不能退运的货物,当事人亦可声明放弃(选择此种方式的当事人对有关货物须享有所有权)。在此情况下,海关可比照《海关法》第三十条第四款的规定对有关货物进行处理:依法提取变卖,所得价款在扣除运输、装卸、储存等费用后上缴国库。

根据《2005 年进口许可证管理货物目录》的规定,甲公司所进口的农药属于国家限制进口货物,根据《海关法》的有关规定,该公司申报时应提交有关许可证件,但是该公司一直不能提交涉案农药的进口许可证件,是一种“无证到货”的情形。海关有权根据《海关行政处罚实施条例》第十四条第一款的规定,对甲公司的违法行为做出罚款的行政处罚;同时根据《海关行政处罚条例》第五条的规定,甲公司就上述货物所负有的依法缴纳税款、提交进出口许可证件及办理有关海关手续的义务不能因海关行政处罚而得以免除,海关有权对涉案货物不予放行。

【结论】

该批货物在向海关缴纳罚款后,甲公司申请办理通关放行手续,仍然必须提交相应的许可证件。

第三节　知识产权海关保护法律制度

一、知识产权海关保护制度的客体

《与贸易有关的知识产权协议》专列一节规定了海关当局边境措施保护知识产权的基本制度。从世界范围看,发达国家和部分发展中国家早已建立了知识产权海关保护法律制度。我国已经加入世界贸易组织,应当遵守《与贸易有关的知识产权协议》与入世的承诺。此外,我国与美国已签署了双边的知识产权保护协议。在协议中,我国承诺要建立知识产权海关保护法律制度。由此,国务院于 1995 年 7 月颁布了《中华人民共和国知识产权海关保护条例》(以下简称为《知识产权海关保护条例》)并于同年 10 月 1 日起生效。接着,海关总署也颁布了《中华人民共和国海关关于知识产权保护的实施办法》(以下简称为《知识产权海关保护实施办法》),基本确立了我国知识产权进出境保护的法律制度。此后在 2003 年 11 月修改了《知识产权海关保护条例》,并相应修改了实施办法。根据我国的立法,受到知识产权海关保护的知识产权包括:专利权、商标权、著作权。

【案例】

2004年12月,某公司以一般贸易方式向某海关申报出口小型电子游戏机和游戏卡一批。经现场查验,发现部分游戏卡外包装无任何标记,但一经播放,电视机屏幕上首先出现"FIFA"字样。"FIFA"商标权利人国际足协已经就"FIFA"商标在海关备案。因此,海关向权利人发出书面通知,权利人接通知后,在法定期限内向海关递交了保护申请和担保金,请求海关扣留涉案货物。经核实,当事人未取得"FIFA"商标权利人国际足协的授权许可。而出口商对此并未提出异议。

【问题】

此案当如何处理? 依据是什么?

【法律规定】

《海关法》第四十四条:

"海关依照法律、行政法规的规定,对与进出境货物有关的知识产权实施保护。

需要向海关申报知识产权状况的,进出口货物收发货人及其代理人应当按照国家规定向海关如实申报有关知识产权状况,并提交合法使用有关知识产权的证明文件。"

第九十一条:

"违反本法规定进出口侵犯中华人民共和国法律、行政法规保护的知识产权的货物的,由海关依法没收侵权货物,并处以罚款;构成犯罪的,依法追究刑事责任。"

《知识产权海关保护条例》第二条:

"本条例所称知识产权海关保护,是指海关对与进出口货物有关并受中华人民共和国法律、行政法规保护的商标专用权、著作权和与著作权有关的权利、专利权(以下统称知识产权)实施的保护。"

《海关行政处罚实施条例》第二十五条:

"进出口侵犯中华人民共和国法律、行政法规保护的知识产权的货物的,没收侵权货物,并处货物价值30%以下罚款;构成犯罪的,依法追究刑事责任。

需要向海关申报知识产权状况,进出口货物收发货人及其代理人未按照规定向海关如实申报有关知识产权状况,或者未提交合法使用有关知识产权的证明文件的,可以处5万元以下罚款。"

【分析】

在该案件中,知识产权边境保护的客体是商标权,商标侵权行为一直是边境保护执法的重点。该案件适用的是依职权保护模式,在海关调查审理过程中,对于涉案货物是否构成侵权货物,海关内部出现了争议。有的认为该游戏卡在外包装上没有标注"FIFA"字样,一般情况下,消费者在购买时都无法看到,不会产生误导,因此不应当认定为侵权货物。另一种观点认为既然货物所含内容标注了未经授权的注册商标,就已经构成侵权。

根据《商标法》及其实施细则的规定,侵权商标权的行为有以下几种:(1)未经商标注册人的许可,在同一种商品或者类似商品上使用与其注册商标相同或者近似的商标的;(2)销售侵犯注册商标专用权的商品的;(3)伪造、擅自制造他人注册商标标识或者销售伪造、擅自制造的注册商标标识的;(4)未经商标注册人同意,更换其注册商标并将该更换商标的商品又投入市场的;(5)给他人的注册商标专用权造成其他损害的,① 在同一种或类似商品上,将与他人注册商标相同或近似的标志作为商品名称或商品装潢使用,误导公众的;② 故意为侵犯他人注册商标专用权行为提供仓储、运输、邮寄、隐匿等便利条件的;③ 将与他人注册商标相同或者近似的文字作为企业的字号在相同或者类似的商品上突出使用,容易使相关公众产生误认的;④ 复制、摹仿、翻译他人注册的驰名商标或者其主要部分在不相同或者不相类似商品上作为商标使用,误导公众,致使该驰名商标注册人的利益可能受到损害的。

首先,"FIFA"可以作为一种驰名商标予以保护,认定驰名商标应当考虑下列因素:(1)相关公众对该商标的知晓程度;(2)该商标使用的持续时间;(3)该商标的任何宣传工作的持续时间、程度和地理范围;(4)该商标作为驰名商标受保护的记录;(5)该商标驰名的其他因素。"FIFA"商标应当符合了上述标准。因此,作为驰名商标,"FIFA"标志可以获得跨类保护,即保护的范围并不限于其注册使用的商品类别。

其次,游戏卡的外观包装并未印有任何与"FIFA"有关的文字或图案,但游戏卡的生产的目的是通过图像处理器展示画面和程序,其唯一使用方式是借助图像处理器。通过图像处理器(如电视机)后,"FIFA"字样必定会展现在消费者眼前。因此,该侵权行为所使用的是具有视觉可识别的商标。

最后,该游戏卡显示内容的首页以醒目的方式标注了"FIFA"字样,与权利人的注册的商标"FIFA"字样相同,"FIFA"字样出现在游戏画面首页,并且存在于画面的显著位置,这使任何人一旦开始游戏,就必然首先发现这一商标。容易使消费者对商品的来源、质量等造成混淆,产生误导。因此,游戏卡内容中包含"FIFA"字样应当被认定为构成了"使用"商标。

综上所述,该案中的侵权行为应当属于上述第5种侵权行为中的第5项,即复制、摹仿、翻译他人注册的驰名商标或者其主要部分在不相同或者不相类似商品上作为商标使用,误导公众,致使该驰名商标注册人的利益可能受到损害的。至今为止,全国海关已经屡次查获出口侵犯国际足联商标专用权货物,货物广泛涉及足球涤棉、漂白府绸、服装、信封等。因此,"FIFA"标志在我国作为商标,是可以获得跨类保护的。

【结论】

根据《海关行政处罚实施条例》第二十五条的规定,进出口侵犯中华人民共和国法律、行政法规保护的知识产权的货物的,没收侵权货物,并处货物价值30%以下罚款。因此,海关依照《海关法》、《知识产权海关保护条例》与《海关行政处罚实施条例》的规定,对某公司给予没收侵权货物,并根据货值给予了10 000元的罚款的行政处罚。此案中海关的行政处罚是适当的。被处罚人也没有对该行政处罚提出异议。

二、知识产权海关保护的模式

(一) 依申请的保护(被动保护)模式

知识产权权利人发现侵权嫌疑货物即将进出口的,可以向货物进出境地海关提出扣留侵权嫌疑货物的申请而启动海关保护程序的保护模式称为依申请的保护

应当注意的是在此种方式下,知识产权海关保护的备案不是启动保护程序的必备条件。被动保护模式下有以下内容:(1) 知识产权权利人发现侵权嫌疑货物后向海关申请扣留;(2) 海关扣留侵权嫌疑货物;(3) 海关在扣留 20 个工作日内协助人民法院对货物进行司法扣押或者放行货物。

(二) 依职权的保护(主动保护)模式

海关对进出口货物实施监管过程中,发现进出口货物涉嫌侵犯在海关总署备案的知识产权的,应当立即书面通知知识产权权利人。知识产权权利人自通知送达之日起一定时限内提出保护申请而启动海关保护程序的保护模式称为依职权的保护。

应当注意的是在此种方式下,知识产权海关保护的备案是启动保护程序的必备条件。被动保护模式有以下内容:(1) 知识产权备案;(2) 海关发现侵权嫌疑货物后通知权利人;(3) 知识产权权利人提出扣留侵权嫌疑货物的申请;(4) 海关对货物的侵权状况等在扣留之日起 30 个工作日内,进行调查认定;(5) 海关没收侵权货物或者协助人民法院对货物进行司法扣押;(6) 对没收的侵权货物进行处置。

【案例一】

2001 年 7 月,A 海关在对某公司申报出口的一批塑料制品查验时,发现有假冒"欧米加"、"罗西尼"、"飞亚达"等商标嫌疑的手表3 000块等。鉴于涉案货物数量较少,价值不高,品牌较杂(3 000 块手表涉及 10 多个品牌),且部分品牌尚未在总署申请知识产权保护备案,联系有关权利人困难,但侵权嫌疑又非常明显,对于此案 A 海关决定暂不放行后,认为较难处理,经研究后决定,涉案货物确属侵权货物且发货人某公司对其出口货物侵犯他人知识产权情况没有异议,可在海关调查

终结后,根据对案件侵权事实的认定,没收发货人的侵权货物并对其处以罚款。

【案例二】

2001 年 2 月 22 日,南京一家进出口公司委托某报关公司向南京新生圩海关申报出口卤素灯 70 万只。海关关员在开箱查验后发现出口货物却是启辉器,其中 20 万只印有"PHILIPS"商标,50 万只印有"SILVANIA"商标。承办该案的海关关员认为,飞利浦公司当时并未在该海关利用备案制度保护自己的商标权。海关关员经核对当时在海关总署的知识产权保护权利备案中没有查到相关记录,海关并未放弃,直接与飞利浦公司中国总部联系才确认这批货物全属假冒。最后,20万只印有"PHILIPS"字样的假冒启辉器被南京新生圩海关公开销毁,侵权人同时被处以 3 万元的罚款。

【案例三】

福州海关 2004 年 5 月从马尾口岸出口渠道查获 7008 个涉嫌侵犯"ATM"商标权的轴承。由于"ATM"商标权利人已在海关总署备案,该关当即扣留了该批货物,并将相关情况书面通知权利人。但该权利人未在规定期限内向海关提出知识产权海关保护申请,2004 年6 月 9 日,福州海关依法将 7 008 个涉嫌侵犯"ATM"商标权的轴承放行。

【问题】

为什么海关在处理前后三个类似的案情时,会出现不同的结果?

【法律规定】

《知识产权海关保护条例》第十六条:

"海关发现进出口货物有侵犯备案知识产权嫌疑的,应当立即书面通知知识产权权利人。知识产权权利人自通知送达之日起 3 个工作日内依照本条例第十三条的规定提出申请,并依照本条例第十四条的规定提供担保的,海关应当扣留侵权嫌疑货物,书面通知知识产权权利人,并将海关扣留凭单送达收货人或者发货人。知识产权权利人逾期未提出申请或者未提供担保的,海关不得扣留货物。"

【分析】

我们注意到在上述三个类似的案例中,海关对类似情况的处理方式是不同的。在案例一和案例二中,在没有权利人的备案,甚至没有权利人的申请的情况下海关启动了依职权保护程序,并做出了实质性的处理(行政处罚)。而在案例三中海关虽然发现了涉嫌侵犯已在海关备案的商标权的货物,并通知了权利人,但在权利人没有在规定期限内做出反应后就放行了该批货物。可以说是三个案例类似的情况却出现了不同的结果。其原因何在?

这是因为我国的《知识产权海关保护条例》修改后,对于知识产权海关保护规定了两种保护模式,即依职权保护模式与依申请保护模式,这两种模式的启动条件是不同的。在依申请保护模式下海关对进出口货物实施监管过程中,发现进出口货物涉嫌侵犯在海关总署备案的知识产权的,应当立即书面通知知识产权权利人。知识产权权利人自通知送达之日起一定时限内提出保护申请而启动海关保护程序,知识产权海关保护的备案不是启动保护程序的必备条件,也就是说,没有事先在海关备案的知识产权,只要权利人适时地提出保护申请也能获得海关保护。但在依职权保护模式下,知识产权海关保护的备案是启动保护程序的必备条件。已经在海关总署备案的知识产权权利人发现侵权嫌疑货物即将进出口的,可以向货物进出境地海关提出扣留侵权嫌疑货物的申请而启动海关保护程序的保护模式称为依申请的保护。在该模式下,如果虽然权利人事先在海关总署备案,但没有在规定时限内提出有效的申请,也会失去海关保护的机会。

因此在案例三中"ATM"商标权虽然在海关备案,这只意味着权利人有获得依职权保护的资格,但如果希望海关开展实质性的保护措施,仍然需要权利人及时地提出有效的申请。该案中虽然海关根据职权将涉嫌侵权的信息对权利人做出了通知,但"ATM"商标权人并没有在规定的期限内,即海关发现进出口货物有侵犯备案知识产权嫌疑的,应当立即书面通知知识产权权利人。按规定知识产权权利人自通知送达之日起 3 个工作日内提出申请,并依照提供相应的担保,海关应当扣留侵权嫌疑货物,书面通知知识产权权利人,并将海关扣留凭单送达收货人或者发货人。知识产权权利人逾期未提出申请或者未提供担保的,海关不得扣留货物。所以,没有商标权人的申请,福州海关就依法将7 008个涉嫌侵犯"ATM"商标权的轴承放行。

有人认为《知识产权海关保护条例》修改后,对依职权保护模式的实质性启动设定了过于严格的条件,在涉嫌侵权十分明显的情况下,只因为没有权利人申请而放行涉嫌侵权货物,这是对侵权行为的姑息纵容,不利于打击知识产权侵权工作的开展。但实际上,我国将权利人的申请作为启动实质性知识产权海关保护程序的必备条件,是"尊重私权"现代法制理念的体现。

当前阶段,确立知识产权边境保护制度的目的,其浅层次上的意义在于保护知识产权权利持有人的利益,但从更深层次上说,是为了维护利用智力成果的社会秩序在市场经济条件下的公正性。知识产权边境保护制度的性质是属于保护私益及社会利益的公法。但此种公法关系的一个明显特点是由于其保护的客体是私权,则公法的强制性、服从性等方面必然限制。我国的知识产权边境保护制度中,正常情况下应当在尊重权利人意思自治的基础上遵循"行政权的积极有限介入"的基本原则。在没有权利人申请的条件下,海关提供各方面的服务与信息积极协助知识产权权利人实现其利益,并最终尊重权利人对其拥有的权利的各种合法的处置方式,因此,在知识产权边境保护,特别是知识产权海关保护中公权的行使与私权的自治应当在符合保护社会利益的目标下寻求到一个适度的平衡点。这个平衡点就在于在正常情况下(大多数情况下),是否进行边境保护由权利持有人自己决定、自己责任。但当在进出境环节上的侵权行为严重影响到社会利益与秩序时,边境保护程序的启动可以由边境保护机构自主决定。通过对原《知识产权海关保护条例》的修订,现在的两种保护程序真正启动都取决于权利人的申请,并将此规定切实体现在处理涉嫌侵权案件的实践中,这正是向该原则的进一步迈进。

当然"尊重私权"的法制理念的实现不仅需要私权权利人以外的任

何人对权利充分尊重,更需要权利人自身具备相当的维护权利的意识与能力,具备自己的责任能力。而当前边境环节上涉嫌侵犯知识产权案件中,这样的情况时有发生,这些消极做法不仅影响了海关的正常通关效率,产生不必要的滞港费用,使货物处于侵权性质待定状态,而且极大地浪费了海关执法成本,增加了海关执法风险,影响了海关积极介入的信心。在多数情况下海关实施知识产权保护是在尊重权利人对自身权利的处置的基础上,既帮助知识产权权利人维护了自身利益,也维护了社会利益,本应受到相关权利人的积极支持和配合,但事实却为何差强人意呢? 造成权利人消极配合的往往有以下几种情况:一是权利人与其代理人之间不协调,相互推责任,造成提交申请或担保时间的延误。二是权利人内部运作机制不畅。权利人往往不能在规定期限内向海关提交由权利人或其代理人出具的有效保护申请或鉴定材料。三是对知识产权海关保护的所带来的利益认识不足,或对"打假"成本无力负担。个别权利人认为海关打击侵权违法行为,对企业产生的效益不大,且造成了企业的成本负担。因此在收到海关有关侵权嫌疑货物情况通知时,既不愿向海关提交担保金及知识产权保护申请,但也不明确表示放弃保护或是向总署申请撤销备案,使得海关只能等到权利人超期未予回复后放行有关货物。

【结论】

从上述案件中我们可以看出,由于《知识产权海关保护条例》修改,海关的依职权保护模式发生了比较大的变化,案例一和案例二发生在《知识产权海关保护条例》修改前,而案例三发生在《知识产权海关保护条例》修改后,这三个案例根据当时有效的法律,处理方式与结果都是正确的,但由于法律的变化却前后出现了不同的结果。

从案例中也可以看出我国的知识产权海关保护制度的基本理念正在发生着变化。当然知识产权边境制度中要实现行政权积极有限介入的原则,尊重私权的理念需要社会与权利人两方面的努力,在边境执法机关不断提高其保护能力的同时,权利人维权能力也需要同步提高,我国的知识产权边境保护才能逐步走向成熟。

三、知识产权海关保护制度中的法律责任

在知识产权海关保护制度中,当事人有侵权行为,应当承担必要的行政责任。如果知识产权边境保护的管理相对人,违反了知识产权边境保护制度的规定,海关有权并处以下两种行政处罚:没收侵权货物;罚款。罚款的幅度根据情况的不同分为两种:(1)进出口侵犯中华人民共和国法律、行政法规保护的知识产权的货物的,没收侵权货物,并处货物价值30%以下罚款;(2)需要向海关申报知识产权状况,进出口货物收发货人及其代理人未按照规定向海关如实申报有关知识产权状况,或者未提交合法使用有关知识产权的证明文件的,可以处5万元以下罚款。

【案例】

2000年11月14日,某市A贸易责任有限公司(以下简称A公司)以边境小额贸易方式申报对朝出口900台东莞合资厂生产的东芝彩色电视机,甲海关审单中心审核报关单时,感到疑点较多,考虑到保护知识产权、打击假冒伪劣商品的需要,随即进行了查验布控。经甲海关实地查验,发现该批电视机实际数量是946台,其中21英寸(型号T-2188)940台,33英寸(型号T-3388)6台,总价值为85 140美元。该批电视机外包装是"BOMBA"牌,机身上标有"TOSHIBA"字样,从说明书上无法确认该电视机的品牌。甲海关认为A公司出口的东芝彩色电视机有侵犯知识产权嫌疑,要求申请人提供出口货物的知识产权状况,但A公司在规定的期限内未予以申报。

甲海关向海关总署核实该商标的备案情况。海关总署知识产权处核实东芝彩色电视机已由东芝公司向海关总署提出商标知识产权保护,海关总署已经受理并予备案。因此,甲海关扣留了上述946台彩电。

2000年11月17日,甲海关通知权利人东芝中国有限公司向海关提出保护申请,并对该批彩电进行鉴定。该公司向甲海关提交了保护申请后,明确告知海关东芝公司不在东莞生产东芝彩电,其规格型号也与东芝彩电不同,且因政治原因,东芝公司禁止对朝出口电视,可以初

步认定为假冒的侵权产品,表示一定尽快派人配合海关对该批货物进行进一步认定,并对中国海关积极保护企业知识产权的行为表示衷心感谢。11 月 19 日,该公司派人到甲海关所在地进行技术鉴定,认定该批电视无论从外包装箱标明的型号,还是电视机商标标识等六个方面,都与东芝电视有明显差异,不是东芝公司产品。11 月 22 日,东芝中国有限公司向甲海关出具了检查报告,鉴定结果:该批彩电为假冒东芝商标产品。

鉴于以上情况,甲海关依据当时的《中华人民共和国海关知识产权保护条例》(以下简称《保护条例》)第二十九条"收货人或者发货人未如实申报与进出口货物有关的知识产权状况,交验有关单证的,海关可以处以进口货物到岸价格或者出口货物离岸价格等值以下的罚款"的规定,对申请人进行了行政处罚:没收 946 台彩电,并处 21 万元罚款。

2001 年 1 月 11 日,A 公司向甲海关的上级海关乙海关提出行政复议申请。1 月 18 日,乙海关收到复议申请书,经审查,于 1 月 20 日正式受理,并通知甲海关向乙海关提交复议答辩状。

申请人 A 公司提到:海关查处的事实基本清楚,但处罚决定适用法律不当,认为本公司出口彩电经过商品检验,有商检证书,并按时进行了申报,没有违反《保护条例》第二十九条的规定,认为没收及罚款是不正确的。

被申请人甲海关答辩认为:东芝公司在海关进行了知识产权保护备案,A 公司申报出口的彩电系假冒东芝商标的行为,而且未能提供彩电的知识产权状况,根据《保护条例》第二十九条的规定,对 A 公司的行政处罚是正确的。

【问题】

此案当如何处理?

【法律规定】

《海关法》第四十四条:

"海关依照法律、行政法规的规定,对与进出境货物有关的知识产权实施保护。

需要向海关申报知识产权状况的,进出口货物收发货人及其代理人应当按照国家规定向海关如实申报有关知识产权状况,并提交合法使用有关知识产权的证明文件。"

第九十一条:

"违反本法规定进出口侵犯中华人民共和国法律、行政法规保护的知识产权的货物的,由海关依法没收侵权货物,并处以罚款;构成犯罪的,依法追究刑事责任。"

《知识产权海关保护条例》第二条:

"本条例所称知识产权海关保护,是指海关对与进出口货物有关并受中华人民共和国法律、行政法规保护的商标专用权、著作权和与著作权有关的权利、专利权(以下统称知识产权)实施的保护。"

《海关行政处罚实施条例》第二十五条:

"进出口侵犯中华人民共和国法律、行政法规保护的知识产权的货物的,没收侵权货物,并处货物价值30%以下罚款;构成犯罪的,依法追究刑事责任。

需要向海关申报知识产权状况,进出口货物收发货人及其代理人未按照规定向海关如实申报有关知识产权状况,或者未提交合法使用有关知识产权的证明文件的,可以处5万元以下罚款。"

【分析】

案件的处理属于依职权保护模式,在该模式下海关有权对货物是否侵权做出调查并做出认定。案件中被扣留的货物的侵权状况十分明显,而发货人对侵权事实也没有提出异议。因此甲海关对此案做出了行政处罚。根据当时有效的法律,对知识产权边境保护案件做出行政处罚的依据有两种:第一是针对进出口侵权货物行为的法律责任,即收货人或者发货人,明知或者应知其进口或者出口货物侵犯他人知识产权的,海关可以处以进口货物到岸价格或者出口货物离岸价格等值以下的罚款。第二是针对未如实申报知识产权状况的行为的法律责任,即收货人或者发货人未如实申报与进出口货物有关的知识产权状况,交验有关单证的,海关可以处以进口货物到岸价格或者出口货物离岸价格等值以下的罚款。两种情况所给予的罚款的额度相同,但行为的性质不同。案件中的甲海关就是根据第二种情况做出了行政处罚。

在本案件中,A公司的正常申报并不要求提供商标或品牌的信息,在甲海关了解情况后要求申请人提供出口货物的知识产权状况,但A公司在规定的期限内未予以申报。A公司未能如期向海关提供出口彩电的知识产权状况,不属于未如实提供知识产权状况的情形,也就不能适用当时的《知识产权海关保护条例》第二十九条的规定进行处罚。实际上甲海关应当根据上述第一种情况,按照进出口侵权货物行为来追究发货人的法律责任,即收货人或者发货人,明知或者应知其进口或者出口货物侵犯他人知识产权的,海关可以处以进口货物到岸价格或者出口货物离岸价格等值以下的罚款。因此,乙海关复议认为,A公司出口的"东芝"彩电系假冒已在海关总署备案的东芝商标的产品,属侵权货物,甲海关对该批946台彩电没收的行政处罚,定性正确,处罚适当。但A公司未申报知识产权状况,不构成当时《保护条例》第二十九条规定的对知识产权状况未如实申报的行为,因此,对A公司罚款的行政处罚则定性不准。因此复议决定维持甲海关没收侵权彩电946台的行政处罚决定,撤销甲海关对A公司罚款21万元人民币的处罚决定。

应当注意的是:在2003年《知识产权海关保护条例》的修改,以及2004年《海关行政处罚实施条例》的出台并没有改变应当追究法律责任的两种行为的法律构成,但是针对不同的行为性质和严重程度,采取了有区别的行政责任。现行规定是:第一,进出口侵犯中华人民共和国法律、行政法规保护的知识产权的货物的,没收侵权货物,并处货物价值30%以下罚款;第二,需要向海关申报知识产权状况,进出口货物收发货人及其代理人未按照规定向海关如实申报有关知识产权状况,或者未提交合法使用有关知识产权的证明文件的,可以处5万元以下罚款。

【结论】

在本案中,甲海关应当针对A公司的行为,根据其进出口侵权货物的行为追究其法律责任,根据现行的规定应当是,进出口侵犯中华人民共和国法律、行政法规保护的知识产权的货物的,没收侵权货物,并处货物价值30％以下罚款。本案发生在《海关行政处罚实施条例》出台之前,当时法律规定的相对应的行政处罚是在没收侵权货物之外,可以处罚款。因此本案中没有对当事人处以罚款。

第四节 废物进境海关管理制度

废物进境海关管理制度是指国家为保护生存环境,实现本国经济的可持续发展,海关根据相关法律规定,对于进口废物实施禁止、限制、自动许可等措施的监管制度。

【案例】

申请人:A公司

2001年11月1日,申请人A公司委托某外轮代理公司(以下简称外代)向某海关申报进口铅锑氢氧化物一批,申报税号2620.2000。经化验,进口货物为主要含铅化合物的残渣,应归入税号2620.2000,与A公司申报一致,但该货物没有列入《禁止进口货物目录》中。12月6日,海关根据国家环保局、外经贸部、海关总署、国家工商局、国家商检局《废物进口环境保护管理暂行规定》(环控〔1996〕204号),认定进口货物为禁止进口废物,以《××海关关于要求办理退运货物手续的通知》(××关函〔2001〕60号)责成外代办理货物退运手续。2003年4月1日,海关又以《关于办理货物退运手续的通知》(××关函〔2003〕11号)要求申请人于2003年4月15日前办理货物退运手续。2003年4月15日,海关又以《关于同意延期办理退运货物手续的通知》(××关函〔2003〕17号)将申请人办理货物退运手续的期限延长至2003年5月15日。2003年5月16日,申请人不服该海关的退运决定申请复议。

【问题】

申请人A公司申报的货物是否为禁止进境的固体废物?海关对禁止进境的固体废物有无认定权?

【法律规定】

《海关法》第二条：

"中华人民共和国海关是国家的进出关境监督管理机关。海关依照本法和其他有关法律、行政法规,监管进出境的运输工具、货物、行李物品、邮递物品和其他物品,征收关税和其他税、费,查缉走私,并编制海关统计和办理其他海关业务。"

《中华人民共和国固体废物污染环境防治法》第二十四条：

"禁止中华人民共和国境外的固体废物进境倾倒、堆放、处置。"

第二十五条：

"禁止进口不能用作原料或者不能以无害化方式利用的固体废物;对可以用作原料的固体废物实行限制进口和自动许可进口分类管理。

国务院环境保护行政主管部门会同国务院对外贸易主管部门、国务院经济综合宏观调控部门、海关总署、国务院质量监督检验检疫部门制定、调整并公布禁止进口、限制进口和自动许可进口的固体废物目录。"

第八十八条：

"本法下列用语的含义：

（一）固体废物,是指在生产、生活和其他活动中产生的丧失原有利用价值或者虽未丧失利用价值但被抛弃或者放弃的固态、半固态和置于容器中的气态的物品、物质以及法律、行政法规规定纳入固体废物管理的物品、物质。

（二）工业固体废物,是指在工业生产活动中产生的固体废物。

（三）生活垃圾,是指在日常生活中或者为日常生活提供服务的活动中产生的固体废物以及法律、行政法规规定视为生活垃圾的固体废物。

（四）危险废物,是指列入国家危险废物名录或者根据国家规定的危险废物鉴别标准和鉴别方法认定的具有危险特性的固体废物。

（五）贮存,是指将固体废物临时置于特定设施或者场所中的活动。

（六）处置，是指将固体废物焚烧和用其他改变固体废物的物理、化学、生物特性的方法，达到减少已产生的固体废物数量、缩小固体废物体积、减少或者消除其危险成分的活动，或者将固体废物最终置于符合环境保护规定要求的填埋场的活动。

（七）利用，是指从固体废物中提取物质作为原材料或者燃料的活动。"

【分析】

一、固体废物的定义

保护人类生存环境，实现各国可持续发展已成为国际社会普遍关注的热点。在此共识之上，国际社会达成公约（《控制危险废物越境转移及其处置巴塞尔公约》以下简称《巴塞尔公约》）对废物的进境进行控制，同时各国制定相应的国内立法予以规定。但是公约和我国的国内立法对废物的含义侧重却有所不同。《巴塞尔公约》第一条第一款规定："为本公约的目的，越境转移所涉下列废物即为'危险废物'：（a）属于附件一所载任何类别的废物，除非它们不具备附件三所列的任何特性；（b）任一出口、进口或过境缔约国的国内立法确定为或视为危险废物的不包括在（a）项内的废物。"也就是说，符合《巴塞尔公约》调整的废物"危险性"是其主要特征，而对废物的形态没有特别要求。而我国有关环境保护的立法主要为《中华人民共和国固体废物污染环境防治法》（以下简称《固废法》）。法律主要针对固体废物的污染以及进境监管做出规定。[①] 何谓"固体废物"？ 根据我国法律规定，"固体废物，是指在生产建设、日常生活和其他活动中产生的污染环境的固态、半固态废弃物质"。由此，从法律意义而言，"废物"必须同时具备四个要素：第一，在该物质的来源上，必须于生产建设、日常生活和其他活动中产生。这一特性强调了废物的"人为"性质，即其必须基于人的生产性、消

[①] 我国对危险废物的含义在《固体废物污染环境防治法》中也有规定，危险废物主要是指列入国家危险废物名录或者根据国家规定的危险废物鉴别标准和鉴别方法认定的具有危险特性的废物。

费性等活动而产生,排除了任何自然界产生的物质,也将废物与其他禁止进口的自然物质区分开。第二,在该物质的物理形态上,必须表现为固态、半固态的废弃物质。这一点,与公约有很大的不同。第三,从物质的价值特性而言,即"废弃"物质。所谓"废弃",是一个相对的概念,首先是指针对该物质的前一所有人或占有人而言,其不再具有使用价值;其次是指在管理上,法律不再考虑该物质是否还具有"可用性",即在《固废法》的立法意图和特定语境中,对"固体废物"这一概念不能片面地针对其是否具有可回收利用的物理特性来解释其是否是"废物"。第四,该物质具有环境污染性。基于《固废法》立法宗旨,国家废物管理法律制度的目的是为了将可能造成环境污染的废物拒之于国门之外,以避免产生污染环境的实质后果,所以"污染环境",强调的是该物质具有污染环境的可能性。具体到执法实践中,就意味着海关无需以"是否已经造成污染环境的实际后果"为评判该物质是否为固体废物的标准。①

二、对固体废物进境的管理

由于废物的"污染的可能性",将侵害一国的环境安全,带来经济损失,所以各国对废物进境的管理都很严格,主要采取禁止废物进境的监管措施。同时,又由于废物"使用价值"的相对性,所以在一定范围内采取限制等措施。根据我国法律规定,国家禁止进口不能用作原料的固体废物,对进口可以用作原料的固体废物实行限制管理。国家采用目录管理的方式。国家环境保护总局作为进口废物的国家主管部门,会同国务院对外经济贸易主管部门制定、调整并公布《限制进口可作用原料的废物目录》及《自动进口许可管理类可用作原料的废物目录》,对未列入两目录的固体废物禁止进口。所以,对于固体废物的管理最根本的模式是:以普遍禁止进口为原则,以允许限制进境为例外。

而这一原则在具体执法实践中,就体现为海关等执法部门在各自的权限范围内,依照《禁止进口货物目录》及允许限制进口固体废物目

---

① 郭 群、王政宪:《谈海关对固体废物进境的监督管理》,载海关总署政法司网站。

录,对进境的固体废物是否属于禁止进口固体废物进行认定并允许或
禁止其进口。①

三、对固体废物的认定权

我国对固体废物进出境管理的法律制度比较繁杂,主要由《固废
法》、《商品进出境检验检疫法》、《海关法》、《货物进出口条例》、《废物进
口环境保护暂行规定》、《禁止进口货物目录》、《国家危险废物名录》及
《巴塞尔公约》等法律法规及国际公约构成。从法律文件的效力层次
上,涵盖了从法律、行政法规、规章到规范性文件的所有层级。但是目
前法律、法规对固体废物的认定机构并没有明确规定。只是在行政执
法中,根据法律赋予海关、环保、商检等执法部门对进出境固体废物的
管理处置方面的执法权限。

环保部门对全国废物进口实施统一的监督管理,会同外经贸主管
部门及海关制定《国家限制进口的可用作原料的废物目录》;会同商检
部门制定“进口废物强制检验标准”。

商检部门对以“废物”申报进境的,按照强制检验标准和国检检联
115号文第一条规定的程序进行检验,验明其是否符合进境的标准。

对于申报进口的其他货物,海关作为进出境监管部门,能够依据
《海关法》和《固废法》认定其是否属于禁止进口或限制进口的固体废
物;在海关“有疑问”的情况下,再由商检机构检验确定。②

【结论】

A公司作为一般货物申报进境的铅锑氢氧化物属于固体废物,
海关依职权认定为禁止进境的废物,海关要求A公司退运的处理
正确。

第五节　濒危物种和野生动植物进出境管理制度

濒危物种和野生动植物是我国生物资源的重要组成部分。为了对

---

①、② 郭群、王敢宪:《谈海关对固体废物进境的监督管理》,载海关总署政法司网站。

其进行保护,我国先后出台了多部法律,并缔结与加入了多项国际公约。海关作为进出境的监督管理机关,发挥着日益重要的作用。

【案例】

2006年6月中旬,某海关缉私分局获知一条非常重要的情报:近期在该地有人从境外走私食蟹猴和穿山甲等国家保护野生动物入境。获知情报后,该海关迅速展开调查。经查明,在该地区主要有一个走私野生动物的犯罪团伙,以王某为主要成员,他们的组成成员大都是亲戚朋友关系,均为家族式的走私团伙。8月7日,王某接到一笔"大生意",从"货主"手里接了一批从境外走私进境的食蟹猴,她的任务是负责将这批食蟹猴运送至广西梧州市。缉私警察立即采取行动,在走私分子可能通往外地的通道设置关卡,并紧盯王某等相关人员的一举一动。

当天晚上9时许,走私分子趁着夜色的掩护偷偷地将食蟹猴搬运至该市的一间普通民房,此时海关缉私警察突然出现,将走私分子与走私货物一并抓获,当场查获走私进境的食蟹猴110只,抓获王某等犯罪嫌疑人2名。8月8日和9日,海关成功抓获该案中负责到境外接货的邓某、负责联系车辆及组织望风看路的陈某和负责将货物偷运入境的陆某、许某、余某。

【问题】

1. 为什么以王某为首的团伙买卖食蟹猴的行为触犯了法律?

2. 如果想要合法地进出口食蟹猴,应当履行什么程序?

【法律规定】

《中华人民共和国濒危野生动植物进出口管理条例》第三条:

"国务院林业、农业(渔业)主管部门(以下称国务院野生动植物主管部门),按照职责分工主管全国濒危野生动植物及其产品的进出口管理工作,并做好与履行公约有关的工作。"

第四条:

"国家濒危物种进出口管理机构代表中国政府履行公约,依照本条例的规定对经国务院野生动植物主管部门批准出口的国家重点保护的野生动植物及其产品、批准进口或者出口的公约限制进出口的濒危野生动植物及其产品,核发允许进出口证明书。"

第二十条:

"进口或者出口濒危野生动植物及其产品的,应当按照允许进出口证明书规定的种类、数量、口岸、期限完成进出口活动。"

第二十一条:

"进口或者出口濒危野生动植物及其产品的,应当向海关提交允许进出口证明书,接受海关监管,并自海关放行之日起 30 日内,将海关验讫的允许进出口证明书副本交国家濒危物种进出口管理机构备案。

过境、转运和通运的濒危野生动植物及其产品,自入境起至出境前由海关监管。

进出保税区、出口加工区等海关特定监管区域和保税场所的濒危野生动植物及其产品,应当接受海关监管,并按照海关总署和国家濒危物种进出口管理机构的规定办理进出口手续。"

第二十六条:

"非法进口、出口或者以其他方式走私濒危野生动植物及其产品的,由海关依照海关法的有关规定予以处罚;情节严重,构成犯罪的,依法追究刑事责任。"

【分析】

1. 食蟹猴主要产于泰国、老挝、越南等东南亚国家,栖息于树林、丛林地区,喜欢生活在海岸的红树林中,以各种果实、昆虫、鸟卵等为食,喜欢在退潮后到海边觅食螃蟹以及其他贝壳,故名食蟹猴,因其尾巴较长,又称长尾猕猴。目前,食蟹猴广泛应用于医药等科学研究领域,是非常重要的实验动物。每年国外科研机构对食蟹猴的需求量很大,具有很高的利用价值。

由于食蟹猴是《濒危野生动植物种国际贸易公约》附录二所列保护物种,所以,在本案中,以王某为首的团伙在没有取得进出口证明书的条件下,私自买卖食蟹猴的行为就触犯了法律。

2. 在本案中,如果想要合法地进出口食蟹猴,应当遵循下列程序:

(1) 申请人应当向其所在地的省、自治区、直辖市人民政府野生动植物主管部门提出申请,并提交下列材料:进口或者出口合同;濒危野生动植物及其产品的名称、种类、数量和用途;活体濒危野生动物装运设施的说明资料;国务院野生动植物主管部门公示的其他应当提交的材料。

省、自治区、直辖市人民政府野生动植物主管部门应当自收到申请之日起 10 个工作日内签署意见,并将全部申请材料转报国务院野生动植物主管部门。

(2) 国务院野生动植物主管部门应当自收到申请之日起 20 个工作日内,做出批准或者不予批准的决定,并书面通知申请人。在 20 个工作日内不能做出决定的,经本行政机关负责人批准,可以延长 10 个工作日,延长的期限和理由应当通知申请人。

(3) 申请人取得国务院野生动植物主管部门的进出口批准文件后,应当在批准文件规定的有效期内,向国家濒危物种进出口管理机构申请核发允许进出口证明书。申请核发允许进出口证明书时应当提交下列材料:允许进出口证明书申请表;进出口批准文件;进口或者出口合同。

进口公约限制进出口的濒危野生动植物及其产品的,申请人还应当提交出口国(地区)濒危物种进出口管理机构核发的允许出口证明材料。

(4) 国家濒危物种进出口管理机构应当自收到申请之日起 20 个工作日内,做出审核决定。对申请材料齐全、符合规定和公约要求的,应当核发允许进出口证明书。

(5) 在国务院野生动植物主管部门会同海关总署、国家质量监督检验检疫总局指定并经国务院批准的口岸进行。

(6) 向海关提交允许进出口证明书,接受海关监管,并自海关放行之日起 30 日内,将海关验讫的允许进出口证明书副本交国家濒危物种进出口管理机构备案。

第六节　文化财产进出境管理制度

文化财产是指具有重要考古、史前史、历史、文学、艺术或科学价值的财产。我国于1989年10月25日加入了《关于禁止和防止非法进出口文化财产和非法转让其所有权的方法的公约》。此外，我国还颁布了《中华人民共和国文物保护法》及实施细则，强调对珍贵文物出境实行管制。

【案例】

2006年9月，我西北某海关旅检现场，一名巴基斯坦籍旅客携带大量箱包准备出境。现场查验关员在对其行李进行检查中发现该旅客携带了72件瓷器，瓷器底部印有"大明宣德"、"乾隆年制"字样。经鉴定，这批物品为明末清初文物。

【问题】

我国海关对文物出入境如何实施监管？

【法律规定】

《海关法》第四十条：

"国家对进出境货物、物品有禁止性或者限制性规定的，海关依据法律、行政法规、国务院的规定或者国务院有关部门依据法律、行政法规的授权做出的规定实施监管。具体监管办法由海关总署制定。"

【分析】

我国历史悠久，文化繁荣，各族人民在长期的社会生活中留下了大量的历史文化遗产。这些历史文化遗产，既是中华民族灿烂历史的象征，同时又具有重要的考古和科学研究价值，是人类文化遗产的重要组成部分。由于各种原因，不法分子盗运文物出境牟利的情况非常严重，因此，我国对具有重要历史、艺术、科学价值的珍贵文物，实行禁止出境原则（依照本法规定出境展览或者因特殊需要经国务院批准出境的除外）。对其他文物的出境，实行凭证出境的管理办法。1989年10月25日，我国交存了加入《关于禁止和防止非法进出口文化财产和非法转让其所有权的方法的公约》的接受书,承担了和世界各国密切合作,共同保护人类文化遗产的国际责任。根据国际公约和我国立法的规定,海关对文化财产出入境实行管制的措施,并将文化财产列入我国禁止、限制进出境的目录。

(一) 文物的范围

根据我国《文物保护法》的规定,结合我国的实际情况,确定了受国家保护的文物范围是:

1. 具有历史、艺术、科学价值的古文化遗址、古墓葬、古建筑、石窟寺和石刻、壁画;

2. 与重大历史事件、革命运动或者著名人物有关的以及具有重要纪念意义、教育意义或者史料价值的近现代重要史迹、实物、代表性建筑;

3. 历史上各时代珍贵的艺术品、工艺美术品;

4. 历史上各时代重要的文献资料以及具有历史、艺术、科学价值的手稿和图书资料等;

5. 反映历史上各时代、各民族社会制度、社会生产、社会生活的代表性实物;

6. 具有科学价值的古脊椎动物化石和古人类化石同文物一样受国家保护。

历史上各时代重要实物、艺术品、文献、手稿、图书资料、代表性实物等可移动文物,分为珍贵文物和一般文物。珍贵文物分为一级文物、二级文物、三级文物,禁止出境。

(二) 文物出境规则

文物出境,应当经国务院文物行政部门指定的文物进出境审核机构审核。经审核允许出境的文物,由国务院文物行政部门发给文物出境许可证,从国务院文物行政部门指定的口岸出境。目前,我国指定的文物出境口岸是北京、上海、天津和广州,其他口岸不得办理文物出境的海关手续。任何单位或者个人运送、邮寄、携带文物出境,应当向海关申报;海关凭文物出境许可证放行。文物出境展览,应当报国务院文物行政部门批准；一级文物超过国务院规定数量的，应当报国务院批准。一级文物中的孤品和易损品，禁止出境展览。出境展览的文物出境，由文物进出境审核机构审核、登记。海关凭国务院文物行政部门或者国务院的批准文件放行。出境展览的文物复进境，由原文物进出境审核机构审核查验。

（三）文物入境规则

文物临时进境，应当向海关申报，并报文物进出境审核机构审核、登记。临时进境的文物复出境，必须经原审核、登记的文物进出境审核机构审核查验；经审核查验无误的，由国务院文物行政部门发给文物出境许可证，海关凭文物出境许可证放行。

本案中的巴基斯坦籍旅客携带出境的物品是 72 件瓷器，瓷器底部印有"大明宣德"、"乾隆年制"字样。经鉴定，这批物品为明末清初文物。根据我国法律规定，文物出境应当在指定的口岸出境，携带文物出境的个人应当向海关申报，同时提交文物出境许可证。

【结论】

本案中的巴基斯坦籍旅客其行为违反了上述规定，根据我国法律的规定，其行为为涉嫌走私文物。

第七节　其他特殊国家管制措施

其他特殊国家管制措施包括：金银产品进出口管理、无线电和通讯设备进口管理、药品药材进出口管理、印刷品进出境管理、音像制品进口管理、化学品首次进口及有毒化学品进口管理、精神药品和麻醉药品进出口管理以及其他进出口管制措施。

【案例】

香港人王某和福建人李某合伙在某邻国投资建厂，专门从事生产DVD 和 VCD 盗版光盘，并利用边境的复杂地形将盗版光盘走私入境，销售牟利。2006 年 8 月，我西南部某海关破获该案，查扣现货盗版光盘 176 万余张，抓获犯罪嫌疑人 39 人。

【问题】

我国海关对音像制品出入境如何实施监管？

【法律规定】

《海关法》第四十条：

"国家对进出境货物、物品有禁止性或者限制性规定的，海关依据法律、行政法规、国务院的规定或者国务院有关部门依据法律、行政法规的授权做出的规定实施监管。具体监管办法由海关总署制定。"

【分析】

（一）音像制品的范围

录有内容的录音带、录像带及其他已录制磁带、照片、唱片、激光唱盘、光盘和激光视盘以及各种信息存储介质等都属于音像制品进口管理的范围。

（二）音像制品进境规则

进口用于出版的音像制品，以及进口用于批发、零售、出租等的音像制品成品，应当报国务院文化行政部门进行内容审查。进口用于出版的音像制品的单位、音像制品成品进口经营单位应当持国务院文化行政部门的批准文件到海关办理进口手续。进口用于展览、展示的音像制品，经国务院文化行政部门批准后，到海关办理临时进口手续。个人携带和邮寄印刷品、音像制品进境，应向海关申报，接受海关监管。无禁止进境内容的，按自用合理数量放行；超出自用合理数量的，应予以退运。旅客携带宗教印刷品和宗教音像制品进境，以本人自用合理数量为限，超出自用合理数量范围的禁止进境。禁止邮寄散发性宗教印刷品和宗教音像制品进境。有下列内容之一的印刷品或音像制品，禁止进境：（1）攻击中华人民共和国宪法的有关规定；污蔑国家现行政策；诽谤中国共产党和国家领导人；煽动对中华人民共和国进行颠覆破坏、制造民族分裂；鼓吹"两个中国"或"台湾独立"的。（2）具体描写性行为或淫秽色情的。（3）宣扬封建迷信或凶杀、暴力的。（4）其他对中华人民共和国政治、经济、文化、道德有害的。

（三）音像制品出境规则

个人携带和邮寄印刷品、音像制品出境的，应向海关申报，接受海关监管。无禁止进出境内容的，按自用合理数量放行；超出自用合理数量的，应予退运。有下列内容之一的印刷品或音像制品，禁止出境：（1）凡有禁止入境内容的音像制品，也同样禁止出境。（2）涉及国家秘密的。（3）出版物上印有"内部发行"、"国内发行"字样的。（4）国家颁布的《文物出口鉴定参考标准》规定禁止出境的古旧书籍，以及其他具有文物价值的。（5）国家有关主管部门明令禁止出境的其他印刷品和音像制品。

本案中的盗版光盘的内容未经合法著作权人的授权，也没有经过国务院文化行政部门进行内容审查，更没有获得相应的批准文件，因此不可能通过正常手续进入我国境内。

【结论】

香港人王某和福建人李某组织人员将盗版光盘输入我国国境，其行为涉嫌走私犯罪。

第八章 违反海关法行为的法律责任及救济制度

第一节 违反海关法行为的法律责任及救济制度概述

根据《海关法》的规定,违反海关法要承担相应的法律责任。海关法规定的法律责任包括刑事责任和行政责任,并相应地将违反海关法的行为区分为走私罪、走私行为和违反海关监管规定的行为三种。海关管理相对人对海关做出的具体行政行为不服的,可以依法提起行政复议、行政诉讼和行政赔偿。

【案例】

原告:某某银行某市分行

被告:某海关

1998年12月15日,中国某某银行某市分行应某公司请求,其开立跟单信用证用于从新加坡进口棕榈油。双方约定:货物到港后,某公司无条件同意将全部货权交某某银行所有;某公司只有在足额缴纳关税、有关费用及全部信用证款项后才能取得货权,否则某某银行有权处置货物。1999年1月7日,某某银行收到议付行寄来的信用证单据和正本提单,提单注明的收货人为"凭某某银行指示"。同年1月27日,提单项下1999.94吨进口棕榈油运抵某海港。

在此期间,某海关于1999年1月4日立案调查某公司1998年涉嫌在国内倒卖保税进口1 000吨棕榈油走私一案,因上述棕榈油已被某公司倒卖且该公司没有款项可供查扣,某海关依据有关规定,于1999年1月28日将某公司前日运抵威海港的1 999.94吨棕榈油作为案件抵押物予以查扣,后货物因某公司报关后未在规定期限内缴纳税款未能通关。该批货物后应某市区人民法院协助执行的要求,在扣棕榈油中的 1 150 吨在缴清税款后海关放行给法院,剩余 849.94 吨棕榈油,冲抵了某公司因倒卖保税棕榈油走私一案承担追缴走私货物等值价款人民币 560 万元的行政处罚的法律责任。

与此同时,某公司因没有按规定支付开证资金,某某银行于 1999 年 6 月 12 日向某市中级人民法院提起民事诉讼,诉请法院判令某公司偿还信用证项下垫付货款判令某公司支付某某银行信用证项下垫付货款及利息,诉请获得法院终审判决的支持,但某某银行没能通过执行程序实现债权,该行遂于 2001 年 7 月 13 日依据已生效的民事判决,申请某海关优先给付变卖价款扣除有关费用后的剩余款项。但某某海关已对上述款项执行完毕,并答复某某银行无法发还。

2001 年 12 月 11 日,某某银行不服某海关的处理决定,向某市中级人民法院提起行政赔偿诉讼,诉请法院判令某海关赔偿变卖棕榈油的剩余价款。某市中院经审理认为,某海关就本案所涉棕榈油所采取的收取抵押物予以变卖,收取案件保证金、关税、滞纳金、港杂费以及将保证金抵缴罚款的行为均符合法律规定,属于依法实施的具体行政行为;原告某某银行请求判令某海关赔偿棕榈油变卖余款的诉讼请求缺乏事实根据和法律依据,做出驳回原告赔偿诉讼请求的判决。

某某银行不服,随后提起上诉。某省高院经审理认为,赔偿请求权人单独提起行政赔偿诉讼,需经有权机关依法确认和赔偿义务机关先行处理。本案某某银行没有证据证明和表明,在其起诉前,某海关的具体行政行为曾经有权机关违法确认或经赔偿义务机关先行处理,该银行直接向法院提起行政赔偿诉讼,不符合法律规定。原审法院对本案本应不予受理,却进入实体判决,属认定事实不清,适用法律错误,应予以改判。2002 年 7 月 17 日,某省高院做出终审裁定:撤销一审判决,径行驳回某某银行的诉讼请求。

2002 年 11 月 28 日,某某银行再次将某海关诉至某市中院,诉请法院确认某海关查扣、变卖棕榈油及收缴变卖价款行为违法,并要求某海关给付棕榈油变卖余款人民币 534.68 万元。

2003 年 1 月 15 日,某市中院对本案做出一审判决:确认某海关收取涉案棕榈油作抵押物、变卖棕榈油收取价款作案件保证金以及收取变卖价款以执行处罚决定的具体行政行为合法;驳回某某银行要求给付棕榈油变卖价款的赔偿诉讼请求。

某某银行不服上述判决,再次向某省高院提起上诉。某省高院受理上诉请求后,在《行政判决书》中确认私权利优先于公权力行使,从而确认某海关收缴涉案棕榈油变卖价款充抵税款和罚款行为违法,判决某海关赔偿某某银行有关经济损失人民币 534.67 万元。

某海关提出申诉请求并为高院受理,启动审判监督程序对该案进行再审。法院再审认为,某某银行与某公司之间签订信用证合同而取得对本案所涉棕榈油的让与担保物权,该物权已为民事判决所确认并得到了支持,其物权应经该民事判决得以实现。某某银行此后提起行政诉讼,以某海关收取棕榈油作抵押物并以棕榈油变卖所得充抵罚款的行政行为违法为由要求某海关赔偿棕榈油变卖价款,该案的诉讼标的已为此前生效的民事判决所羁束。根据《最高人民法院关于执行〈行政诉讼法〉若干问题的解释》第四十四条的有关规定,本案应裁定驳回某某银行的起诉。故至 2005 年 5 月 8 日,某省高院做出再审裁定:驳回某某银行起诉;撤销某市中院和某省高院先前做出的一审、二审判决。

【问题】

某某银行向某海关提出行政赔偿是否有法律依据?

【分析】

救济,系补救的意思。权利救济,指对已经受到损害的权利给予补救。行政救济是针对行政权力运用的一种消极后果的法律补救。对行政救济途径的分类,有观点认为行政救济包括行政内救济、行政外救济两大途径。行政内救济包括复议救济、监察救济;行政外救济包括立法救济、纪检救济、诉讼救济。除诉讼救济(行政诉讼)以外,其他都是诉

讼外救济。① 还有观点总结,我国现行行政救济机制主要由行政复议、
行政诉讼、行政赔偿、信访以及集会、游行、示威五大制度组成。其中尤
以行政复议、行政诉讼和信访应用率最高,此三者为行政救济机制的基
本制度。② 我国《行政诉讼法》、《行政复议法》、《行政赔偿法》和《信访
条例》(该条例于 2005 年 5 月 1 日起施行)先后实施,专门规定了我国
行政诉讼、行政复议、行政赔偿和信访制度。

　　海关是国家进出境监督管理机关,海关行政救济适用行政救济法
的一般规定,但由于有关法律、行政法规对海关行政复议、海关行政诉
讼都有一些专门规定或不同规定,海关为实施行政复议法、行政诉讼
法、国家赔偿法又对海关行政救济作了具体规定,构建起海关行政救济
制度。

　　在海关行政复议制度上,配套《行政复议法》的实施,海关署令第
78 号公布了《中华人民共和国海关实施行政复议法办法》,该办法对海
关受理行政复议申请、做出行政复议决定做出了具体规定;在健全海关
行政复议制度和加强海关行政复议工作方面,海关总署在内部制度完
善上陆续制定了《海关行政复议工作人员廉政准则》、《海关行政复议关
务公开基本标准》、《海关审理行政复议案件合议制规程》及《海关关于
行政复议申请人、第三人查阅行政复议案件材料的规定》来指导海关行
政复议的具体工作。

　　在海关行政诉讼制度中,我国《行政诉讼法》构建了行政诉讼的基
本制度即是海关行政诉讼中应当遵循的基本制度。近些年来,随着行
政案件类型和数量的不断增多,法院审判行政案件的经验和能力不断
增强,最高人民法院关于行政诉讼的一些司法解释《最高人民法院关于
执行〈中华人民共和国行政诉讼法〉若干问题的解释》[法释(2000)
8 号]、《最高人民法院关于行政诉讼证据若干问题的规定》[法释
(2002)21 号]、《最高人民法院关于印发〈关于审理行政案件适用法律

---

① 范忠信:《行政救济:海峡两岸立法的几点比较》,载《法学家》1997 年第 2 期。
② 姜明安:《完善行政救济机制与建立和谐社会》,北大法律信息网。

规范问题的座谈会纪要〉的通知》(法[2004]96 号)都成为行政诉讼制度的重要组成部分。

在海关行政赔偿制度方面,配套《国家赔偿法》的相关规定,《中华人民共和国海关行政赔偿办法》于 2003 年 3 月 14 日通过,自 2003 年 5 月 1 日起施行。该赔偿办法确定了海关行政赔偿和查验赔偿,对因海关及其工作人员违法行使行政职权导致的行政赔偿和依法对进出境货物、物品实施查验而发生的查验赔偿的赔偿范围和赔偿程序做出了具体规定,在赔偿范围上不仅确立了对过错行政行为的赔偿,并且对事实行为所造成的损失应当给予赔偿亦做出了明确规定。

在海关救济制度中,还必须注意的是 2004 年 11 月 30 日,《中华人民共和国海关办理申诉案件暂行规定》(以下简称《申诉规定》)以第 120 号海关总署令对外公布,自 2005 年 1 月 1 日起正式施行。《申诉规定》是专门规范海关行政执法申诉案件办理的行政规章。《申诉规定》对海关系统(包括海关总署、各直属海关和隶属海关)办理申诉案件,在受案范围、审查机关、办理程序、审查要求、决定形式等方面作了明确规定。《申诉规定》适用于公民、法人或者其他组织不服国家做出的具体行政行为但在法定期限内未申请行政复议或提起行政诉讼,或者是不服行政复议决定但在法定期限内未提起行政诉讼的,向有关机关提出申诉请求的案件。其针对已经丧失复议和诉讼救济权利的具体行政行为,本着保护当事人合法权益、实事求是、有错必纠的原则,再给当事人一次陈述理由、申辩意见的机会。海关经对申诉案件进行审查,将根据不同情况做出驳回申诉请求、决定在一定期限内履行或者责令下级海关在一定期限内履行法定职责、重新做出具体行政行为或复议决定的决定,决定撤销、变更原具体行政行为,或者确认原具体行政行为违法等不同的处理决定。

在这些不同的行政救济制度中,不同制度适用条件和范围都有所不同,行政复议制度是作为行政机关的内部纠错机制,因此在制度设计上,行政复议制度设定了便民效率原则,在起诉条件上要简便于行政诉讼,当事人可以以书面也可以以口头的形式提出,在海关行政复议中,复议的受理机关为做出具体行政行为的海关的上一级海关,复议海关在对具体行政行为进行审查的过程中,原则上采用书面审查的方式,并且对原具体行政行为的进行合法性和合理性的全面审查,并且根据《行政复议法》的规定,当事人在对具体行政行为不服提起行政复议时,可以一并对具体行政行为做出时所依据的一定范围内的规范性文件提出审查申请,海关在对具体行政行为进行复议审查时,也可以依职权对海关做出具体行政行为所依据的规范性文件进行审查,这些都是同样作为救济制度,行政复议与行政诉讼的不同之处。

在海关行政诉讼中,法院作为行政争议的中立方,由法院来审查海关具体行政行为的合法性并最终依法做出裁决。在行政复议和行政诉讼的受理关系上,以当事人选择为基本原则,通常当事人选择行政复议的,行政复议未做出前,法院不予受理,但当事人对行政复议决定不服的,可以依法向人民法院提起诉讼;如果当事人选择直接向人民法院提起行政诉讼的,行政复议机关将不再受理复议申请。我国《海关法》第六十四条规定:"纳税义务人同海关发生纳税争议时,应当缴纳税款,并可以依法申请行政复议;对复议决定仍不服的,可以依法向人民法院提起诉讼。"该规定确立了行政复议与行政诉讼当事人选择原则的例外情况,即对纳税争议不服的,应当适用复议前置的原则,当事人应先提起行政复议,对行政复议决定不服的,再依法向人民法院起诉。

本案涉及行政赔偿制度。国家赔偿制度最早产生于 19 世纪。1873 年,法国著名的"布朗戈案件"开创了国家承担赔偿责任的先例,标志着国家赔偿制度的产生。我国 1954 年的《宪法》第七十九条规定:"由于国家机关工作人员侵犯公民权利而受到损失的人,有取得赔偿的权利。"这是我国第一次以国家根本大法的形式确认了国家承担损害赔偿责任的原则,以后的几次修宪也都重申了这一规定。一些单行法也相应做出了规定。1986 年颁布的《民法通则》第一百二十一条规定:"国家机关或者国家机关工作人员在执行职务中,侵犯公民、法人的合法权益造成损害的,应当承担民事责任。"1989 年颁布的行政诉讼法采用专章对行政机关侵权赔偿做出了相对集中的规定。将我国行政赔偿制度化和加强操作性的就是 1994 年 5 月 12 日第八届全国人大常委会第七次会议上通过的国家赔偿法。在行政赔偿请求的受理上,根据我国《行政赔偿法》的规定,有单独提起行政赔偿和一并提起行政赔偿两种形式,单独提起行政赔偿必须是经过行政机关先行确认违法的程序,对行政机关是否确认违法的决定不服的,可以单独提起行政赔偿诉讼;行政赔偿也可在提起行政诉讼时一并提起。

【结论】

本案中,某省高院经审理认为,赔偿请求权人单独提起行政赔偿诉讼,需经有权机关依法确认和赔偿义务机关先行处理。本案某某银行没有证据证明和表明,在其起诉前,某海关的具体行政行为曾经有权机关违法确认或经赔偿义务机关先行处理,该银行直接向法院提起行政赔偿诉讼,不符合法律规定。原审法院对本案本应不予受理,却进入实体判决,属认定事实不清,适用法律错误,应予以改判,从而做出终审裁定:撤销一审判决,径行驳回某某银行的诉讼请求。

第二节　走私罪及法律责任

一、走私罪的犯罪构成

走私罪是指违反海关法规,非法运输、携带、邮寄国家禁止、限制、应税的货物、物品进出境,或者未经海关许可并缴纳关税,擅自将保税货物、特定减免税货物及其他海关监管货物、物品、进境的境外运输工具在境内销售,逃避海关监管或偷逃税款,情节严重的行为。

【案例】

被告人:唐某,男,23 岁,无业

被告人:陈某,女,54 岁,原系某昆虫研究所标本馆实验师

被告人:苏某,男,52 岁,原系某五金交电公司职工

被告人:周某,男,60 岁,原系某区劳动服务公司职工

被告人:郭某,男,63 岁,个体户

1993 年下半年,被告人唐某通过被告人陈某转手向被告人郭某非法收购国家二级保护野生动物三尾褐凤蝶(标本)20 只,二尾褐凤蝶(标本)3 只;向被告人苏某非法收购了国家二级保护野生动物阿波罗绢蝶(标本)30 只、《濒危野生动植物物种国际贸易公约》附录二所列动物金带喙凤蝶(标本)23 只。在上述非法买卖中,被告人陈某收取了差价。

1993 年夏,被告人周某向被告人苏某非法收购了金带喙凤蝶(标本)一对,三尾褐凤蝶(标本)30 只。

1993 年 9 月中旬,被告人唐某未取得我国濒危物种进出口管理机构核发的允许出口证明书,将 5 只金带喙凤蝶(标本)通过上海市某邮政局寄往美国安尼蝴蝶公司,并欲以 1 000 美元的价格出售。上述蝴蝶后被美国鱼和野生动物执法处截获。

【问题】

被告人唐某在未取得我国濒危物种进出口管理机构核发的允许出口证明书情况下,将 5 只金带喙凤蝶(标本)通过上海市某邮政局寄往美国的行为是否构成走私罪?

【法律规定】

《海关法》第八十二条:

"违反本法及有关法律、行政法规,逃避海关监管,偷逃应纳税款、逃避国家有关进出境的禁止性或者限制性管理,有下列情形之一的,是走私行为:(一)运输、携带、邮寄国家禁止或者限制进出境货物、物品或者依法应当缴纳税款的货物、物品进出境的;(二)未经海关许可并且未缴纳应纳税款、交验有关许可证件,擅自将保税货物、特定减免税货物以及其他海关监管货物、物品、进境的境外运输工具,在境内销售的;(三)有逃避海关监管,构成走私的其他行为的。

有前款所列行为之一,尚不构成犯罪的,由海关没收走私货物、物品及违法所得。可以并处罚款;专门或者多次用于掩护走私的货物、物品,专门或者多次用于走私的运输工具,予以没收,藏匿走私货物、物品的特制设备,责令拆毁或者没收。

有第一款所列行为之一,构成犯罪的,依法追究刑事责任。"

《刑法》第一百五十一条:

"走私武器、弹药、核材料或者伪造的货币的,处七年以上有期徒刑,并处罚金或者没收财产;情节较轻的,处三年以上七年以下有期徒刑,并处罚金。

走私国家禁止出口的文物、黄金、白银和其他贵重金属或者国家禁止进出口的珍贵动物及其制品的,处五年以上有期徒刑,并处罚金;情节较轻的,处五年以下有期徒刑,并处罚金。

走私国家禁止进出口的珍稀植物及其制品的,处五年以下有期徒刑,并处或者单处罚金;情节严重的,处五年以上有期徒刑,并处罚金。

犯第一款、第二款罪,情节特别严重的,处无期徒刑或者死刑,并处没收财产。

单位犯本条规定之罪的,对单位判处罚金,并对其直接负责的主管人员和其他直接责任人员,依照本条各款的规定处罚。"

【分析】

何谓走私？世界各国有不同的解释,概括起来有以下几种:(1)走私是违反国家的法律、法规,私运违禁品进出口的行为,违禁品包括毒品、淫秽物品、伪造的货币及其有价证券、武器、弹药、爆炸物品、禁止出口文物、贵重金属,甚至包括专利权、商标权、版权在内的知识产权;(2)未经批准,私自进出口受管制货品的行为,包括出口许可证的管理、进口配额制度等;(3)走私是进出国境偷漏关税的行为[①]。由于各国各自经济发展水平的不同,定义的侧重点也不太一样,发达国家更强调对违禁品和管制货品的管理,而发展中国家对国家税收尤为关注,但通常一国海关法对违法行为的处罚规定是宽泛的,即使对走私采取狭义的理解,在其他违法行为中也包含了以上各类情况,如澳大利亚海关法在第一篇"导言"中定义部分对"走私"定义为"在进口、引进或出口以及准备进口、引进或出口货物物品时企图瞒骗税收"的行

---

① 中国海关管理干部学院:《海关缉私》(内部教材),第6～7页。

为,在第十三篇"罚则"中除对走私处罚外,还规定对进口任何禁止进口物品、出口任何①禁止出口物品以及非法持有走私货品以及禁止进出口物品的行为进行处罚。波兰的《刑事—财政法》将关税违法行为分为走私、欺骗海关、逃税行为、滥用海关优待办法和阻挠海关检查等五种形式。美国法律将走私罪分为两大类:一类是广义上的走私,包括准备或递交虚假文件的行为;一类是狭义上的走私,包括私下进口货物等②。由此可见,对"走私"一词的理解各国存在差异并不重要,关键是对该范畴内的所有违法行为做出规定,做到法网恢恢,疏而不漏。

国际法律界以及国际法律中对走私又是如何规定的呢?海关合作理事会(现世界海关组织,简称 WCO)1977 年 6 月 9 日在肯尼亚首都内罗毕主持制定,并于 1980 年 5 月 21 日生效的《为防止、调查和惩处违反海关法行为实行行政互助的国际公约》(简称《内罗毕公约》)对"走私"的定义是"指以秘密的方式将货品运过关境的瞒骗海关的行为",该公约对"海关瞒骗"的定义是"指欺骗海关藉以逃避全部或部分进出口关税和国内税,或逃避履行海关禁止或限制规定,或违反海关法藉以谋利的行为"③,由此可见,由于各国海关法规定的不一致,该公约尊重各国海关法而做出的走私定义,实际上涵盖了各国对走私范围的规定,具有宽泛的特点。《国际海关词汇手册》基于《内罗毕公约》的规定,对"走私"一词定义为以任何秘密的方式将货物越过关境,逃避海关监管的违反海关法的行为。注释中又有两项说明:(1)该定义也涵盖某些在关境内持有和移动货物的违反海关法律的行为;(2)在某些国家,以秘密方式移动货物跨过关境不是走私的法定要素,或非在国家与国家之间的违法行为不能定为走私④。该手册注释实际提示,在一些国家,"关境"并非构成走私的要素,跨越关境或在关境内移动货物均可能构成走私。另从行为方式来看,"持有"乃走私行为方式之一。《布莱克法

---

① CUSTOMS ACT 1901 (Reprinted as at 1 August 1994).
② 张国贵主编:《走私犯罪的惩治与防范》,西苑出版社 2000 年版,第 18~19 页。
③ 海关总署调查司、上海海关专科学校:《内罗毕公约》译本。
④ GLOSSARY OF INTERNATIONAL CUSTOMS TERMS.

律大词典》对走私的定义是进出口禁止商品而未付税的行为,同时包括以瞒骗的方式将法律禁止的商品带进或带出国家的行为。并进一步解释,走私在普通法上有清楚的含义,指将未付税的商品、货物,或禁止进出境的货物带至海岸或带离海岸的行为。①

我国法律对走私未曾下过定义,1979 年刑法走私罪规定的条文是第 116 条:"违反海关法规,进行走私,情节严重的,除按照海关法规没收走私物品并可以罚款外,处三年以下有期徒刑或者拘役,可以并处没收财产"。1997 年新刑法尽管对走私罪单独规定一节,并有十个罪名,但在罪状的具体描述上和 1979 年的《刑法》并无区别,仍用"走私"一词去描述具体行为。

1987 年《海关法》第四十七条、第四十九条对走私罪作了列举式的规定,第四十七条规定:"逃避海关监管,有下列行为之一的,是走私罪:(一)运输、携带、邮寄国家禁止进出口的毒品、武器、伪造的货币进出境的,以牟利、传播为目的运输、携带、邮寄淫秽物品进出境的,或者运输、携带、邮寄国家禁止出口的文物出境的;(二)以牟利为目的,运输、携带、邮寄除前项所列物品外的国家禁止进出口的其他物品、国家限制进出口或者依法应当缴纳关税的货物、物品进出境,数额较大的;(三)未经海关许可并补缴关税,擅自出售特准进口的保税货物、特定减税或者免税的货物,数额较大的。""以武装掩护走私的,以暴力抗拒检查走私货物、物品的,不论数额大小,都是走私罪"。"犯走私罪的,由人民法院依法判处刑事处罚包括判处罚金,判处没收走私货物、物品、走私运输工具的违法所得"。"企业事业单位、国家机关、社会团体犯走私罪的,由司法机关对其主管人员和直接责任人员依法追究刑事责任;对该单位判处罚金,判处没收走私货物、物品、走私运输工具和违法所得。"但由于未下完整定义,即概括性的规定,因而也是不完整的,给司法实践带来理解上的混乱。

这种状况一直到 2000 年 7 月 8 日第 9 届全国人大常委会第 16 次会

---

① BLACK'S LAW DICTIONARY (FIFTH EDITION) WEST PUBISHING CO 1979.

议通过的《关于修改〈中华人民共和国海关法〉的决定》中才得到改变,修改后的海关法第八十二条对走私采取了概括性和列举性相结合的规定方式,并和原《海关法》第四十七条不同的是先规定走私行为,后规定走私罪:"违反本法及有关法律、行政法规,逃避海关监管,偷逃应纳税款、逃避国家有关进出境的禁止性或者限制性管理,有下列情形之一的,是走私行为:(一)运输、携带、邮寄国家禁止或者限制进出境货物、物品或者依法应当缴纳税款的货物、物品进出境的;(二)未经海关许可并且未缴纳应纳税款、交验有关许可证件,擅自将保税货物、特定减免税货物以及其他海关监管货物、物品、进境的境外运输工具,在境内销售的;(三)有逃避海关监管,构成走私的其他行为的。""有前款所列行为之一,尚不构成犯罪的,由海关没收走私货物、物品及违法所得。可以并处罚款;专门或者多次用于掩护走私的货物、物品,专门或者多次用于走私的运输工具,予以没收,藏匿走私货物、物品的特制设备,责令拆毁或者没收。""有第一款所列行为之一,构成犯罪的,依法追究刑事责任"。

我国刑法学界对走私罪下的定义主要有"指违反海关法规,非法运输、携带、邮寄货物、货币、金银或其他物品进出国(边)境,逃避海关监管、检查,偷逃关税,破坏国家对外贸易管制,情节严重的行为"①,"走私罪,是指违反海关法规,非法运输、携带、邮寄货物、货币、金银或者其他物品进出国(边)境,逃避海关监管、检查、破坏对外贸易管制,情节严重的行为,是一种严重破坏经济秩序的犯罪"②,"走私罪是指故意违反海关法规和其他有关法律、法规,逃避海关监管,非法携带、运输、邮寄国家禁止进境或者出境的物品、国家限制进出口的货物、物品进出境,或者偷逃应缴关税,破坏国家对外贸易管理制度和海关正常监管活动的行为"③,"走私罪,是指单位或者个人违反海关法规,逃避海关监管,偷逃关税,非法进出口货物、物品,情节严重的行为"④,"走私罪是指故

① 高铭暄主编:《中国刑法学》,中国人民大学出版社1989年版,第235页。
② 杨春洗、杨敦先主编:《中国刑法论》,北京大学出版社1994年版,第325页。
③ 钱舫、许道明著:《走私罪的认定与处理》,中国检察出版社1998年版,第82页。
④ 韩春雁、朱春阳主编:《新刑法与走私罪》,西苑出版社1998年版,第11页。

意违反海关法规和其他有关法律、法规,逃避海关监管,非法运输、携带、邮寄国家禁止进境或者出境的物品、国家限制进出口的货物、物品进出境,或者偷逃应缴关税,破坏国家对外贸易管理制度和海关正常监管活动的行为"①。《现代汉语词典》对"走私"的解释是:"违反海关法规,逃避海关检查,非法运输货物进出国境"。

以上这些定义均强调两点:一是违反海关法规;二是逃避海关监管。违反海关法规,不仅指违反《中华人民共和国海关法》,还包括违反海关行政法规、规章,并意味着走私罪是法定犯罪,非凭伦理道德能判断是非曲直的自然犯罪,贝卡利亚所谓"走私是法律的产物"②是同样的意思,这也意味着走私罪的认定必须依附于海关法;而是否逃避海关监管,则是认定走私罪的关键,1964年的《海关查私工作试行细则》中明确规定"区分是否走私主要以有无逃避海关监管的行为为准",1987年的《海关法》第四十七条也明确走私乃逃避海关监管,法律如此规定,司法实践中也是这样定案的。例如,本案中被告人唐某向被告人苏某非法收购《濒危野生动植物物种国际贸易公约》附录二所列举动物金带喙凤蝶(标本)23只,唐某将其中5只标本在向海关履行了报关手续后,得到了海关的查验放行,寄往国外。一审法院以走私罪对唐某定罪量刑,二审法院改判唐某不构成走私罪,理由是唐某虽在无许可证的前提下将5只标本寄往国外,但向海关履行了报关手续,且该报关手续是符合海关要求的,并未逃避海关监管,其行为不构成走私罪。海关放行的依据是金带喙凤蝶未列入我国《国家重点保护野生动物名录》,而根据我国加入的《濒危野生动植物物种国际贸易公约》,金带喙凤蝶属于保护对象。不能将海关工作中的失误或过错由相对人来承担。③ 那么是不是满足了违反海关法规和逃避海关监管,就可以定走私罪了呢?由于走私对象对定罪的特殊意义(下文将详细论述),必须是针对国家

---

① 张国贵主编:《走私犯罪的惩治与防范》,西苑出版社2000年版,第88页。
② [意]贝卡利亚著:《论犯罪与刑罚》,中国大百科出版社1996年版,第45页。
③ 《96'上海法院案例精选》,上海人民出版社1997年版,第24页。

禁止的物品和限制的货物物品，或应税货物物品，方能构成，除此之外的对象，不构成走私罪，而只能依据《海关行政处罚实施细则》作为违反海关监管规定的行为处理。

因此，我国法律中的"走私罪"概念包含三个要素：违反海关法、逃避海关监管和特定的对象。修改后的我国《海关法》第八十二条对走私的定义："违反本法及有关法律、行政法规，逃避海关监管，偷逃应缴税额、逃避国家有关进出境的禁止性或限制性管理，有下列情形之一的，是走私行为：（一）……（二）……（三）……"。该定义采取概括定义和列举定义相结合的方式，实际涵盖了违反海关法、逃避海关监管和特定的对象三个要素。我国刑法学界有人认为，逃避海关监管行为本身就是违反了海关法规，因而在走私罪定义中没有必要画蛇添足地加上"违反海关法规"这句话[1]。联系《京都公约》对"海关监管"的定义"为执行海关法而采取的种种措施"，该观点不无道理。但是，从走私罪是法定犯罪的性质出发，笔者认为，有必要将违反海关法规特性单列，以强调走私罪是违反海关法规的犯罪。其意义不只是明确概念，而是会影响到走私罪主观要件（如违法性认识）、走私罪立法渊源等多个方面的问题。联系《国际海关词汇手册》对走私的定义，显然我国走私罪在空间上直接地（通关走私、绕关走私）或间接地（后续走私、准走私）和跨越关境的货物物品的移动联系在一起，而未把单纯的关境内货物物品的移动视为走私，因而如此运用"走私"一词也是错误的，如某报以"瑞丽—保山—昆明—广州：动物走私的空中走廊"报道犯罪分子在云南非法捕杀珍贵野生动物，运到广州销售谋利的行为，使用"走私"一词明显有误。[2]

【结论】

唐某虽在无许可证的前提下将 5 只标本寄往国外，但向海关履行了报关手续，且该报关手续是符合海关要求的，并未逃避海关监管，其行为不构成走私罪。

---

[1]　杜平：《论走私罪》，载《刑法学研究新视野》，中国人民公安大学出版社 1995 年版。
[2]　参见《南方周末》1999 年 7 月 30 日第 5 版。

二、按走私罪论处的行为

按走私罪论处的行为,是指与走私直接相关,其社会危害性已达到犯罪的严重程度,应该按照走私罪予以处罚的行为。根据《海关法》和《刑法》的规定,按走私罪论处的行为有:

1. 直接向走私人非法收购国家禁止进口物品的;或者直接向走私人非法收购走私进口的其他货物、物品、数额较大的行为;

2. 在内海、领海运输、收购、贩卖国家禁止进出境物品的,或者运输、收购、贩卖国家限制进出境货物、物品,数额较大,没有合法证明的行为。

【案例】

1999 年2月,某走私犯罪侦察分局接到举报,举报人称:1997年5月,广东 A 公司向江门 B 公司订购美国"波迪"牌系列化妆品约 800 万元人民币,B 公司委托番禺一专门搞走私活动的集团负责走私进口。自 1998年走私进口,除部分已发往各地经销外,尚有500万元货物留在某市,其中约200万元货物存放在该市一学校仓库内。侦察分局随即展开行动,在学校仓库内查扣化妆品货物 4 000 多箱,并扣留 A 公司两名业务员。经检查,该批货物为进口货物。在找到 A 公司法定代表人吴某后,询问货物的来源和有无合法证明。吴某称:A 公司在与 B 公司签订进口协议时明确要求 B 公司提供合法进口手续,但交货时却没有将合法手续,如报关单,交 A 公司,只提供了一张增值税专用发票。侦察分局经调查:B 公司开出的增值税专用发票为虚开;进口化妆品没有合法进口的口岸名称、没有合法来源证明,但侦察分局同时也没有掌握走私进口的证据。

【问题】

1. 在 A、B 公司没有提供合法证明证明货物是合法进口的情况下,能否以走私罪定罪处罚?理由是什么?

2. 我国《刑法》条文中是否还有类似"无合法证明"的规定?这样规定对《刑法》和《刑事诉讼法》有何影响?

【法律规定】

《海关法》第八十三条:

"有下列行为之一的,按走私行为论处,依照本法第八十二条的规定处罚:(一)直接向走私人非法收购走私进口的货物、物品的;(二)在内海、领海、界河、界湖,船舶及所载人员运输、收购、贩卖国家禁止或者限制进出境的货物、物品,或者运输、收购、贩卖依法应当缴纳税款的货物,没有合法证明的。"

《刑法》第一百五十五条:

"下列行为,以走私罪论处,依照本节的有关规定处罚:(一)直接向走私人非法收购国家禁止进口物品的,或者直接向走私人非法收购走私进口的其他货物、物品,数额较大的;(二)在内海、领海运输、收购、贩卖国家禁止进出口物品的,或者运输、收购、贩卖国家限制进出口的货物、物品,数额较大,没有合法证明的;(三)逃避海关监管将境外固体废物运输进境的"。

【分析】

(一)关于"合法证明"的内容及意义。

所谓"合法证明",是指当事人所持有的真实的并且与实际运输、收购、贩卖的有关货物及物品的事实相符的,足以证明其合法性的有效的运输及商业单据、文件等证明材料。这里"当事人"包括运输工具负责人、押运人及货主;"所持有的",是特指当事人当时所携带并向海关呈验的各种证明材料,不包括事后补交的证明材料;"与……事实相符"是指该证明材料,货物、物品的实际情况以及启运港、指运港、行驶路线等有关行为,三者完全相符,各项记载完全吻合;"运输及商业单据、文件",主要指提单、运单、转货准单、载货清单、船舶及货物进出口许可证件、航海日志、经营登记证或许可证、商业契约、发票、税单等。根据运输航线的不同,又可分为:从事国际航线运输的船舶应持有的证件,从事国内沿海运输的船舶运输国家禁止或限制进出境货物、物品应持有的证件,从事来往港澳运输的小型船舶应持有的证件和从事海上收购、贩卖国家禁止或限制进出境货物、物品的船舶应持有的证件等四类,每类有不同的证件要求。如从事国内沿海运输的船舶运输国家禁止或限制进出境货物、物品应持有的证件包括船舶营业运输证、运单(或联运运单)、船舶载货清单和载运海关监管的转关运输货物的船舶还应持有由海关签发的关封。①

"合法证明"在刑事法律中的规定,具有实体法和程序法上的双重意义:

在实体法上,无论是英美法系还是大陆法系,犯罪的构成均强调主观要件和客观要件的结合,不受意志支配的行为不受处罚成为通例,这是因为犯罪行为是犯罪人实施的严重危害社会的行为,其对社会的危害不仅在于对社会的破坏性、侵害性上,还在于行为人的人身危险性上,故意过失本身就是一种侵害,当这种意志支配行为时,就被视为犯罪。我国《刑法》规定犯罪构成四个要件,分别是犯罪主体(自然人或法人),犯罪主观要件(故意或过失),犯罪客体(社会关系)和犯罪客观要件(行为、结果和因果关系),四个要件缺一不可。司法实践中,犯罪主观要件又是通过犯罪客观要件行为表现出来的。《刑法》条文中对没有"合法证明"按走私罪论处的规定,实则是在没有证据证明主观有走私故意的基础上,对走私故意的推断,其前提是排除中间状态,即非黑即白,不允许有其他合法行为存在的可能,这也是为什么《刑法》仅在第一百五十五条第二项规定没有"合法证明"以走私罪论处,是在内海、领海特定水域,运输、收购、贩卖国家禁止进出境物品,或运输、收购、贩卖国家限制进出境的货物物品数额较大时,而在内陆查获的走私普通货物物品中没有同样规定,②因为普通货物物品来源渠道多,有国际贸易,也有国内贸易,涉及的环节多,即使当事人提供不出合法证明,也不能排除其他合法渠道的可能,对走私故意的推断也不能确定。

"合法证明"在程序法上的意义是将举证责任转移到了犯罪嫌疑人身上。刑事诉讼中举证责任在公诉一方,证据规则乃充足证据,而非民

---

① 海关总署《关于明确"合法证明"的含义的通知》([89]署调字第 500 号)海关总署《关于进一步明确"合法证明"范围的通知》(署调[1997]1031 号)

② 有一种例外,即对在内陆查获的走私汽车和无进口证明的汽车,海关、公安、工商行政管理部门应一律没收(国务院办公厅 国办发[1993]55 号《关于加强进口汽车牌证管理的通知》),但在该情况下是给予行政处罚,非刑事处罚。

事诉讼中的压倒证据,必须排除其他合法行为的可能,证明行为人犯罪确凿无疑。无"合法证明"以犯罪论处,实际上是将原来由追诉机关承担的举证责任转移到犯罪嫌疑人身上,由犯罪嫌疑人提供证明,证明其行为是合法的。若提供不了合法证明,在排除其他合法行为存在的前提下,其行为就被视为非法的,将以犯罪论处。"合法证明"规定在法律条文中,降低了公诉方举证责任的要求,大大方便了刑事侦察和公诉,在犯罪率上升和犯罪形式多样化的情况下,对打击犯罪十分有利,但限于前提条件是排除其他合法行为存在的可能,证据规则须满足充足的条件,因而又受到法律限制,不是在追诉任何犯罪时均可使用。

（二）无"合法证明"的对象是国家禁止进出口物品,或国家限制进出口货物、物品,且数额较大,应税货物不在定罪范围。

最后,需要说明的是,《刑法》第一百五十五条第三项规定将逃避海关监管将境外固体货物运输进境和前两种准走私行为并列的规定不妥,因为该行为直接逃避海关监管,是典型的走私行为,不是准走私行为。最高人民法院关于刑法罪名的司法解释也单列走私固体废物罪,以示和准走私行为的区别。

【结论】

在 A、B 公司没有提供合法证明证明货物是合法进口的情况下,不能以走私罪定罪处罚。因为适用该条款的前提是在内海、领海运输收购、收购、贩卖国家禁止进出境物品的,或者运输、收购、贩卖国家限制进出境货物、物品,数额较大,没有合法证明的行为。而 A、B 公司没有提供合法证明的情形是发生在内陆,空间上不适用。

第三节　违反海关法的行为及法律责任

一、走私行为

走私行为,是指违反海关法及有关法律、行政法规,非法运输、携带、邮寄国家禁止、限制进出境或应纳税款的货物、物品进出境,或者未经海关许可并未缴应纳税款、交验有关许可证件,擅自将保税货物、特定减免税货物以及其他海关监管货物、物品、进境的境外运输工具在境内销售,逃避海关监管或偷逃税款的行为。

【案例】

1997 年 5 月 13 日,张某乘坐东方航空公司北京—青岛—大阪的 MU525 次航班由青岛出境时,携带日币 1 600 万元,未向海关申报,被青岛海关查获。

【问题】

张某的行为是构成走私犯罪,还是构成走私行为?

【法律规定】

《海关法》第八十二条:

"违反本法及有关法律、行政法规,逃避海关监管,偷逃应纳税款、逃避国家有关进出境的禁止性或者限制性管理,有下列情形之一的,是走私行为:(一)运输、携带、邮寄国家禁止或者限制进出境货物、物品或者依法应当缴纳税款的货物、物品进出境的;(二)未经海关许可并且未缴纳应纳税款、交验有关许可证件,擅自将保税货物、特定减免税货物以及其他海关监管货物、物品、进境的境外运输工具,在境内销售的;(三)有逃避海关监管,构成走私的其他行为的。

有前款所列行为之一,尚不构成犯罪的,由海关没收走私货物、物品及违法所得。可以并处罚款;专门或者多次用于掩护走私的货物、物品,专门或者多次用于走私的运输工具,予以没收,藏匿走私货物、物品的特制设备,责令拆毁或者没收。

有第一款所列行为之一,构成犯罪的,依法追究刑事责任。"

《海关行政处罚实施条例》第七条:

"违反海关法及其他有关法律、行政法规,逃避海关监管,偷逃应纳税款、逃避国家有关进出境的禁止性或者限制性管理,有下列情形之一的,是走私行为:

(一)未经国务院或者国务院授权的机关批准,从未设立海关的地点运输、携带国家禁止或者限制进出境的货物、物品或者依法应当缴纳税款的货物、物品进出境的;

（二）经过设立海关的地点，以藏匿、伪装、瞒报、伪报或者其他方式逃避海关监管，运输、携带、邮寄国家禁止或者限制进出境的货物、物品或者依法应当缴纳税款的货物、物品进出境的；

（三）使用伪造、变造的手册、单证、印章、账册、电子数据或者以其他方式逃避海关监管，擅自将海关监管货物、物品、进境的境外运输工具，在境内销售的；

（四）使用伪造、变造的手册、单证、印章、账册、电子数据或者以伪报加工贸易制成品单位耗料量等方式，致使海关监管货物、物品脱离监管的；

（五）以藏匿、伪装、瞒报、伪报或者其他方式逃避海关监管，擅自将保税区、出口加工区等海关特殊监管区域内的海关监管货物、物品，运出区外的；

（六）有逃避海关监管，构成走私的其他行为的。"

【分析】

我国《海关法》将违反《海关法》的行为分为走私罪、走私行为和违反海关监管规定的行为（简称违规行为）三种，对走私罪适用刑法的规定，承担相应的刑罚，而对后两种行为，是根据《中华人民共和国海关行政处罚实施条例》的规定进行行政处罚。那么，走私罪和走私行为有何区别呢？

在有些国家，如美国，没有在诸如走私数额上做出区分，它认为只要是证据证明有逃避海关监管的走私故意的存在，就可以定走私罪。这一模式是和这些国家在犯罪定义中没有量的规定，犯罪的实体规定严格，而在追诉犯罪的程序上设定若干筛选过程，如辩诉交易（Plea Bargin），将情节一般的行为剔除出去，实际追诉面较小的体制是相一致的。在我国，则是实体法律中明确规定犯罪的定量因素，如犯罪数额、情节等，将情节较轻的行为排斥在犯罪之外，一般走私行为和走私罪的区分也是同样的规定方式。从我国立法渊源来看，走私行为和走私罪依然是以情节是否严重作为区分的标准。1979 年的《刑法》规定"违反海关法规，进行走私，情节严重的"作为构成走私罪的基本条件，实际上指的是重大走私行为。所谓重大走私,就是指有下列情形之一的行为:(1)惯常走私或者惯常贩运、窝藏、倒卖走私物品的;(2)集团性走私;(3)走私物品价值数额较大的;(4)私运毒品或其他违禁品的;(5)伪造、冒用国家机关、部队证件,掩护走私的;(6)国家工作人员利用职权走私或者勾结国家工作人员走私的;(7)检查或者扣留走私物品时,走私人以暴力抗拒的;(8)重大走私的预备行为。[①] 1997 年的新《刑法》实际上仍以情节是否严重作为区分走私罪和走私行为标准。这可以从总则第十三条和走私罪一节具体走私数额等规定中看出。

我国《海关法》将违反海关法的行为分为三种:违反海关监管规定的行为、走私行为、走私罪。这里,走私罪、走私行为和违规行为在理论上到底有什么区别呢? 海关界有同志提出,在我国海关监管过程中,内含着三层法律关系。第一层是商事法律关系,包括商事外贸合同关系和进出境当事人对携带物品的所有权关系,这是海关监管的基础关系。第二层内含三种法律关系:其一因国家对外经贸合同的标的物、当事人所有权关系标的物禁止进出境而产生的法律关系;其二因国家对上述标的物限制性规定而产生的法律关系;其三因国家对上述标的物进行征税而产生的税收法律关系。第三层是海关为保证进出口贸易秩序,保证依法征税,保证国家外贸政策、外贸管制的落实对进出境货物进行监管而与当事人形成的法律关系。走私行为侵犯的是第二层和第三层法律关系,仅侵犯第二层法律关系,如无证进口,是违反国家贸易法规的行为。仅侵犯第三层法律关系是违反海关监管规定的行为。[②]

上述观点是十分有见地的,它从本质上区分了违反海关监管规定的行为和走私行为,但并没有揭示走私行为和走私罪的区别,走私行为和走私罪的区别还是主要表现在情节上。如果做具体比较,区别有四点:(1)偷逃税款数额。根据新刑法,偷逃税款 5 万元以上的定走私罪,不到这个数字的显然是走私行为;(2)武装掩护走私的情况下不

[①]　高铭暄著:《中华人民共和国刑法的孕育和诞生》,法律出版社1981年版,第 161 页。
[②]　郭卫东:《走私行为研究》,载《上海海关高等专科学校学报》1999 年第 4 期。

要求数额。由于武装掩护走私侵犯的客体已经不单单是海关的监管制度，而实际上已构成对国家政权的威胁和对抗，这种情况下数额已不起主要作用，正如抢劫不要求数额定罪一样；（3）走私违禁品立法也未规定数额。根据新《刑法》的规定，走私违禁品的，一律构成走私罪，没有任何犯罪情节和数额的要求，这反映出立法者对违禁品走私的严厉倾向。但从司法实践来看，也不是意味着走私违禁品价值低微、数量有限、情节轻微的所有行为一律定罪，司法机关可以依据《刑法》第十三条的规定，将情节显著轻微的案件不定罪，这也完全是符合法律规定和法律精神的；（4）走私罪限于特定的几种对象，包括禁止进出境物品中的几类、限制进出境货物物品和应税货物物品，而走私行为的对象要宽泛得多，包括所有禁止进出境的物品、限制进出境货物物品和应税货物物品。此外，有同志结合海关立法及实践指出，目前走私行为和走私罪之间也存在不一致的情况，如走私淫秽物品罪主观上要求以"牟利或传播为目的"，对不具备牟利或传播为目的的，是依据《海关行政处罚实施条例》按走私行为处理。此外，对未经海关许可并补缴应缴税款，擅自将批准进口的进料加工的保税货物，在境内销售牟利的行为，尽管《海关法》规定是犯罪行为，但新刑法未将进料加工的保税货物规定在第一百五十四条第（一）项内容中，实践中，公安机关是将此类案件退回海关作为走私行为处理的。对前一种情况，笔者认为是妥当的，而且可以认为特定的目的是属于"情节"这一模糊概念中。但对后一种情况，则不应作为走私行为与走私罪的区别点，实乃立法上缺陷，在最高人民法院的司法解释中已得到修改和弥补。

在理论上，走私行为和走私罪构成要件是否完全一致有不同的看法。一种观点是和犯罪构成的四个要件基本一致，即违法行为主体、违法行为客体、违法行为的客观要件和主观要件；另一种观点认为是三个要件，即主体要件、客体要件和行为要件，排除了主观故意和过失。但从目前《海关行政处罚实施条例》、《海关法》和《刑法》的规定来看，走私行为和走私罪的构成要件上，没有任何区别，都是四个构成要件，即主体、客体、主观方面和客观方面，这可以从走私行为和走私罪法律条文规定的高度一致性和对应性上可以比较得出,新《刑法》规定的 11 个罪的行为都可以在《海关行政处罚实施条例》中找到对应规定,且行为描述上几乎一致。《海关行政处罚实施条例》第二章"走私行为及其处罚"内容和《刑法》第三章第二节"走私罪"规定内容基本相一致,可以这样认为,走私违法行为和走私犯罪行为在构成要件上是完全一致的,它们之间的差异主要是在危害性大小上。

　　从立法实践来看,有一个统计,截至 1991 年年底,有 223 件法律、行政法规规定了行政处罚,其中,80%以上规定,只要公民、法人和其他组织实施了违反行政法律规范的行为,就应受到行政处罚。4.4%规定,还应有主观过错才受到行政处罚。15.2%规定,还应具备一定情节和后果才受到处罚。只有极少数管理领域,公民、法人和其他组织实施违法行为必须主观上有过错,客观上造成危害结果才受到处罚[1]。由此可见,在行政违法的情况下,对责任的追究,并没有像《刑法》犯罪构成要件要求那样,必须四个构成要件,而是视规范和调整某一行政管理领域的单行法律、法规和行政规章对该领域中构成行政违法行为的条件是如何规定的,即判断标准应以法律、行政法规和规章为准。目前绝大多数的情况下未要求主观要件,并没有采用犯罪构成四个要件的标准,这种差异性是由行政违法行为与犯罪在违法程度上差异决定的。由于犯罪是危害社会行为中较严重的,对其处罚也是法律责任承担方式中最为严厉的,一旦定性处罚,就没有回旋余地,因而法律对定罪和处罚就十分慎重,恪守四个构成要件。而行政违法行为的处理就不同,由于是行政机关自己做出决定,方式要灵活一些,且为保证行政效率,对每一个行政违法行为均考察有无主观故意和过失,实无必要,也不可能,因而法律多未规定主观要件的要求。各国司法实践中均有先定行政违法行为后改为犯罪行为(如有证据证明主观故意)例子,而无先定犯罪行为而后改为行政违法行为(除非有错误)情况,实际上反映了这种差异。从目前《海关法》、《海关行政处罚实施条例》的规定来看,基本

---

① 孙秋楠:《受行政处罚行为的构成要件》,载《中国法学》1992 年第 6 期。

是一致的,即走私行为和走私罪都须具备四个要件,实践中也应该依据四个要件来认定。当然从理论上讲,既然是行政违法行为并进行行政处罚,从法理上就没有必要一定需要考察行为人主观上有故意和过失,但前提是海关法律有规定,在无法律规定情况下任意从客观行为出发认定其行为性质,而不考察其主观故意是错误的。海关实际工作中有同志提出在"发错货"案件中,即海关查验过程中,发现申报内容和实际查验内容不符,海关认为有走私嫌疑,而当事人以对方发错货为由要求退运时,不需考察当事人的主观状态,一律认定是走私的观点是不妥当的。

【结论】

张某违反海关法规,逃避海关监管,逃避国家限制性管理规定,携带国家限制进出境的物品进出境,尽管数量大,但由于外币不在走私犯罪对象之列,其行为不构成走私罪,仅构成走私行为。

二、违反海关监管规定的行为

违反海关监管规定的行为,是指违反海关法规但不构成走私的行为。

【案例】

某机电企业有限公司分别于 2000 年 12 月 22 日、2001 年 7 月 11 日和 2002 年 7 月 2 日,先后持三份免税证明向海关申报进口合资合作设备项下塑胶射出模 4 套、压力铸造模 250 千克;塑胶射出模 8 套、压力铸造模 350 千克;压力铸造模 9 522 千克。共计价值 1 399 011 元。2004 年 3 月 5 日,经海关稽查发现,该公司在进口上述货物后,由于其本身没有能力利用这些模具加工产品,所以在未经海关许可的情况下,先后与其他 4 家企业签订了"模具保管契约书"。根据该"契约书"的约定,该公司将上述免税进口模具交这些企业保管并由这些企业利用保管的模具专为该公司加工成品。生产的成品再由这些企业卖给该公司,加工单位按照加工费和材料费开具增值税专用发票。"契约书"签订后,该公司将这些模具交给以上企业进行保管并为其加工产品。

【问题】

某机电企业有限公司的行为是否违反《海关法》规定？具体应如何定性处罚？

【法律规定】

《海关法》第八十六条：

"违反本法规定有下列行为之一的,可以处以罚款,有违法所得的,没收违法所得：

（一）运输工具不经设立海关的地点进出境的；

（二）不将进出境运输工具到达的时间、停留的地点或者更换的地点通知海关的；

（三）进出口货物、物品或者过境、转运、通运货物向海关申报不实的；

（四）不按照规定接受海关对进出境运输工具、货物、物品进行检查、查验的；

（五）进出境运输工具未经海关同意,擅自装卸进出境货物、物品或者上下进出境旅客的；

（六）在设立海关的地点停留的进出境运输工具未经海关同意,擅自驶离的；

（七）进出境运输工具从一个设立海关的地点驶往另一个设立海关的地点,尚未办结海关手续又未经海关批准,中途擅自改驶境外或者境内未设立海关的地点的；

（八）进出境运输工具,未经海关同意,擅自兼营或者改营境内运输的；

（九）由于不可抗力的原因,进出境船舶和航空器被迫在未设立海关的地点停泊、降落或者在境内抛掷、起卸货物、物品,无正当理由,不向附近海关报告的；

（十）未经海关许可,擅自将海关监管货物开拆、提取、交付、发运、调换、改装、抵押、质押、留置、转让、更换标记、移作他用或者进行其他处置的；

　　(十一)擅自开启或者损毁海关封志的；

　　(十二)经营海关监管货物的运输、储存、加工等业务,有关货物灭失或者有关记录不真实,不能提供正当理由的；

　　(十三)有违反海关监管规定的其他行为的。"

　　《海关行政处罚实施条例》第十二条：

　　"违反海关法及其他有关法律、行政法规和规章但不构成走私行为的,是违反海关监管规定的行为"。

　　第十八条：

　　"有下列行为之一的,处货物价值5%以上30%以下罚款,有违法所得的,没收违法所得：

　　(一)未经海关许可,擅自将海关监管货物开拆、提取、交付、发运、调换、改装、抵押、质押、留置、转让、更换标记、移作他用或者进行其他处置的；

　　(二)未经海关许可,在海关监管区以外存放海关监管货物的；

　　(三)经营海关监管货物的运输、储存、加工、装配、寄售、展示等业务,有关货物灭失、数量短少或者记录不真实,不能提供正当理由的；

　　(四)经营保税货物的运输、储存、加工、装配、寄售、展示等业务,不依照规定办理收存、交付、结转、核销等手续,或者中止、延长、变更、转让有关合同不依照规定向海关办理手续的；

　　(五)未如实向海关申报加工贸易制成品单位耗料量的；

　　(六)未按照规定期限将过境、转运、通运货物运输出境,擅自留在境内的；

　　(七)未按照规定期限将暂时进出口货物复运出境或者复运进境,擅自留在境内或者境外的；

　　(八)有违反海关监管规定的其他行为,致使海关不能或者中断对进出口货物实施监管的。

　　前款规定所涉货物属于国家限制进出口需要提交许可证件,当事人在规定期限内不能提交许可证件的,另处货物价值30%以下罚款；漏缴税款的,可以另处漏缴税款1倍以下罚款。"

【分析】

本案是一起典型的未经海关许可,擅自将特定减免税进口货物移作他用的案件。根据《海关法》第五十七条的规定:"特定地区、特定企业或者有特定用途的进出口货物,可以减征或者免征关税。特定减税或者免税的范围和办法由国务院规定","依照前款规定减征或者免征关税进口的货物,只能用于特定地区、特定企业或者特定用途,未经海关核准并补缴关税,不得移作他用"。这里的"特定企业"是指由国务院制定的行政法规中专门规定的企业,享受特定减免税优惠的货物只能由这些规定的企业使用。根据上述规定,任何未经海关批准并依法缴纳关税将享受特定减免税的货物用于原批准企业以外的企业,应当承担违法海关法的法律责任。

本案中,某机电企业有限公司作为中外合作企业,依据《中华人民共和国外商投资企业进出口货物监管和征免税办法》的规定免税进口作为外商投资的生产设备,这些生产设备只能用于该企业。该公司未经海关许可,擅自将这些设备交其他企业保管、生产,已构成移作他用的事实。

根据《行政处罚法》第二十九条第一款的规定:"违法行为在二年内未被发现的,不再给予行政处罚。法律另有规定的除外。"该公司移作他用的违法行为是否已过了处罚时效呢?从本案来看,该公司的违法行为是将特定减免税进口的塑胶射出模、压力铸造模交给其他企业保管并为自己加工产品,其违法行为实际上处于一种连续或继续的状态,因此,根据《行政处罚法》第二十九条第二款的规定:"前款规定的期限,从违法行为发生之日起计算;违法行为有连续或者继续状态的,从行为终了之日起计算",处罚时效应从特定减免税货物被非特定企业保管、使用终了之日起计算。本案中,虽然特定减免税货物被其他企业保管并使用的发生日期已大大超过了二年,但由于其违法行为一直处于一种连续或继续的状态,直至被海关发现,因此并未超过行政处罚的时效,海关应当依法对行为进行处罚。

【结论】

某机电企业有限公司的行为是违反海关监管规定的行为,海关根据法律规定科处罚款人民币7万元。

第四节　其他违反海关法行为的法律责任

新修订的《海关法》在"法律责任"一章,还根据《中华人民共和国行政处罚法》规定了对各类违反海关法行为的申诫类处罚(责令改正、警告)和行为类处罚(暂停从事有关业务、撤销其注册),使法律责任的立法更加完善。

【案例】

某公司是海关批准准予从事海关监管货物储存、加工等业务的企业,但由于该企业管理混乱,经常发生损坏和丢失海关监管货物不能提供正当理由的事情,2003年3月,被海关暂停其6个月从事海关监管货物储存、加工等业务的资格。该企业在恢复从事有关业务后,于2004年1月再次发生丢失海关监管货物的事情。

【问题】

对该企业应该如何处理?

【法律规定】

《海关法》第八十七条:

"海关准予从事有关业务的企业,违反本法有关规定的,由海关责令改正,可以给予警告,暂停其从事有关业务,直至撤销注册。"

《海关行政处罚实施条例》第二十六条:

"报关企业、报关人员和海关准予从事海关监管货物的运输、储存、加工、装配、寄售、展示等业务的企业,有下列情形之一的,责令改正,给予警告,可以暂停其6个月以内从事有关业务或者执业:

(一)拖欠税款或者不履行纳税义务的;

(二)报关企业出让其名义供他人办理进出口货物报关纳税事宜的;

（三）损坏或者丢失海关监管货物，不能提供正当理由的；

（四）有需要暂停其从事有关业务或者执业的其他违法行为的。"

第二十七条：

"报关企业、报关人员和海关准予从事海关监管货物的运输、储存、加工、装配、寄售、展示等业务的企业，有下列情形之一的，海关可以撤销其注册登记、取消其报关从业资格：

（一）1年内3人次以上被海关暂停执业的；

（二）被海关暂停从事有关业务或者执业，恢复从事有关业务或者执业后1年内再次发生本实施条例第二十六条规定情形的；

（三）有需要撤销其注册登记或者取消其报关从业资格的其他违法行为的。"

【分析】

行为罚又称资格罚、能力罚，是指通过限制或剥夺违法相对人的某种行为能力，使其不能从事某种活动的处罚措施。资格罚的实施前提，是行为人必须具有某种资格。海关实施资格罚的对象应该是依照《中华人民共和国行政许可法》及《中华人民共和国海关实施〈中华人民共和国行政许可法〉办法》的规定获得海关行政许可的被许可人。被许可人与海关之间的行政法律关系决定了被许可人违法从事许可事项所产生的法律责任由被许可人承担，当被许可人违法行为的性质和情节达到一定程度，不足以承担许可的资格时，海关可根据法律、法规的规定限制、取消行政许可，暂停、取消其资格。

根据《海关法》第八十七、第八十九条和第九十条关于资格罚的规定，海关可以行使资格罚的情况有三种：海关准予从事有关业务的企业实施了违反《海关法》规定的行为；报关企业、报关人员非法代理他人报关或者超出其业务范围进行报关活动的；进出口货物收发货人、报关企业、报关人员向海关工作人员行贿的。《海关行政处罚实施条例》进一步具体和细化了适用资格罚的对象，包括了报关企业、报关人员、进出口货物收发货人和海关准予从事海关监管货物的运输、储存、装配、寄售、展示等业务的企业。例如，《海关法》第八十七条规定："海关准予从事有关业务的企业，违反本法有关规定的，由海关责令改正，可以给予警告，暂停其从事有关业务，直至撤销注册"。这里并未对"从事有关业务的企业"的范围进行规定，《海关行政处罚实施条例》对此进一步明确为"从事海关监管货物的运输、储存、加工、装配、寄售、展示等业务的企业"，根据《海关行政处罚实施条例》第二十六、第二十七条的规定，上述企业实施了违法行为，海关可以对其实施暂停业务、撤销注册登记两种资格罚。海关准予从事海关监管货物的运输、储存、加工、装配、寄售、展示等业务的企业范围很广，包括了一般贸易企业、加工贸易企业、经营保税业务的企业和经营临时进出境业务的企业等。

在本案中某公司是海关批准准予从事海关监管货物储存、加工等业务的企业，由于该企业管理混乱，经常发生损坏和丢失海关监管货物不能提供正当理由的事情，被海关暂停其6个月从事海关监管货物储存、加工等业务的资格。该企业在恢复从事有关业务后一年内又再次发生丢失海关监管货物的事情，其行为性质属于违反海关法的行为，海关可以对其进行资格罚。

【结论】

海关可以根据《海关法》和《海关行政处罚实施条例》的规定，撤销该企业注册登记的资格。

第五节　海关行政处罚的证据

证据指证明案件真实情况的一切事实，能够用来定案的证据应当具有客观性、相关性和合法性。海关行政处罚必须做到认定事实清楚、证据确凿充分。

【案例】

原告：陈某某

被告：某海关

陈某某因不服某海关注销其报关员资格的决定，于2004年5月25日向某市中级人民法院提起行政诉讼。原告诉称：其所持有《报关员资格证书》,是以优异成绩通过报关员资格全国统一考试并由某海关核发而取得;其在担任报关员期间未实施任何违法、违规行为,被告某海关在未查清有关事实的情况下对其错误做出注销报关员资格的决定,严重侵犯其合法权益,请法院依法予以撤销。某市中院受理了原告的诉讼请求,并于 10 月 11 日公开开庭审理此案。

被告辩称:陈某某 2002 年 3 月向某海关报考海关报关员资格,于同年 6 月 16 日通过报关员资格全国统一考试,获得《报关员资格证书》,于 2003 年 4 月在某海关注册取得《报关员证》。2003 年 12 月,某海关据举报并经调查核实发现,陈某某系高中未毕业学生,没有取得高中毕业学历,不符合《报关员资格全国统一考试暂行规定》第七条所规定的报考条件,海关认为陈某某系以欺骗方式报名参加考试取得报关员资格证书。2004 年 3 月,某海关根据《中华人民共和国海关关于报关员资格考试管理规定》的有关规定,做出取消陈某某 2002 年报关员资格考试成绩并注销其报关员资格的决定。2004 年 4 月,某海关向陈某某送达《关于收回陈某某〈报关员资格证书〉注销其报关员资格的通知书》(以下简称《通知书》)。

法院依法对海关做出决定的合法性进行审查后认为:第一,被告某海关制发的《通知书》未明确认定陈某某以何种行为方式取得《报关员资格全国统一考试准考证》,在本案诉讼中被告称原告是以"其他欺骗行为参加考试取得报关员资格证书",但被告某海关向法庭提交的证据仅能证明原告系"高中未毕业学生",被告不能进一步提供原告当年的报考资料、对原告的调查笔录等证据证实原告是以"其他欺骗行为参加考试取得报关员资格证书"的事实,故被告所作具体行政行为因缺少必要的行政调查程序而无直接证据难以予以支持。第二,报关员资格考试和注册登记应属行政许可事项,注销行政许可其实质当属《中华人民共和国行政处罚法》所规定的吊销许可证行为,应受《行政处罚法》的调整。某海关在对原告做出注销报关员资格决定前,未依据《行政处罚法》所规定的程序,告知当事人做出处罚决定的事实、理由、依据以及其所享有的陈述、申辩和要求举行听证的权利,某海关所作具体行政行为违反法定程序。

2004 年 11 月 15 日,某市中院以"认定事实不清、证据不足、行政程序违法"为由,做出一审判决,依法撤销某海关做出的注销陈某某报关员资格的决定。某海关在法定期限内未提出上诉。

【问题】

某海关在做出行政处罚时有何证据要求?

【法律规定】

《中华人民共和国行政诉讼法》第三十二条:

"被告对做出的具体行政行为负有举证责任,应当提供做出该具体行政行为的证据和所依据的规范性文件。"

第五十四条:

"人民法院经过审理,根据不同情况,分别做出以下判决:

(一)具体行政行为证据确凿,适用法律、法规正确,符合法定程序的,判决维持。

(二)具体行政行为有下列情形之一的,判决撤销或者部分撤销,并可以判决被告重新做出具体行政行为:

1. 主要证据不足的;

2. 适用法律、法规错误的;

3. 违反法定程序的;

4. 超越职权的;

5. 滥用职权的。

(三)被告不履行或者拖延履行法定职责的,判决其在一定期限内履行。

(四)行政处罚显失公正的,可以判决变更。"

《最高人民法院关于执行〈中华人民共和国行政诉讼法〉若干问题的解释》第二十六条:

"在行政诉讼中,被告对其做出的具体行政行为承担举证责任。

被告应当在收到起诉状副本之日起 10 日内提交答辩状,并提供做出具体行政行为时的证据、依据;被告不提供或者无正当理由逾期提供的,应当认定该具体行政行为没有证据、依据。"

【分析】

　　证据在诉讼中的重要性不言而喻,法院对行政行为合法性的司法审查,核心便是对做出行政行为所依据的证据的审查。1990 年实施的《中华人民共和国行政诉讼法》(以下称行政诉讼法)对行政诉讼证据制度作了开创性的规定。1999 年发布的最高人民法院《关于执行〈中华人民共和国行政诉讼法〉若干问题的解释》对证据问题作了进一步的解释,但两者都只有六条规定,在证据规定上过于简单、不易操作,难以解决实践中复杂的证据问题。为完善行政诉讼证据规则,使行政诉讼证据运用更加透明、更易操作,最高人民法院制定了《最高人民法院关于行政诉讼证据若干问题的规定》(以下简称《证据规定》),自 2002 年 10 月 1 日起施行,这些规定构成我国行政诉讼中的证据规则。

　　举证责任这一概念最早出现在罗马法中,后为世界各国所普遍采用。在我国,1989 年颁布的《行政诉讼法》①第一次出现"举证责任"这一用语。对举证责任的认识,目前学者们通常认为有两个层面上的意义,即行为意义上的举证责任和结果意义上的举证责任。② 前者是指当事人就其主张的事实负有提供证据的责任,简称为行为责任;后者是指在事实真伪不明时,主张该事实的当事人承担不利诉讼后果的责任,简称为结果责任。我国长期奉行行为责任理论,随着国内学者对证据理论研究的深入,结果责任才逐步为理论和实践所接受,如今,举证责任的双重含义也成为定论。

　　我国《行政诉讼法》第三十二条规定:"被告对做出的具体行政行为

---

　　① 《行政诉讼法》第三十二条规定:"被告对做出的具体行政行为负有举证责任,应当提供做出该具体行政行为的证据和所依据的规范性文件"。

　　② 2002 年 4 月 1 日起施行的《最高人民法院关于民事诉讼证据的若干规定》第二条规定了两种意义的举证责任,即行为意义上的举证责任(第一款当事人对自己提出的诉讼请求所依据的事实或者反驳对方诉讼请求所依据的事实有责任提供证据加以证明)与结果意义上的举证责任(第二款没有证据或者证据不足以证明当事人的事实主张的,由负有举证责任的当事人承担不利后果)。参见李国光主编:《最高人民法院〈关于民事诉讼证据的若干规定〉的理解与适用》,中国法制出版社 2002 年版,第 33～41 页。

负有举证责任……",从立法上明确了被告应当提供证据证明被诉具体行政行为的合法性。最高人民法院根据行政诉讼法等有关法律的规定对行政诉讼举证责任的分配和举证期限问题做出了具体解释,处于被告一方的行政机关应在收到起诉状副本之日起十日内,提供据以做出被诉具体行政行为的全部证据和依据的规范性文件;如果行政机关不提供或者无正当理由逾期提供证据,则被视为被诉具体行政行为没有相应的证据。由此可见,《证据规定》的立意取向已将举证责任与败诉风险紧密联系在一起,当法律设置举证责任的目的,主要是为了解决当案件事实处于真伪不明状态,法院应当如何做出裁判的问题时,举证责任成为法律假定的一种后果,即承担举证责任的当事人应当提供证据证明自己的主张,否则将承担败诉的法律后果。正因为此,行政机关在做出行政决定中收集证据和固定证据的工作就显得尤为重要。

与举证责任密切相关的一个问题就是证据的证明标准问题,证明标准是指为了实现证明任务,法律规定的在每一案件中证明必须达到的程度。我国诉讼法有关证明标准的规定通常认为要达到案件事实清楚,证据确实、充分。事实上,诉讼是一种对案件涉及到的有关事实的证明活动,而并非一般意义上的认识活动。因此,在诉讼中,并非要追求百分之百的客观真实,而是法律事实。

在海关行政诉讼中,海关对做出具体行为行为认定事实的证据应达到怎么的证明程度,才能为司法认可而成为可定案的证据。这是因为行政诉讼对行政行为的效力具有最终性而令行政机关必须面对的问题。该问题的关键就是这一证明标准怎样来衡定?海关在执法中面临大量行政事务,行政执法内容多样化,并还有大量即决性问题,海关在执法中是无法预料哪一具体行政行为将会受到当事人的质疑,海关也不可能根据当事人是否会提起诉讼为标准来确定其行为的繁简程度。我国行政诉讼法第五十四条第(一)项规定具体行政行为证据确凿,适用法律、法规正确,符合法定程序的,判决维持。第(二)项规定:主要证据不足的,人民法院可以判决撤销或部分撤销具体行政行为。"证据确凿"和"主要证据不足"是对证明标准的概括,在每一具体案件中,不能以司法审查中这一单一的标准而要求行政机关在做出每一个具体行政行为都必须按照同一标准来留存、收集证据,以备司法审查,事实上这种设想是不具有现实可操作性。行政诉讼中,被告的举证过程是对做出具体行政行为过程最大限度的再现,不同的行政案件所涉及的权益大小及所适用的程序繁简各不相同,其所要求的证明标准也应当不完全相同,即行政程序标准会呈现出多元化的特征,因而,行政诉讼审查证明的标准是从行政程序证明标准转化而来,行政诉讼证明标准的确定,必须考虑行政程序的证明标准。"行政诉讼证明标准并不是统一适用一个标准,而是根据行政行为的种类、行政案件的性质及对当事人权益影响的大小等因素,具体确定案件的证明标准,而一般认为行政诉讼证明标准主要有明显优势证明标准——一般的标准、优势证明标准——接近民事诉讼证明标准的中间标准以及排除合理怀疑标准——接近刑事诉讼证明标准的行政诉讼证明标准三种类型。"[1]

在海关做出的具体行政行为中,一般认为:

1. 当海关做出严重影响相对人人身权、财产权的行政行为案件时,应当达到认定事实清楚,证明确凿,不存在合理怀疑的证明标准。例如,海关做出较大数额罚款、没收财产、吊销报关资格及其他关系到相对人人身权或者重大财产权的案件。

2. 海关机关采取即时性强制措施时,适用"有合理怀疑"标准。当海关需要采取紧急措施,对行为人的人身或财产予以限制时,由于这种行为具有紧迫性,对行政机关自然不能要求过高的证明标准,只要存在海关有证据证明存在"合理怀疑",该判断就应当充分被尊重,司法对行政的自主性应有一定的克制。

3. 海关做出授益性的行政行为时,其证明标准应当是实质性证据标准。即对事实的认定应当达到"清楚的、明确的、令人信服的标准"。例如海关对企业做出分类决定。

---

[1] 参见梁凤云、武楠:《行政诉讼证明标准的类型》,载《人民法院报》,2002年7月7日。

在本案中,海关应当对其做出注销原告报关员证决定的合法性负举证责任。本案中,某海关经调查核实陈某某系"高中未毕业学生",并以陈某某"以其他欺骗行为参加考试取得报关员资格"为由决定注销其报关员资格。某海关提供的证据材料仅能证明陈某某系"高中未毕业学生",却无其他证据与该证据共同形成证据链相互印证海关认定原告"以欺骗方式参加考试取得报关员资格"这一关键事实。在行政诉讼中排除合理怀疑标准包括两方面的内容:(1)案件主要事实均能被证据所证明,这是对证据量的要求。案件的主要事实是法院认证的关键内容,主要事实均能证明意味着主观认识与客观实际相一致。(2)证据之间及证据与案件事实之间没有矛盾,或者虽有矛盾但能够合理排除,这是排除合理怀疑标准的质的要求。陈某某当年的报考材料应是本案认定事实的直接证据,但因客观原因原始资料未保存已被清理销毁而难以获得;但海关在调查事实过程中也未通过询问当事人制作笔录的形式进行间接证据的收集,故法院以"认定事实不清、证据不足"为由判决撤销海关做出的行政决定。

【结论】

本案一审判决撤销海关做出的行政决定,在法定期限内海关未提起上诉。总结本案,陈某某不符合报关员资格全国统一考试的报考条件,某海关注销其报关员资格本属有"理"处置,但由于海关在执法过程中存在违法和不当之处,使其注销原告报关员资格的具体行政行为因在合法性上存在重大缺陷而在司法审查中未能得到法院支持,某海关在本案事实认定(调查取证)和执法程序上存在的失误和疏漏,是导致海关败诉的直接原因。

第六节　立案和调查规则

立案是违反海关法行为调查程序的启动环节,案件的调查一般要遵循"先立后破"的原则;在违反海关法行为调查行为必须符合法定的调查规则,违背了调查规则,调查行为的合法性便失去基础。

【案例一】

2004 年 10 月 14 日晚,在根据可靠的情报,某海关在长江吴淞口水域用雷达锁定了进行海上香烟走私的 1 条 150 吨位母船和 3 条 30 吨位驳船。当走私船舶开始靠拢分驳走私货物时,6 艘海关缉私艇迅速出击,用 15 分钟时间将所有走私船和涉案人员全部擒获。

在水上围剿的同时,陆上配合缉私行动的公安民警和海关缉私警察擒获了该案的 5 名主要犯罪嫌疑人。至此,这一重大香烟走私团伙遭到毁灭性打击,包括 11 名走私团伙主要骨干分子在内的 32 名涉案人员全部落网,共查扣走私运输船舶 4 条,缉获走私香烟 1 600 余箱,走私运输车辆 5 辆,同时查获走私赃款 600 余万元,总案值 1 000 余万元。

【案例二】

2000 年 11 月 19 日,上海籍旅客姜某在香港苏富比拍卖行举办的秋季亚洲周竞拍活动中拍得的"伯爵"等 31 件名贵手表、怀表和 20 件珠宝饰品,价值 120 余万元人民币。由香港搭乘港龙航空公司的飞机从上海虹桥机场入境,选走无申报通道入境,被海关关员当场查获。经核定,姜某所携物品偷逃进口税款 31.85 万元。本案遂由海关缉私部门于 2000 年 12 月 15 日立案。

【问题】

1. 根据案例分析立案的条件。

2. 在案例一中海关行使对人的扣留权是否正确?

【法律规定】

《中华人民共和国海关法》第六条:

"海关可以行使下列权力:

……

(四)在海关监管区和海关附近沿海沿边规定地区,检查有走私嫌疑的运输工具和有藏匿走私货物、物品嫌疑的场所,检查走私嫌疑人的身体;对有走私嫌疑的运输工具、货物、物品和走私犯罪嫌疑人,经直属海关关长或者其授权的隶属海关关长批准,可以扣留;对走私犯罪嫌疑人,扣留时间不超过二十四小时,在特殊情况下可以延长至四十八小时。

......"

《中华人民共和国海关行政处罚实施条例》第三十三条:

"海关发现公民、法人或者其他组织有依法应当由海关给予行政处罚的行为的,应当立案调查。"

【分析】

立案是案件调查的先决条件。一般情况下必须遵循"先立后破"的原则,即先立案,在开展调查行动;在时间紧急必须要采取行动等特殊情况下可以先行采取调查行动,但必须及时补办立案手续。

案件立案的条件包括:当事人的行为涉嫌违反海关法律;海关掌握了当事人违法的事实但证据不充分需要进一步调查取证;有追究当事人法律责任的可能性和必要性的。在案例二中,姜某携带大量的手表及珠宝首饰选走无申报通道入境,其行为已涉嫌走私,根据案件事实需要追究其法律责任。在案例一中,违法分子逃避海关监管,非法运输香烟进境,案值较大,其行为已符合案件立案的条件。

在案件立案审查时明确案件的管辖是非常重要的。根据《海关行政处罚实施条例》,案件由发现违法行为的海关管辖,也可以由违法行为发生地海关管辖;2个以上海关都有管辖权的案件,由最先发现违法行为的海关管辖。管辖不明确的案件,由有关海关协商确定管辖,协商不成的,报请共同的上级海关指定管辖。重大、复杂的案件,可以由海关总署指定管辖。

立案之后海关缉私部门就应该开展对案件的调查。我国海关在查缉违反海关法的行为时可以行使下列职权:

查阅、复制权。查阅、复制权首先指的是对查阅进出境人员的证件资料的查阅复制,其次包括对与进出境运输工具、货物、物品有关的资料的查阅和复制。根据海关法,海关在对违反海关法的行为的调查过程中,可以对与进出境货物物品运输工具有关的文件资料行使查阅权、复制权。

检查(查验)权。检查(查验)权是《海关法》授予海关在查缉违反海关法行为时一项重要的权力。主要包括对进出关境的运输工具、货物、物品、与案件查缉有关的特定场所及案件当事人的人身进行的检查(查验)。在该项权力中特别需要注意的是对自然人人身的检查,由于检查自然人的人身涉及人权,海关法设置了不同程度的前提条件①或限制条件。

查问权。对违反海关法行为的人进行针对性的查问是《海关法》授予海关的一项常规权力。需要注意的是,由于违法案件的性质不同等原因,所以在对违反海关法行为的人进行的查问时在发问技巧,心理分析方面都有所不同。

对物的扣留权。对物的扣留权包括对违反《海关法》行为的货物、物品的扣留;对载运违反《海关法》行为的货物、物品运输工具的扣留;对与违反海关法行为有关的证据性材料的扣留。对物的扣留是一种暂时性的对物的强制措施,在措施没有解除之前,上述被扣物不得处理。为解决严密监管和便利通关的矛盾,我国《海关法》立法中规定了海关事务担保制度,如我国《海关法》规定对于进出口货物"有违法嫌疑,但无法扣留或不便扣留的",可以在提供担保后放行。

对案件当事人的扣留权。我国《海关法》规定扣留的前提是有走私犯罪嫌疑,同时规定,扣留的时间为 24 小时,最多不得超过 48 小时。扣留之后海关应当在法定扣留期限内对被扣留人进行审查。排除犯罪嫌疑或者法定扣留期限届满的,应当立即解除扣留,并制发解除扣留决定书。案例一中走私香烟 1 600 余箱,走私运输车辆 5 辆,同时查获走私赃款 600 余万元,总案值 1 000 余万元,数额较大,已经涉嫌走私犯罪,所以对涉案的行为人应依法予以扣留。

在领海、毗连区的管制权。对于需要在领海或国际水域查缉违反海关法行为的海关来说还涉及海关在领海、毗连区的管制权。权力的

---

　　① 刘方权:《人身搜查和场所搜查的比较——域外法治的简单考察》,载《四川警官高等专科学校学报》2005 年第 3 期。

种类主要有对船舶的登临权、对船舶上人员证件和证明货物合法性资料的查阅权、对违反海关法行为货物的扣留权、对于逃逸船舶的连续追缉权等。

此外,海关在查缉违反海关法的行为时还需要运用其他的一些职权,如配备和使用武器权,请求查询权等。

海关缉私部门在行使职权时需要注意遵循法定的调查规则,包括:(1)证据收集、审查和运用中的规则。例如,海关调查、收集证据时,海关工作人员不得少于2人,并应当向被调查人出示证件。调查、收集的证据涉及国家秘密、商业秘密或者个人隐私的,海关应当保守秘密。(2)检查查验中的规则。例如,海关依法检查走私嫌疑人的身体,应当在隐蔽的场所或者非检查人员的视线之外,由2名以上与被检查人同性别的海关工作人员执行。海关依法检查运输工具和场所,查验货物、物品,应当制作检查、查验记录。(3)走私犯罪嫌疑人的规则。指扣留海关依法扣留走私犯罪嫌疑人,应当制发扣留走私犯罪嫌疑人决定书。对走私犯罪嫌疑人,扣留时间不超过24小时,在特殊情况下可以延长至48小时。(4)回避规则。海关工作人员在承办案件是应遵守回避制度,违反回避制度的应予以处分。

【结论】

案件立案的条件包括:当事人的行为涉嫌违反海关法律;海关掌握了当事人违法的事实但证据不充分需要进一步调查取证;有追究当事人法律责任的可能性和必要性的。

在案例一中,走私香烟的案值较大,已经涉嫌构成走私犯罪,因此海关行使对人的扣留权并无不当。

第七节 海关审理和听证规则

海关经审理后确认已构成走私或违反海关监管规定的行为,依法提出处罚意见,经海关关长批准后,在做出行政处罚决定前,应当将拟做出行政处罚决定的事实、理由、依据及当事人依法享有的权利书面告知当事人。对当事人的陈述和申辩,海关要充分听取并进行审核。对海关拟做出取消或暂时取消企业的报关资格、吊销报关员证书、对个人处以罚款 1 万元以上、对单位处以罚款 10 万元以上的行政处罚的,海关应当告知当事人有要求举行听证的权利。

【案例】

原告:黄某

被告:某海关

2001 年 1 月 26 日,原告黄某经某口岸海关进境,超带港币 1 753 000 元和人民币 20 000 元,未向海关申报,被某海关查获,某海关对原告的行为定性走私,做出没收上述款项的行政处罚决定。原告不服,于 2001 年 7 月 30 日向被告某海关申请复议。

某海关受理复议申请后,经过审查,认为原处罚决定定性走私证据不足,依法应予变更,遂于 2001 年 12 月 15 日做出复议决定,对原告的违法行为定性违规,决定罚款人民币 370 000 元,在扣港币 1 753 000 元和人民币 20 000 元予以退运。

原告对某海关的复议决定不服,于 2001 年 12 月 29 日向某市中级人民法院起诉,请求法院判决被告支付人民币 37 万元及自扣留日至清偿日止的扣留款和罚款之年利 10% 的利息,并由被告负担本案诉讼费。

某市中院经审理后认为,被告就本案原告做出处罚应当遵循《中华人民共和国行政处罚法》(以下简称《行政处罚法》)中有关听证程序的规定,履行其法定义务。被告无证据显示其在做出较大数额罚款 37 万元时,实施了上述听证程序要求的义务。因此,被告的罚款处罚决定违反了法律要求的程序规定应予撤销。为此,依照《中华人民共和国行政诉讼法》第五十四条第(二)项第 3 目的规定,判决撤销被告中华人民共和国某海关 2001 年 12 月 15 日做出的行政复议决定并依法重新做出处理。

【问题】

某海关做出行政复议决定,改变了原行政处罚内容做出新的行政处罚决定,是否应当依照《行政处罚法》的规定履行听证告知义务?

【法律规定】

《行政处罚法》第四十二条:

"行政机关做出责令停产停业、吊销许可证或者执照、较大数额罚款等行政处罚决定之前,应当告知当事人有要求举行听证的权利;当事人要求听证的,行政机关应当组织听证。当事人不承担行政机关组织听证的费用。听证依照以下程序组织:

(一)当事人要求听证的,应当在行政机关告知后三日内提出;

(二)行政机关应当在听证的七日前,通知当事人举行听证的时间、地点;

(三)除涉及国家秘密、商业秘密或者个人隐私外,听证公开举行;

(四)听证由行政机关指定的非本案调查人员主持;当事人认为主持人与本案有直接利害关系的,有权申请回避;

(五)当事人可以亲自参加听证,也可以委托一至二人代理;

(六)举行听证时,调查人员提出当事人违法的事实、证据和行政处罚建议;当事人进行申辩和质证;

(七)听证应当制作笔录;笔录应当交当事人审核无误后签字或者盖章。当事人对限制人身自由的行政处罚有异议的,依照治安管理处罚条例有关规定执行。"

【分析】

作为制度,听证是指听取利害关系意见的法律程序。尤其是在做出不利于当事人的决定之前,应当听取利害关系人的意见,从而体现公正。听证源于英美普通法上的"自然公正原则",它最初适用于司法领域,作为司法审判活动的必经程序,谓之"司法听证"(Judicial Hearing);后来逐渐为立法吸收,适用于立法领域,称之为"立法听证"(Legislative Hearing);到 20 世纪晚些时候,才正式运用于行政领域并获得巨大发展。西方各国听证制度都有其不同但深厚的法理基础。如英国的"自然公正原则"(Natural Justice),美国的"正当程序原则",德国的"法治国理论",法国的"行政法治原则"等。

　　我国1995年行政处罚法最早引入行政听证制度,行政处罚法是我国第一部规定了行政行为程序的法律,是我国依法治国进程中的一座里程碑。此后,价格法将听证的范围扩展到政府定价行为领域,而2000年立法法使听证制度推进至行政立法领域,于是就有了立法听证和行政裁决听证两种听证程序。目前我国学界所谓的听证主要是指"行政听证"(Administrative Hearing)。听证制度运用于行政领域并得到较大发展,一方面是行政权扩张的结果;另一方面是对行政权扩张的担心而导致的对权力约束和对公民权益加强保护的结果。行政机关实行听证制度不仅有利于政府行为的法治化,防止行政机关利用垄断地位谋取不正当的部门利益,而且有利于双向沟通、民主参与,消除由于信息不对称造成的不信任。听证制度所体现的保障公民基本权利、监督行政机关依法行使职权的行政法原则,已成为世界各国政府行政行为现代化、科学化和民主化的重要标志。

　　《行政处罚法》确立了听证制度,专设第五章第三节对听证制度做出规定。其中第四十二条规定:"行政机关做出责令停产停业、吊销许可证或者执照、较大数额罚款等行政处罚决定之前,应当告知当事人有要求举行听证的权利;当事人要求听证的,行政机关应当组织听证。"行政处罚法是中国移植国外听证制度的首次尝试,也是中国行政程序制度发展的重要突破。在该法中,不仅界定了听证程序的定义,而且还明确了听证程序的适用范围和条件、听证的告知通知制度、公开听证制度、主持人及其回避制度、对抗辩论制度和听证笔录制度等。但与国外的听证制度相比,该法中规定的听证制度存在着以下缺陷和不足:第一,对限制人身自由及没收的行政处罚未明确适用听证程序,范围过于狭窄,而这两类行政处罚从对相对人权利的影响来看,如有时海关做出没收行政处罚中没收财产的价值很大,和较大数额罚款一样对当事人权益影响是较大的;第二,在听证原则方面,未确立案卷排他性原则,对听证笔录对最后裁决的影响未做明确规定;第三,在听证的证据种类、举证责任方面出现立法空白,未明确规定只有经过听证会上论证过的证据才能做为行政行为的依据,这就使得在实践中很容易出现走过场的问题,听证会是召开了,但在做出行政行为时却不把相关利害关系人的意见和建议甚至不把听证会上论证过的证据放在眼里,这就严重背离了听证制度的初衷;第四,在听证主体方面,未规定听证的组织者,听证主持人的独立地位及职责,利害关系人或第三人参加听证的权利;第五,在听证的举行程序上,缺乏相应的操作规范。

2004年11月1日起施行的《海关行政处罚实施条例》第四十九条规定:海关做出暂停从事有关业务、暂停报关执业、撤销海关注册登记、取消报关从业资格、对公民处1万元以上罚款、对法人或者其他组织处10万元以上罚款、没收有关货物、物品、走私运输工具等行政处罚决定前,应当告知当事人有要求举行听证的权利;当事人要求听证的,海关应当组织听证。

本案中,产生争执的一点是海关行政复议机关经复议,改变了原行政处罚决定,做出具有新的内容的行政处罚决定时,是否需要按照行政处罚法的规定举行听证。一种观点是认为海关做出复议决定是依据《行政复议法》对原处罚决定进行审查的结果,并非是一个新的处罚决定,并且《行政复议法》并没有规定改变原具体行政行为的复议决定应当举行听证。但法院在判决书中采纳的观点是海关在复议过程中就本案原告做出处罚应当遵循《行政处罚法》中有关听证程序的规定,履行法定义务。法院在该问题的争执上最终做出了有利于当事人的判决。从规范行政执法的角度,我国应当尽快制定行政程序法,统一听证程序的规则,而避免各行其是,甚至是行政机关和司法机关认识不同的问题。我国目前有关听证程序的规定散见于各个法律法规之中。如果具体操作规则不统一,各行其是乃至重复、冲突或者规定不明确等,最终妨碍行政管理权的正当行使和妨碍公民、法人及其他组织合法权益的正当行使。经过十年的酝酿、讨论、争议,我国行政程序法的立法草案已提上议事日程。统一的行政程序法的制定,对听证的条件和适用范围做出统一的规定,必将进一步推动听证程序的完善与发展,同时,听证程序在实践中积累的经验与教训,无疑也为加快行政程序法的制定步伐提供了契机。

【结论】

本案法院在判决书中认为："《行政处罚法》、《行政复议法》都是海关执法依据，海关在执法过程中理应同时遵守；海关执法应当体现权利与义务对等，当海关在做出体现处罚内容的复议决定时，即对黄某设定了一个新的义务，所以应当同时告知黄某享有听证的权利。"被告不服判决提出上诉，提出海关依据《中华人民共和国行政复议法》做出复议决定，根据该法规定行政复议决定书并不以行政机关履行告知义务为前提的上诉意见。

听证作为公民参与行政的重要制度已成为当今世界法治各国行政程序法的核心内容，通过公开、合理的程序形式将行政行为建立在合法适当的基础上，避免行政行为给相对人带来不利或不公正的影响。也许这正是本案中法院判决目标指向。

第八节　海关行政复议

海关行政复议是上级海关对下级海关的具体行政行为进行监督的一种方式，是行政机关内部纠错的一种制度。如果相对人认为其合法权益受到海关违法或不当的具体行政行为的侵害，可以向上一级海关提出行政复议申请，由上一级海关对具体行政行为进行审查，如果认定具体行政行为违法或者不当，则由上一级予以撤销。和行政诉讼相比，行政复议具有适用范围广、方便、快捷、不收取任何费用等优点，而且，申请人对复议结果不满，仍可以向法院起诉，通过行政诉讼来最终解决。

【案例】

申请人：某电气有限公司

地址：某省某工业园区

被申请人：某海关

地址：某省某工业园区

2001 年 11 月 28 日，申请人向被申请人申请办理进口 1 套空调机组(10台屋顶机组)及配件,被申请人认为根据申请人提供的书面资料难以做出归类认定。鉴于货物已到港,经申请人申请,被申请人同意先予办理免表,待空调设备进口安装,进行实物验核后确定其归类。2001年12月21日,被申请人为申请人发放了进口该批空调的货物征免税证明。待空调进口安装后,被申请人派员到现场验核,根据《外商投资项目不予免税的进口商品目录》规定"空调器不予免税,但中央空调除外"以及《海关总署政策法规司关于明确中央空调定义的通知》(政法函[2000]84号文,以下简称84号文)中对中央空调的判断标准,认为该空调不完全符合84号文对中央空调的定义,因每台机组的制冷量未超过10万大卡,不能作为中央空调归类。被申请人据此通知申请人补税,申请人不服。2002年6月28日,被申请人收取了申请人1 109 980元保证金。2002年8月8日,被申请人向申请人补征进口关税816 959.85元,进口环节代征增值税535 692.27元,合计1 352 652.12元。

申请人不服被申请人于2002年6月28日做出的对其进口空调系统不予免税并收取保证金的决定,于7月31日向上级海关提出复议。复议受理后,复议机关经审查认为,在对被申请人所作具体行政行为进行审查时,需要对该具体行政行为所依据的规范性文件进行审查。

2002年9月10日,复议海关按照《海关实施〈行政复议法〉办法》第三十四条的规定,将84号文转送总署审查,并根据该办法第三十六条第(一)项的规定,于9月11日决定中止该行政复议案的审理。

【问题】

《行政复议法》和原来的《行政复议条例》相比,大大拓宽了行政复议的申请范围,即只要相对人认为行政机关的具体行政行为侵犯了其合法权益,就可以申请行政复议。《行政复议法》对抽象行政行为的审查是如何规定的?

【法律规定】

《中华人民共和国行政复议法》第七条:

"公民、法人或者其他组织认为行政机关的具体行政行为所依据的下列规定不合法,在对具体行政行为申请行政复议时,可以一并向行政复议机关提出对该规定的审查申请：

（一）国务院部门的规定；

（二）县级以上地方各级人民政府及其工作部门的规定；

（三）乡、镇人民政府的规定。

前款所列规定不含国务院部、委员会规章和地方人民政府规章。规章的审查依照法律、行政法规办理。"

第二十七条：

"行政复议机关在对被申请人做出的具体行政行为进行审查时，认为其依据不合法，本机关有权处理的，应当在三十日内依法处理；无权处理的，应当在七日内按照法定程序转送有权处理的国家机关依法处理。处理期间，中止对具体行政行为的审查。"

【分析】

《行政复议法》的颁布，标志着我国行政监督救济制度进入了一个新的发展阶段，特别是该法第七条关于抽象行政行为的审查制度，对于加强和完善我国行政监督救济制度具有重要而深远的意义。行政复议法规定，公民、法人或其他组织在对具体行政行为申请复议时，如果认为具体行政行为所依据的规定（除国务院部、委员会规章和地方政府规章之外的各级行政机关的规范性文件）违法的，可以一并提出审查申请。《行政复议法》第七条的规定直接赋予相对人对抽象行政行为要求审查的申请权，赋予相对人对抽象行政行为监督的启动权，并从法律上明确了复议机关或有权机关的审查职责，复议机关应当在规定期限内受理与转送该申请，审查并处理被申请的规定。通过这种方式监督的抽象行政行为范围十分广泛，几乎包括了除行政法规与规章以外的所有抽象行政行为，特别是将部委规章以外的规定也纳入审查范围。

在《行政复议法》之前，我国行政立法所规定的受案范围都仅限于具体行政行为。而从各方面来分析，应当对抽象行政行为建立一种直接的审查监督机制。首先，在实际中，个别地方政府及其工作部门出于地方保护主义及逃避司法审查等原因，发布一些地方规章、决定、命令，与全国方针相违背，地方保护性极强，成为行政机关中某些工作人员滥用职权的重要手段。其次，这些违法或不当的抽象行政行为更易于给公民、法人或其他组织造成普遍的损害，比具体行政行为的危害更大。再次，在行政诉讼及复议的实践中，许多侵犯相对人合法权益的具体行政行为的根源并不是具体行政行为本身，而是该行为所依据的规范性文件本身违法或不当。但在这种情况下行政诉讼及复议，一般只能先对具体行政行为进行处理；而对于其所依据的规范性文件，只能根据我国宪法和有关组织法的规定，反映到有权的行政机关来处理，这种方式由于缺乏一定的法律程序，所以难以进行，成效极微，造成行政诉讼及复议的"治标不治本"及一定程度上的重复行为，同时也不利于对公民、法人和其他组织合法权益的保护。最后，应当看到，当今世界各国对于抽象行政行为都建立了一定的司法监督机制，我国也应当吸取先进经验，对抽象行政行为进行司法监督。先将其纳入行政复议范围，可以作为一个过渡。

《行政复议法》对抽象行政行为一并审查的规定虽是一大进步，但并不彻底，仅限于同具体行政行为的一并审查，且排除了对规章的审查。从更有利于保护个人和公共的利益，有利于对抽象行政行为的监督的角度，应当允许申请人对抽象行政行为单独提出审查申请，因为复议机关很难有能力对所有发布的行政规范性文件都主动进行审查，给予申请人单独提起对抽象行政行为审查的权利，可以及时发现抽象行政行为中违法或不当的地方，避免给相对人造成更大的损害；尤其对于可能给公共利益造成损害的抽象行政行为，在目前的体制下很难给予监督，如果设置了单独审查制度，就可以更好地保护集体、国家的利益。另外，审查范围不应仅限于所谓"红头文件"，应当包括部委规章和地方性规章，若进一步发展的话，行政法规也应当纳入。这样才能形成对抽象行政行为的全面监督，建立对行政立法行为的统一监督体制，为完善司法监督体制作好充分准备。

在本案中，复议机关对海关做出具体行政决定中适用的政法〔2000〕84 号文依职权主动进行了审查。84 号文是海关总署政法司发布的海关规范性文件，由于复议海关无权处理，故根据中华人民共和国海关实施《行政复议法》办法第三十四条规定,海关行政复议机关对有关规定无权处理的,应当在七个工作日内转送有权处理的行政机关或上级海关依法处理,并根据该办法第三十六条规定,海关行政复议机关中止对具体行政行为的审查。海关总署依职权对84号文进行审查并在六十日内制作了《行政复议规范性文件审查告知书》。其审查结论认为,海关总署是对《外商投资项目不予免税的进口商品目录》在海关执行中如何具体应用问题进行解释的机关,84号文是海关适用《外商投资项目不予免税的进口商品目录》中对中央空调的定义;但由于84号文未对外公布,故不能作为海关对外执法的依据。

复议机关恢复对具体行政行为进行审查后,认为本案中海关对申请人做出不予免税决定的直接依据是《国务院办公厅对国家计委制定的〈外商投资项目不予免税的进口商品目录〉和〈国内投资项目不予免税的进口商品目录〉的复函》(国办函[1997]68号)中的《外商投资项目不予免税的进口商品目录》中规定了"空调器不予免税,但中央空调除外",申请人进口的空调不属于中央空调,被申请人海关依据《外商投资项目不予免税的进口商品目录》做出的不予免税的决定是正确的,应当予以维持。

【结论】

2002年12月30日,复议海关依据《中华人民共和国行政复议法》第二十八条第一款第(一)项的规定,维持被申请人对申请人做出的进口空调系统不予免税的决定。复议决定送达后,申请人在规定期限内未向法院提起行政诉讼。

第九节　海关行政诉讼

海关行政诉讼是指公民、法人或其他组织对海关做出的具体行政行为不服,依法向人民法院提起诉讼,由人民法院依法审理的活动。人民法院依法对具体行政行为的合法性进行审查。海关的具体行政行为证据确凿,适用法律、法规正确,符合法定程序的,判决维持海关的具体行政行为;海关做出的具体行政行为主要证据不足、适用法律、法规错误、违反法定程序、超越职权或滥用职权的,判决撤销或部分撤销海关做出的具体行政行为,并可判决重新做出具体行政行为。

【案例】

原告:某科技开发有限公司。

被告:某海关

2000年3月6日,某科技开发有限公司(以下某公司)进口823台电子音频功率放大器,并以46～56美元/台的价格报关,某海关2000年7月进行了审定并按200美元/台进行征税。原告不服,向海关总署申请复议,海关总署以某海关征税决定认定事实不清,证据不足为由,撤销原征税决定。某海关经调查取证,认定某公司提供的报关发票系假发票,其申报的所谓成交价格明显低于海关掌握的相同或类似货物的国际市场公开成交价格,且又不能提供合法证据和说明正当理由,故其申请报关时提供的材料不能作为征税依据,据此于2001年4月28日做出进口关税专用缴款书、代征增值税专用缴款书,认定某公司所购823台电子音频功率放大器,应按海关审定的200美元/台予以估价征税。某公司不服,又向海关总署申请复议,海关总署于2001年7月2日做出复议决定,驳回某公司复议申请。某公司仍不服,向某市中级人民法院提起诉讼。

原告某公司诉称,某海关按200美元/台估价征税,缺乏事实证据和法律依据,请求法院撤销某海关2001年4月8日的征税缴款决定。某海关辩称,其依法具有审定完税价格进行估价征税的职权,且原告提供的报关发票系假发票,不能作为征税依据,且其申报的所谓成交价格明显低于市场价格,又不能提供合法证据和正当理由。被告通过调查取证做出的征税决定书,事实清楚,证据充分,请求法院驳回原告的诉请。

【问题】

行政诉讼中法院如何对具体行政行为的合法性进行审查?

【法律规定】

《行政诉讼法》第五十四条:

"人民法院经过审理,根据不同情况,分别做出以下判决:

(一)具体行政行为证据确凿,适用法律、法规正确,符合法定程序的,判决维持。

(二)具体行政行为有下列情形之一的,判决撤销或者部分撤销,并可以判决被告重新做出具体行政行为:

1. 主要证据不足的;

2. 适用法律、法规错误的;

3. 违反法定程序的;

4. 超越职权的;

5. 滥用职权的。

(三)被告不履行或者拖延履行法定职责的,判决其在一定期限内履行。

(四)行政处罚显失公正的,可以判决变更。"

【分析】

行政判决是行政审判程序的最终结果,是司法权对行政权的制约以及司法权对公民权利的救济。法律是法院审判工作的依据和标准。我国法院审理案件的过程就是一个把既定的法律条文安放在一定的案件事实上的过程。我国《行政诉讼法》第三十二条规定:"被告对做出的具体行政行为负有举证责任,应当提供做出该具体行政行为的证据和所依据的规范性文件。"该条后半段指出了承担举证责任的当事人应当提供的证据范围。行政机关在做出具体行政行为时,不仅要有充分的事实根据,还要有明确的法律根据。进入行政诉讼程序以后,行政机关做出具体行政行为时所依据的法律根据(规范性文件)就成为证明具体行政行为合法性的证据之一。

本案是一起海关征收关税及代征增值税而引起的行政诉讼。我们从法院认定事实和做出判决的过程来了解法院在审查具体行政行为是否合法是如何适用法律的。首先法院经审理认为,某海关依据原《中华人民共和国海关法》、《中华人民共和国进出口关税条例》第二条第一款、《中华人民共和国增值税暂行条例》第二十条第一款规定,具有征收关税、代征增值税的执法主体资格，并依法具有对报关价格进行审定并确定完税价格的职权，这是对海关做出具体行政行为的职权依据的认定；接下来，法院进一步审查海关做出行政决定依据的事实和法律依据，本案中原告报关时已提供了购货发票、合同等材料，海关是否有职权重新审定完税价格。原《中华人民共和国海关法》第三十八条规定，"进口货物以海关审定的正常到岸价格为完税价格"。《中华人民共和国进出口关税条例》第十七条规定，"进出口货物的收发货人或者他们的代理人，应当如实向海关申报进出口货物的成交价格。申报的成交价格明显低于或者高于相同或者类似货物的成交价格的，由海关依照本条例的规定确定完税价格"。《中华人民共和国海关审定进出口货物完税价格办法》第九条第（二）项规定，"凡有下述情形之一者，海关有权不接受进口人申报的成交价格：……（二）申报价格明显低于海关掌握的相同或类似货物的国际市场公开成交货物的价格，而又不能提供合法证据和正当理由的"。海关在征收关税过程中，对当事人提供证据真实性的审查，对最终完税价格的审定，就是行使征收关税行政职权的表现。经调查取证，原告提供的材料不真实，在这种情况下，某海关依法具有对报关价格进行审定并确定完税价格的职权。其次，海关以200美元/台作为完税价格是否于法有据。海关在审定原告报关时提供的相关购货合同、发票等材料时认定，其所提供的发票不是境外发货人开具，而是与发货人无关的另一公司上海办事处工作人员王某接受该办事处赵某的指示，在中国境内利用发货人已签章的空白单据制作并修改的，属于假发票，不能作为证明原告报关成交价格的合法证据，且申报的成交价格明显低于相同或者类似货物在国际市场上的成交价格。但从海关调查取证的材料看，价格相差悬殊，其申报价格低于相同产品市场价格的近十倍，有的甚至是几十倍。故海关对申报价格不予采信并按调查核定的200美元/台征税并无不当。

从法院审查事实和适用法律依据做出判决的过程来看，在裁判案件的时候，有一个明确的法律条文作为定案的依据极端重要，海关行政执法中适用法律依据的过程在诉讼中成为法院的审查对象，因此行政执法中适用法律法律、法规是否正确也成为法院做出裁决的标准之一。我们同时看到,在海关行政执法中,海关的执法依据主要由《海关法》、与海关法相配套的《进出口关税条例》、《海关行政处罚实施细则》等10多部行政法规、100多部海关总署规章,及大量海关规范性文件。从制度层面上看,我国宪法和立法法明确规定的立法包括宪法、法律、行政法规、地方性法规、自治条例、单行条例和规章。但在实际上意义上,还有大量规范性文件已经起着法的作用,并且行政机关的这些规范性文件通过《行政处罚法》关于有关行政机关可以在法律、法规或规章规定的处罚的范围和幅度内做出规定的规定,以及《行政复议法》在关于当事人可以要求复议机关对有关的行政规范性文件进行审查的规定,已经成为法律所认可的具有约束力的法律依据。海关执法中的规范性文件的适用问题,在行政诉讼中引起不少问题。

《行政诉讼法》第五十二、五十三条的规定,人民法院审理行政案件以法律、行政法规、地方性法规、自治条例和单性条例为依据,参照行政规章。这一规定区分了"依据"和"参照",从而使人民法院如何依据法律审理行政案件的内涵发生了复杂的变化。《行政诉讼法》关于参照规章的规定,打破了传统的立法和司法的关系。规章是宪法规定的立法形式,既然法院可以审查规章的合法性,而且可以拒绝使用违法的规章,这说明立法也可以是司法审查对象而不仅仅是司法的依据。法院在通过"参照"事实上取得了对规章和规范性文件的审查权后,经审查后,认为规章或规范性文件违法,可以拒绝适用。

广东省高级人民法院向广东分署做出的粤高法行[2002]3号司法建议书集中反映了海关执法依据中存在的问题,司法建议书建议:海关适用法律应当遵守立法法、行政处罚法的原则规定。建议书中对《海关总署关于明确"合法证明"的含义的通知》([89]署调字第500号)、《海关总署关于进一步明确"合法证明"范围的通知》(署调[1997]1031号)、《海关法行政处罚实施细则》(目前该细则已失效,2004年11月起实施《海关行政处罚实施条例》)、《国务院办公厅关于严格查禁非法进口"红油"的紧急通知》(国办发明电[1999]13号)、《国务院关于禁止非法拼(组)装汽车、摩托车通告的批复》(国函[1996]69号)及《国务院办公厅关于加强进口汽车牌证管理的通知》(国办发[1999]55号)等规范的依据效力问题提出意见和看法。这些问题提示海关对规范性文件的适用要充分考虑其上位法依据及依据是否公开、透明等。

【结论】

本案法院经审理认为,某海关经调查取证做出的征税决定,事实清楚,证据充分,适用法律正确,程序合法。据此,判决维持中华人民共和国某海关的具体行政行为。

第十节 海关行政处罚的执行

《中华人民共和国海关法》第九十三条规定,当事人逾期不履行处罚决定又不申请复议或者向人民法院提起诉讼的,海关可以将保证金抵缴或将被扣押的货物、物品、运输工具依法变价抵缴,也可以申请人民法院强制执行。

【案例】

当事人:张某 性别:女 年龄:46 国籍:中国

证件号码:(护照)GO223×××× 职业:商人

地址:苏州市某巷某号201室

当事人于2003年4月8日由某国际机场出境,随身携带超量货币美元184 100.00元未向海关申报。

依据《中华人民共和国海关关于进出境旅客通关的规定》,当事人所携带的美元184 100.00元为超量货币,应向海关申报。

上述事实业已构成违反海关监管规定的行为。

以上行为有:海关查问笔录、海关扣留凭单、在扣货币等为证。

根据《中华人民共和国海关法》第八十六条第(三)项、《中华人民共和国海关法行政处罚实施细则》第十五条第(二)项之规定,决定:

1. 科处当事人罚款人民币381 000元;

2. 美元184 100元责令退运境内。

根据《中华人民共和国行政处罚法》第四十四、第四十六、第四十八条的规定,当事人应当于本处罚决定书送达之日起十五日内履行上述处罚决定。

当事人不服本处罚决定的,依照《中华人民共和国行政复议法》第九、第十二条,《中华人民共和国行政诉讼法》第三十九条之规定,可自本处罚决定书送达之日起六十日内向上一级海关申请行政复议,或者自本处罚决定书送达之日起三个月内,直接向某市中级人民法院起诉。

根据《中华人民共和国行政处罚法》第五十一条之规定,到期不缴纳罚款的,每日按罚款数额的3%加处罚款。

根据《中华人民共和国海关法》第九十三条的规定,当事人逾期不履行处罚决定又不申请复议或者向人民法院提起诉讼的,海关可以将保证金抵缴或将被扣押的货物、物品、运输工具依法变价抵缴,也可以申请人民法院强制执行。

该案进入执行阶段,当事人以来信方式陈述无固定经济来源,涉案美元属个人积蓄、亲属馈赠及借款,罚款额超出能够承受的范围,且生病住院。请求能给予减免。

【问题】

当事人不履行海关行政处罚决定时,海关依法采取的强制执行措施有哪些?

【法律规定】

《中华人民共和国行政处罚法》第五十一条:

"当事人逾期不履行行政处罚决定的,做出行政处罚决定的行政机关可以采取下列措施:

(一)到期不缴纳罚款的,每日按罚款数额的百分之三加处罚款;

(二)根据法律规定,将查封、扣押的财物拍卖或者将冻结的存款划拨抵缴罚款;

(三)申请人民法院强制执行。"

第五十二条:

"当事人确有经济困难,需要延期或者分期缴纳罚款的,经当事人申请和行政机关批准,可以暂缓或者分期缴纳。"

【分析】

行政强制执行是指公民、法人或其他组织不履行行政机关依法所作行政处理决定中规定的义务,有关国家机关依法强制其履行义务或达到与履行义务相同状态的行为。

义务人拒不履行行政法上的义务,是行政强制执行的前提,对该义务产生的依据,大陆法系国家早期曾主张包括行政处理决定和行政法律规定两类,近期行政强制执行的趋势,倾向于仅以行政处理决定为根据,不再以法律规定为直接依据。

对行政强制执行的主体是行政机关还是司法机关,普通法系国家把行政强制执行权看成是司法权的一部分,行政机关当然无权实施行政强制执行,但大陆法系中很多国家则历来将行政强制执行权看成是行政权的一部分,由行政机关自行执行。近年来顺应民主潮流和保护公民合法权益观念日益发展的必然趋势,德奥等国早期曾将行政强制执行看成是行政权的组成部分,无须法律特别规定,近期则有重大变化,行政机关是否有行政强制执行权,尚需法律特别规定。德国学者一般都认为,应把行政的命令权与实现命令之强制执行权视为各自独立,互不牵连的行政行为,两者都须有其法规上之根据,这才符合行政法上最基本的原则——依法行政。

我国关于行政强制权的归属,大致可归纳为:以申请人民法院强制执行为原则,以行政机关自行强制执行为例外的基本制度。《行政诉讼法》第六十六条规定:"公民、法人或其他组织对于具体行政行为在法定期限内不提起诉讼又不履行的,行政机关可以申请人民法院强制执行,或者依法强制执行"。在行政机关强制执行前有"依法"两字,说明行政机关的强制执行权只有法律特别授予时才具有。行政机关自行强制执行,必须有法律明确规定由哪一级政府或哪一行政机关部门享有哪一种行政强制执行权,不能超越。没有法律特别规定的,行政机关就不享有行政强制执行权。

海关依法享有的行政强制执行权在海关法第九十三条中有明确规

定,义务人不履行法定义务,而该义务又不能由他人代为履行,海关可每日按罚款数额的 3%加处罚款,这种强制执行方式是执行罚,有执行权的机关可通过使不履行义务的法定义务人承担新的持续不断的给付义务,促使其履行义务。

执行罚和行政处罚不同。执行罚具有罚的外形与功能,两者都是使违法人承担新的义务;但它与行政处罚显然不同:(1)性质不同。行政处罚是对违法当事人科以的制裁性法律责任,是一种法律后果;执行罚属于强制性法律责任,是以设定新的义务的办法来促使当事人履行先前的法定义务,是一种法律手段。(2)目的不同。行政处罚的目的在于通过制裁使当事人以后不再违法,着眼点在于过去的违法行为;执行罚的目的在于促使义务人履行义务或实现与履行义务相同的状态,其着眼点在于将来义务内容的实现。(3)原则不同。制裁性法律责任一般都以"一事不再罚"为原则;强制性法律责任最终目的在于义务的履行,因而执行罚可以多次适用,直至义务人履行义务为止。

第二种方式是根据《行政处罚法》第五十一条第二款规定:"根据法律规定,将查封、扣押的财物拍卖或将冻结的存款划拨抵交罚款",可见,强制拍卖或强制划拨的设定权属于法律,其他规范,如行政法规等无权设定。

第三种方式向人民法院申请强制执行。行政强制执行权原则上属于法院,行政机关在公民、法人或其他组织不履行行政机关依法做出的行政处理决定中规定的义务时,如法律没有授予其强制执行的权力,就都需申请人民法院强制执行。行政机关提出申请以后,法院必须认真进行审查,不仅要作形式审查,还要作实质性审查。对行政机关的申请,经审查合法,将由法院实施司法强制;经审查不合法,退回行政机关,不予执行。

【结论】

经海关实地走访审核,后经某海关缉私局行政案件审理会讨论,同意减免罚款人民币 77 000 元后从扣押钱款中直接抵缴罚款执行入库。

第十一节 国际海关合作与行政互助

国际海关合作与行政互助是国家间海关当局,基于国家间签订的行政互助协定,在情报交换、核查、特别监视、关税计征、代为调查及特别协助等方面而给予对方海关当局以帮助。

【案例】

2006 年 3 月 15 日,广东分署、深圳、广州、拱北、上海海关在海关总署的指挥、组织和协调下,联手美国司法部缉毒署(DEA)和中国香港海关,破获一起涉及亚、非、南美、北美四大洲,哥伦比亚、委内瑞拉、尼日利亚、尼日尔、泰国、中国内地、中国香港等 7 个国家和地区的特大跨国走私毒品案件,全案缴获毒品可卡因 142.7 千克,毒资人民币 17 万元、港币 3 万元,先后抓获犯罪嫌疑人 9 名,捣毁 2 个藏毒窝点和 1 个地下毒品加工厂。

2006 年年初,海关总署通过美国司法部缉毒署等获悉:以哥伦比亚籍人为主的跨国走私毒品犯罪集团,利用其遍及美洲、亚洲、非洲的犯罪网络,将可卡因由南美运至中国,分散藏匿在广东中山等地,通过多种渠道走私至中国香港、泰国、西非,并将于近期在内地提取毒品后在中国香港交易。

接到线索后,海关总署迅速组成"1·11"案件协调指挥组,统一指挥协调深圳、广州等海关开展工作,对该犯罪团伙成员实施全面监控,并加强同美国司法部缉毒署、中国香港海关的案情沟通,缜密开展案件经营。3 月 2 日,中国内地海关缉私部门、美国司法部缉毒署、香港海关通过联合监控,成功对该犯罪团伙从内地运往中国香港的 1 千克可卡因样品实施控制下交付,进一步掌握了涉案人员情况和有关证据。3 月 4 日,根据案件侦办工作需要,中国内地海关、美国司法部缉毒署、香港海关三方在深圳召开专案协调会,加强案件情报线索交流并制定了下一步工作方案,明确了继续同该犯罪团伙周旋,尽快摸清境内毒品藏匿地点和犯罪网络的侦查思路。

3月9日,根据案情发展,海关总署果断要求相关海关按既定方案开展工作。3月15日,深圳海关组织海关缉私警察在深圳罗湖口岸交通楼抓获该走私毒品犯罪团伙成员梁某等4人,当场缴获可卡因5170克,随后在其住所内又查获可卡因544克。根据前期案件线索及犯罪嫌疑人供述,深圳海关派出行动组,在拱北海关的配合下开展行动,于3月16日在中山市缴获可卡因136千克,并在珠海市捣毁秘密地下毒品加工厂一处。同日晚19时40分,香港海关根据联合行动的统一部署,在港抓获外籍犯罪嫌疑人2名。3月17日,另外3名主要犯罪嫌疑人先后在深圳、珠海落网。

【问题】

1. 国际海关合作与行政互助的必要性?

2. 我国海关合作与行政互助的现状?

3. 情报合作在国际海关合作与行政互助中的地位?

【分析】

一、海关合作与行政互助的必要性

开展海关合作与行政互助是国际贸易发展的客观需要,也是海关法管理的客观需要。据世界海关组织统计,该组织161个成员中,共有海关关员850 000人,1年中,根据双边或多边贸易协定和国内立法,承担价值6.5万亿美元的国际贸易货物的监管任务,8亿人次旅客的进出境,监督1.5亿个满载货物、4千万个空集装箱的进出境,另外还有约120亿封邮件来往世界各地。截获约1 200吨非法毒品,①1950年,世界各国按商品出口计算的贸易依存度,即国际贸易占世界经济总产值的比重只有6%,1985年增加到9%,1992年为16%,1995年为18.5%。1985~1995年的10年间,世界出口依存度上升了1倍多。海关组织和人员的资源是有限的,不可能无限增加,而世界贸易量却是成倍增加,人员和运输工具进出境的量与日俱增。面对量大面广的海

---

① WCO:"WCO NEWS". NO. 40, JUNE, 2002.

关监管实际,面对频频发生的违反海关法的行为,如何利用有限的海关资源,成为各国海关共同面临的问题。因此加强海关合作与行政互助非常必要。

二、海关合作与行政互助的现状

由于任何国家单凭一己之力无法有效地查缉、处罚和防范违反海关法的行为,因此目前开展和加强海关合作与行政互助已经成为国际社会的共识。各国通过缔结双边条约和参加国际公约的形式参加海关合作与行政互助,合作的主要形式包括多边合作、双边合作和区域合作。据统计,截至目前,加入 WCO 总共有 161 个成员,他们相互之间在海关合作与行政互助方面开展了全面的合作。美国在"9·11 事件"后为进一步加强对进出美国国境物流的监控,防范恐怖行为,特别提出了一个集装箱安全计划(CSI)。[1] 美国国土安全部海关、国境警备局(CBP)通过双边合作的形式推广该计划,并签署了一系列双边国际条约,如菲律宾就较早的加入了这一计划。

三、中国海关合作与行政互助的现状

中国非常重视和开展海关合作与行政互助,互助合作的范围包括情报的交流,对运输工具、货物、人员的监控,请求或协助对违反海关法的行为进行调查,相互提供执法的法律依据等。同世界许多国家和地区缔结了一系列关于海关合作与行政互助的条约,合作的国家和地区分布广泛,其中中欧在海关合作与行政互助领域合作广泛,成效明显。还通过 WCO、WCO 地区情报联络处(RILO)、APEC 海关手续分委会、联合国国际麻醉品管制署(联合国禁毒署)、国际刑警组织(INTERPOL)积极开展多边合作,并在其中发挥一个负责任的发展中大国的作用。中国非常重视和周边邻国开展海关合作与行政互助,合作的内容充分体现了合作方的特点,如中国和缅甸的互助中就包括毒

---

① 美国集装箱安全计划(简称 CSI)是美国全球反恐战略部署的重要组成部分,目的在于防止恐怖组织或恐怖分子利用海运集装箱袭击美国。CSI 的主导原则是,把甄别货物安全风险和查验的环节前置在海运集装箱的出口港和装运港,使美国的边境或港口由第一道防线变为最后一道防线。

品的替代种植以及为缅方提供海关缉私和管理人力资源培训。

四、多边海关行政互助公约

《关于预防、调查和制止违反海关法行为实行行政互助的国际公约》又称为《内罗毕公约》。公约的目的是为防止、调查和惩处违犯海关法规的行为提供行政互助,在执法方面的重点是加强毒品和商业瞒骗情报的国际合作。

《内罗毕公约》由海关合作理事会主持,于1977年6月9日在肯尼亚的内罗毕召开的理事会年会上通过的。1986年6月在布鲁塞尔召开的年会上又通过了《布鲁塞尔宣言》,再次强调各成员国应加强合作共同反对违反海关法犯罪的行为并督促签订的《内罗毕公约》。

《内罗毕公约》由正文和十一个附约组成。正文包括一个前言和六章二十三条条文。十一个附约包括:附约一海关当局主动提供协助、附约二经请求提供估征进出口税捐的协助、附约三经请求提供管理方面的协助、附约四经请求提供监视方面的协助、附约五经请求为缔约另一方代查询和发通知、附约六海关关员在外国法院或法庭出席、附约七缔约一方的海关关员到另一缔约方领土内调查、附约八参与国外调查、附约九情报的汇总、附约十在查缉麻醉品和精神药物走私方面提供协助、附约十一在查缉艺术品、古玩和其他文物走私方面提供协助。

自WCO通过《内罗毕公约》以来,海关执法工作发生了重大变化,在许多新的领域需要国际海关执法互助与合作,如跨境行动、联合调查、控制下交付、反洗钱措施、建立共同数据库和数据保护、实施WTO估价协议以及打击跨国有组织犯罪活动等。特别是美国"9·11"事件发生以后,对国际反恐的关注又进一步引发了对保护国际贸易供应链安全的重视。2001年3月,WCO召开了第20届执法委员会,着手全面修改《内罗毕公约》,最终决定制定一个新的多边行政互助公约,取代现行的《内罗毕公约》。2003年6月27日,WCO理事会年会通过了新的多边行政互助公约《约翰内斯堡公约》。

此外,在其他一些国际公约和条约中也包含一些和违反《海关法》行为查缉国际互助有关内容,这些公约和条约包括:《简化和协调海关业务制度的国际公约》、设立海关合作理事会公约；伊斯坦布尔公约；防止、调查、惩处违犯《海关法》行为的行政互助公约范本；海关税则商品分类目录公约；ATA 暂准进口公约；简化和协调海关业务制度的国际公约、京都公约及公约附约等。

后 记

　　自 2000 年 7 月全国人大常委会修改通过《中华人民共和国海关法》以来,先后制定或修订了相关的海关行政法规、行政规章和规范性文件,以海关法为核心的海关法律体系逐渐建立起来。和海关法体系的日臻完备相比,海关法学的研究还处于初创阶段,但随着中国入世和对外贸易迅猛发展,海关在依法行政的前提下,服务经济和社会、促进外向型经济发展的重要性也越来越突出,海关法学的建立和完善也摆在了法学研究者的面前。

　　近年来,不少院校开始开设海关法相关课程,不同法学科纷纷将海关法置于本学科研究领域之下,如国际经济法把海关法放在国际贸易法中,经济法把海关法纳入国家宏观调控法中,行政法则将海关法作为单独的部门法——海关行政法进行研究。就海关法自身内容和发展来说,则充分吸收了当今国内外法学、公法和私法研究成果,如将民法中担保制度移植于海关通关过程中,设立海关事务担保;完善附属刑法的规定,对走私行政犯罪给予了充分重视;吸收行政法中平衡理论的精神,对收发货人和报关代理人的权益给予了一定的关注;充分借鉴了国际公约的相关规定,将公约中的有关条文(如申报前查看货物或提取货样的规定)直接移植到国内法中;将美国海关法中的行政裁定制度开拓性地规定在海关法中等,可以讲海关法的研究出现了综合性的特点。因此,从这个意义上讲,我们倡导综合性海关法学的研究。

　　上海海关学院长期以来以培养海关准公务员为目标,并开设了法学专业(海关法律方向),积聚了一批有志于从事海关法研究的中青年学者。先后出版了《海关法学》(邵铁民著,上海财经大学出版社 2004年版)、《海关法释解》(陈晖、邵铁民主编,上海财经大学出版社 2002 年版)、《知识产权边境保护制度理论与实务》(朱秋沅著,上海财经大学出版社 2006 年版)、《走私犯罪论》(陈晖著,法律出版社 2002 年版)等一批专著和教材。随着法学本科专业(海关法律方向)的建立和招生,海关法学的学科建设尤为迫切。《案例海关法教程》的编写就是为了满足海关法学教学研究需要,从案例教学和实证法学的角度丰富和发展海关法学。本教材体例和邵铁民著的《海关法学》一致,可以配合一起开展海关法教学,也可以作为报关员考试辅导教材使用。今后,我们还将陆续编写和出版《比较海关法》、《关税法》、《美国海关法》等教材和专著。

《案例海关法教程》的编写分工如下:

第一章"海关法原理":邵铁民(副教授)、陈晖(副教授)。

第二章"海关法律关系":娄万锁(博士研究生)。

第三章"海关组织法律制度"第一、第三、第四、第五节:万曙春(副教授)。第二节:祝少春(讲师)。

第四章"关税法律制度"第一、第二、第三、第四、第五节:周阳(讲师);第六节:周和敏(讲师)。

第五章"通关法律制度"第一、第三、第四、第六、第七、第九、第十节:朱秋沅(副教授);第二、第八节:万曙春;第五节:周和敏。

第六章"促进经济发展的海关法律制度"第一、第二、第三节:祝少春;第四、第五、第六节:刘海燕(讲师);第七、第八节:周和敏。

第七章"海关边境保护法律制度"第一、第二、第六、第七节:朱江华(讲师);第三节:朱秋沅;第四节:刘海燕;第五节:周阳。

第八章"违反海关法行为的法律责任及救济制度"第一、第五、第七、第八、第九、第十节:万曙春;第二、第三、第四节:陈晖;第六、第十一节:祝少春。

统稿:陈晖(副教授)。

审稿:邵铁民(副教授)。

编　　者

2007 年 4 月